西田哲学「場所的論理と宗教的世界観」を読む

シラス主義とウシハク主義

浅井進三郎

東京図書出版

凡例及び参考文献

底本は、小坂国継著『西田哲学を読む１――場所的論理と宗教的世界観』（大東出版社）です。

文中の（小括弧）は著者が加筆しました。

漢数字↕算用数字にした所もあります。行も読みやすいようにしました。

「１―１」等の表記は、一章の一段等を表し、小坂国継著『西田哲学を読む１――場所的論理と宗教的世界観』（大東出版社）からの引用です。

「本74頁」等の表記のものは、小坂国継著『西田哲学を読む１――場所的論理と宗教的世界観』（大東出版社）からの引用です

www.logos.tsukuba.ac.jp/.../nishida03_shukyotekisekaikan（このサイトは終了しています）の「場所的論理と宗教的世界観」も参考にしました。

「NKZ6-385-11」等の表記のものは、「西田幾多郎データベース(c) Niels Guelberg 2000　西田幾多郎［著］：私と汝（1932.07）西田幾多郎全集・第６巻」からの引用です。http://www.f.waseda.jp/guelberg/nishida/nkz6/nkz6-801.htm（このサイトは終了しています）

聖書は、日本聖書協会発行　１９８６

南山大学ＨＰ　東西宗教交流学会『東西宗教研究』

久松真一著『東洋的無』講談社学術文庫

沢田幸治著「マルクスの『類的疎外』規定の検討」神奈川大学学術機関リポジトリ
カント著『純粋理性批判上』篠田英雄訳　岩波文庫
滝沢克己・八木誠一編著／秋月龍珉・中村悦也共著『神はどこで見出されるか』三一書房　１９７７年
滝沢克己著『佛教とキリスト教』法蔵館
『純粋神人学序説』創言社
岩淵慶一著『立正大学文学部論叢』52, 129–149, 1975-03-20「マルクスにおける疎外論の発展(1)」
鈴木大拙著・上田閑照編『新編　東洋的な見方』岩波文庫
M・ルター著『ドイツのキリスト者貴族に与える書』聖文舎

西田哲学「場所的論理と宗教的世界観」を読む◇目次

はじめに

拙著を手にして下さって、感謝します。

拙著は、西田哲学「場所的論理と宗教的世界観」の解説です。原文をそのまま読むよりは読みやすくなっていると思います。西田博士の言われているように、あなたの「1―1　心霊」の「2―18　機縁」になれば幸いです。

2―18　根柢的に自己矛盾的なる人間の世界には、我々を宗教に導く機縁は至るところにあるのである。

また、西田博士が「3―2　人は宗教的たらざるべからざる義務はないのである」と言われていますが、僕もそのように思います。人は宗教的でなければならない何の義務もありません。ただ、神話、宗教について、それが何を語っているのか、今のところあなたに関心がないだけです。僕もそうでした。

人は誕生した時、まだ自分というものに気づいてはいませんが、成長するに従って、ある時期に自分というものに気づきます。そして、その気づいた自分で今まで、喜怒哀楽がありましたが、その気づいた自分で生活してきました。すべての方はこの道を通ってきたと思います。ですから、自分というもの、「日常の私」しか知りません。当然のことだと思います。僕もそうでした。

僕は、「場所的論理と宗教的世界観」を学んで、デカルトの、我考える故に我あり、の「我」はこの自分、「日常の私」であると思いました。この自分が運動や仕事をしたり、勉強や食事をしたりします。この自分がどうしてそのような行動をとることができるのか、どうして自分で考えることができるのか、その意志の出てくるところは明確に自分では理解できないと思います。ただ心の中から、状況に応じて勝手に出てくる、自ずと出てくる、くらいにしかわかりません。

西田博士は、この状況に応じて自分というものから意志が出てくるところを、「日常の私」から、我からどのような状態で出てくるのか、それを『心霊』で理解できたところから論じていらっしゃいます。つまり、我と思っている、その思っている我の、「日常の私」の「心の作用・心の内容」、「ノエシス・ノエマ」を明らかにされています。そのことについて、「デカルト哲学について」の中で次のように述べていらっしゃいます。

いきなり、論文が出てきて戸惑われると思いますが、先に論文の要旨を説明しておきます。

わかりやすく言うと、脳細胞、物質があって心、我、「日常の私」がありますが、我がどこかにあって脳細胞、物質がある、ということではありません。生物の進化の過程を見れば、物質があって心が成立しています（この辺りはたぶん主客未分の場所だと思います）。博士は、この自分、「日常の私」、我、「自己」の構造を「私と汝」という論文で、「私と汝」で表されています。まだ、他にも、博士が作られた言葉はいろいろあります。「私と汝」を僕の言葉で言えば「自分ともう一人の自分」です。「私と汝」の意味は、インマヌエル、神我らと共にいます、人はもともと仏である、博士が言われている「2－8　私は仏あって衆生《しゅじょう》あり、衆生あって仏があるという、創造者としての（NKZ6-368-9　物質即精神なる神）神あって創造物（日常の私）（私と汝）（心と身体）（精神と物質）（人間）としての世界あり、逆に創造物（日常の私）（私と汝）（心と身体）としての世界あって（NKZ6-368-9 物質即精神なる神）神があると考えるのである」です。

デカルトは、自覚の立場から、すべてを否定した。しかし右の如き意味においての、真の否定的自覚の立場に至らなかった。直証の事実といえば、人は直《ただち》にそれを内的（我考える故に我あり）と考える。而してそれから出立することが、内から出立することと考える。而して我々が疑うことのできない真理から出立するということは、この外にないという。しかし私は此《ここ》でも主語（我）（日常の私）的論理の独断が前提となっていると思う。疑うも疑うことのできない直証の事実というのは、自己（心）と物（物質）との、内（私）と外（身体）との矛盾的自己同一の事実（心・身体）（意識・物質）ということである。自己（私）があって、そういう事実（我考える故に我あり）があると考えるのは推論の結果であって、我々の自己（私）はそういう事実（私と汝）（心・身体）（意識・物質）から成立するのである。それは自己の内においての直証の事実（我考える故に我あり）という代りに、自己（我）成立の事実（私と汝）（心・身体）（意識・物質）（NKZ6-368-9 物質即精神なる神）と改むべきである。

「デカルト哲学について」

また、西田博士は『心霊』について次のように述べていらっしゃいます。

2—5　私は既に自己（自我）（日常の私）否定において、自己（私と汝）（1—14 意識界・無・物質界）（時間面・無・空間面）を知るといった（そこ〔心霊、宗教的体験〕を私の哲学の出立点とした）。

1―1　哲学者が自己の体系の上から宗教を捏造《ねつぞう》すべきではない。哲学者はこの心霊上（宗教的体験）（心）の事実（心の作用と心の内容）（ノエシス、ノエマ）（1―14　意識界・無・物質界）（私と汝）を説明せなければならない。それには、まず自己に、ある程度にまで（心霊に於いて）宗教心というものを理解していなければならない（同意します）。

4―16　理性（1―2　単なる理性）（デカルト、カント）はどこまでも内在的である、人間の立場（日常の私）（知的自己）（知的直観）である。それは絶対者（物質即精神なる神）との交渉（私と汝）（行為的直観）（NKZ6-399-8 意識と意識が話し合う）の途《みち》ではない。

1―2　（NKZ6-368-9　物質即精神なる）神は我々の自己（私と汝）に心霊（心）（宗教的体験）（上田閑照博士は限りない開け、鈴木大拙博士は霊性）上の事実（ノエシス・ノエマ）（心の作用と心の内容）（私と汝）として現われるのである。神は単に知的（デカルト、カント的）（知的直観）に考えられるのではない。

1―2　宗教を論ずるものは少なくも自己の心霊上（心の働き）の事実（宗教的体験）（心の作用と心の内容）〔1―5　自己（私と汝）の内に自己（汝）を映すこと〕として宗教的意識を有《も》つものでなければならない。しからざれば、自分では宗教を論じているつもりでいても、実は他のものを論じているかもしれない（数学、科学は言うに及ばず体験世界でも追試が必要です）。

2－18　根柢的に自己（私・汝）（心・身体）矛盾的なる人間の世界には、我々を宗教に導く機縁は至るところにあるのである。

2－19　いかなる宗教にも、自己否定的努力（公案の工夫）（人としての問い）（人生の悲哀）を要せないものはない。

4－19　矛盾的自己同一の根柢に徹することを、見性（時間面・無・空間面）（私と汝）（個と個）（一つの世界・一つの世界）（行為的直観）というのである。そこには、深く背理の理というものが把握せられなければならない。禅宗にて公案というものは、これを会得せしむる手段にほかならない。

3－7　宗教心というのは、特殊の人の専有ではなくして、すべての人の心の底に潜むものでなければならない（同意します）。ここに気づかざるもの（1－7「対象論理的独断」者）は、哲学者ともなり得ない。

それから、論文の中で「世界」という言葉が出てきますが、そのことについて博士が「2－12　私はしばしば世界という語を用いる。しかし、それは通常、人が世界という語によって考えるごとき、我々

（私と汝）の自己（自我）に対立する世界（自然、社会）（青い地球）（World）を意味するのではない。絶対の場所的有（ノエシス・ノエマ）（心の作用・心の内容）を表そうとするにほかならない、故にそれは絶対者（物質即精神なる神）といってもよい（数学を論じた時、それを矛盾的自己同一体ともいった）」と言われていますので、心にとめておいてください。

日常生活では、成長するに従って知らず知らずのうちに気づいた「日常の私」、「デカルトの我」、「私」に於いて生活しています。しかし、この「我、私、知的自己」は体験世界から、西田哲学から見れば、「我」の、自己の根柢にある「私と汝」、「行為的自己」、「絶対否定即肯定、相互限定」の世界です。「日常の私」と思っている「私」の根柢に「私と汝」、「神と呼ぶところのものの相互否定即肯定、相互限定」、「NKZ6-368-9 物質即精神なる神」の世界があるなんて、その事が意識、只今、自己、私、我、自分、知的自己の有り様であり、それが我を「我」たらしめている「私・汝」の行為、働きであるなんて、「神と呼ぶところのもの」の世界が、「私と汝」の世界、場所的有が自分の心の内にあるなんて、「日常の私」は夢にも思ってもみないことです。

私たちは日常に於いて知らず知らずのうちに「私、我、自分、知的自己」から出発しています。「日常の私」しか知りません。私が得意なのは、我欲で損得を決めたり、善悪を判断したりすることです。つまり、右か左かを決めたがります。しかし、その煩悩に影響された「日常の私」の根柢に「私と汝」の世界が存在し、それが「私」、「我、知的自己、意識、理性」、「考えるもの」を成り立たせている「私と汝」であるということに気づきもしません。「意識」、「私、我、理性」、「考えるもの」、「自己」が、いかにして成立しているのか知りません。ですから「日常の私」、「我」しか知らない私は、右か左かを決めたがる私は、その根柢にある我を「我」たらしめている「私と汝」、行為的自己に勝ってしまっています。「我考える故に我あり」と言われたように「考える意識」の有り様なんて思ってもみないことです。

　宗教は、我の根柢にある、我を「我」たらしめている、西田博士の体験者業界用語である「行為的自己」、「私と汝」、あるいは「時間面・空間面」において、「私、自覚的有と対象的有」、「意識界・物質界」、「作用界・対象界」等において、昔の昔のそのまた昔に、哲学的な考察が始まるはるか以前に、「宗教的体験」で、西田博士の言われる「心霊」で、鈴木大拙博士の「霊性」、上田閑照博士の「限りない開け」に於いて、いろんな民族、部族において神話として成立しました。

　しかし、昔の昔のある時から、ある民族に於いて、僕の解釈では民族の結束を図るために、他の民族との同化を防ぐために、「私と神との契約」として、生まれてこの方生活してきた「日常の私」、知的自己、カント的対象的論理、デカルト的我と神との契約として宗教が始まるようになりました。「日常の私」、知的自己、デカルト的我は、行為的自己、「私と汝」が「日常の私」の根柢にあると、そこで「私、我、意識」、「考えるもの」、「理性」が成立しているなんて、神と呼ぶところのものがそこに存在しているとは夢にも思いません。「日常の私」で、「デカルト的我」で、対象論理、「私と神との契約」で始まった宗教が、私、我の根柢にある「私と汝」、あるいは「私と対象的有」、「私と空間面」、「時間面・空間面」で成立している神話、宗教を次第に押しのけていきました。

　「日常の私」は、私を「私」たらしめているものが、私の根柢にあり、それが神と呼ぶところのものであるとは夢にも思いません。「日常の私」を「私」たらしめている行為的自己、「私と汝」は、生まれてこの方「日常の私」しか知らない私、我、知的自己に敵わない、対抗できないのです、そのことが我の立場では、「日常の私」では、理性では証明できないのです。偉大な哲人が神の存在証明を試みられましたが未だに論証されてはいません。

そして、世界を席巻していった「日常の私」で始まった宗教が、「私と神との契約」で始まった宗教がどのような宗教なのか、そのことも西田幾多郎博士が論じていらっしゃいます。僕も、自分の体験、経験から博士の言われていることに同意します。是非とも、博士が「4－19　禅宗にて公案というものは、これを会得せしむる手段にほかならない」と言われているように、公案を工夫して解いて、人生の問いを工夫して解いて（僕が見つけた神話友達の人としての問いは、まったく公案に関係なく、美とはなにか、僕の公案は、生まれたときにどのように思ったのか、です。また、彼も僕も一匹狼でしたが宗教は阿片になりやすいので必ず臨済宗、曹洞宗の看板を掲げるお寺に参禅されることをお勧めします）、追試して、→「1－2　宗教を論ずるものは少なくも自己の心霊上の事実として宗教的意識を有《も》つものでなければならない」→「私と神との契約」の宗教をご自身で解読してみてください。数学、科学でも追試はします。ピタゴラスの定理は学校で証明の仕方を習います、追試します。だから、テストでその定理を用いた問題が出ても解くことができます。体験世界も同じことで「追試」が必要です。是非体認してみてください。デカルトの言われる「我」では、博士が、

4－16　理性はどこまでも内在的である、人間の立場（日常の私）である。それは絶対者（物質即精神なる神）との交渉（NKZ6-399-8　意識と意識が話し合う）（私と汝）の途《みち》ではない。

と言われているように、僕にとって西田哲学は、なぞなぞ、ジグソーパズルでしたが、「あなた」にとっては巨大な素数を用いた暗号です。囲碁を知らない方が囲碁をやるのと同じで、失礼と思いますが、西田哲学は読めません。神について語るのは不可能です。僕は西田哲学を学んでそのように思います。西田哲学は難解だ、と言われていますが、失礼と思いますが、僕は、博士が「4－19 禅宗にて公案というものは、これを会得せしむる手段にほかならない」と言われているにもかかわらず、公案に挑戦しない、追試をしない「あなた」が西田哲学を難解にしていると思います。

また、パウロが親鸞さんと同じ浄土真宗であることをぜひ読み解いてみてください。僕の好きなどんぶり勘定で、またそれしか出来ませんが、信仰のあり方を見れば、違いといえば、洗礼と横超《おうちょう》くらいで、言ってみれば、パウロ式浄土真宗、親鸞式浄土真宗です。博士はきちんと区別をされています。

でも、体験、「追試」なんかめんどくさい、西田博士が言われているならそれを信じると言われる方があるかもしれません。いわゆる親鸞さんが言われている「横超」です。横超で妙好人（法話を、仏への信仰を自分のものにされている、それを体得している方）になることは出来ます。鈴木大拙著・上田閑照編『新編東洋的な見方』（九四頁）の浅原才《さ》市《いち》翁は素晴らしい方で、僕なんかは真似が出来ません。でも、仏、神について語ることはできません。もし、西田哲学を信じ、神について語られるならそれは、ご自身の信仰心や信仰生活を語るだけで、――僕は信仰を否定しません――仏と神との見分けも出来ませんし、禅、浄土真宗、真言宗、神道、キリスト教の本質や相違も分かりません。昔から日本には神と仏という言葉があります、世界にも神と神と仏という言葉が大昔からあります。だから神も仏も神も同じだ、同義語だ、神と仏と神は存在すると決めてかかるのは論理的に無謀だと思います。第一そんな事をしたら、自分の論理的方向が定まりません。高名な人の論説を引用して自説を述べることぐらいです。西田博士が言われた「1—2　宗教を論ずるものは少なくも自己の心霊上の事実（私と汝）〔1—5　自己（私と汝）の内に自己（汝）を映すこと〕として宗教的意識を有《も》つものでなければならない。しからざれば、自分では宗教を論じているつもりでいても、実は他のものを論じているかもしれない」になりかねません。是非とも追試されることを願うばかりです。

滝沢克己博士は、K・バルトが、ナザレのイエスに於いては第一義の接触〔インマヌエルⅠ〔K・バルト〕、仏教では本覚、人はもともと仏である、神我らと共にいます、パウロは「神の宮」、「エペソ　1—22　教会」〕と第二義の接触〔インマヌエルⅡ、仏教では始覚、宗教的体験、西田博士では心霊、パウロは「神の召し」〕の区別を認めなかったと批判されています。

八木（八木誠一博士）　そんなことはないと思うんです。私は実は滝沢先生のバルト理解を学んで面白かったから、それまで新約学を専攻していてあまりバルトを読んでいなかったんですけれど、本気で丁寧に読み始めたんです。『教会教義学』を。『プロレゴメナ』から『神論』まで読んで、どうしても滝沢先生のバルト解釈は正しくないと思わざるを得なくなったんです。

でも気になるから、いろいろな人のバルト論を読んだけれど、やっぱり滝沢先生のバルト理解は違っている。いや、私は、事柄としては滝沢先生の主張は正当だと思っているんですよ。バルトより正しいと思います。でも、滝沢先生のバルト理解は納得できない。いま武藤先生がおっしゃったように、バルトは聖書主義者ではないけれど聖書原理はバルト神学の根本にある。
聖書が証するイエス・キリストが、そしてそれだけが神の啓示だというのが、バルトの神学基礎論（『プロレゴメナ』）での一貫した主張です。そして古代以来の正統的教義からはずれてはいない。たとえばバルトは、ナザレのイエスを主語として、あのイエスが神なのだ、という風に語るのです。

滝沢　教理ということを取り出して言えば、キリスト教が唯一だという気がバルトにはあるわけですよ。だからバルトは、バルトがイエスという名で呼ぶものですね、そこから離れて立ってはいけないという。だからイエス自身が神なんだということはひとつどうしても言わなくちゃならんことなんですよ。

八木　ナザレのイエスがそのまま神だというのはおかしい。それは滝沢先生のイエスの理解とも違う。滝沢先生の場合、イエスは他の人と質的に異なった神的存在ではない。

滝沢　イエスは神とひとつでなければね。

八木　「ひとつ」ならいいけれど、でもバルトは他の人については、その人が神だなんて言わない。

滝沢　ね、だからそれは、バルトはイエスについてだけ第一義の接触（本覚、インマヌエル、コリント2－6－16　神の宮）（エペソ　1－22　教会）と第二義の接触（始覚、宗教的体験、ロマ書　11－29　神の召し）の区別を認めなかったということです。

1982年　講演㈢「カール・バルトの神学について」南山大学HP　滝沢克己「カール・バルトの神学について」講演㈢に関する討論（四二～四三頁）

バルトは、宗教的体験、心霊が、「ロマ書　11－29　神の召し」、「コリント　2－10－18　主の推薦」が（コリント　2－10－18　主に推薦される人こそ、確かな人なのである）、第二義の接触が、見性、始覚が生起したナザレのイエスに於いては、第一義（本覚、神の宮、教会）、第二義（神の召し）（主の推薦）の接触の区別を認めなかった。つまり、イエスが宗教的体験で神になられた、イエスは神だ、神そのものだ、と主張されているそうですが、このことはキリスト教徒にとっては安心でしょう、イエスは神だ、と言って引用されると思います。しかし体験世界から見れば不徹底、恣意的、意図的であり、パウロがナザレのイエスを「定義」した、

ロマ書　1－3　御子に関するものである。御子は、肉によればダビデの子孫から生れ、4　聖なる霊によれば、死人（ロマ書　7－10　わたしは死んだ）からの復活（死即生　西田）により、御力をもって神の御子（覚者）（宗教的体験者）（ロマ書　8－33　神に選ばれた者）（主の僕）と定められた。これがわたしたちの主イエス・キリストである。

「ナザレの覚者」、「5－2　主の僕」、主（ロマ書　11－29　神の召し、主の推選、宗教的体験が生起した）イエス・キリストを退け、体験世界を、パウロの体験者業界用語を、例えば、キリストは、神と被造物、に分かれます。このことを知っている、理解しているにもかかわらず——滝沢博士もK・バルトも体験者です——パウロを意図的に曲解する事態になった、K・バルトの独断と偏見であり、神話的、宗教的、学問的に再びナザレの覚者を、ナザレのイエスを、「テモテ　1－6－13　ポンテオ・ピラト」と同じように

十字架にかけてしまったと言えます。

また、バルト批判から離れて、ひるがえって考えてみれば、神なんていうものは、大きなものに頼ろうとする人間が造り上げた虚構かも知れませんよ。まずは、神、神、仏が在すか、それとも人間の造りあげた虚構なのか、これらのことを確かめなくては前に進めません。

本当に体験世界の論理は厄介ですね。一方ではイエスが神だと言うし、一方ではそんな事はありえないと言うし、ひょっとしたら神なんかいないかもしれないというし、全く決めかねます。西田博士の「自己」が、「私と汝」が「インマヌエル、神我らとともに在す」、「2—8 仏あって衆生あり、衆生あって仏がある」であるのか、それとも僕の読み違いなのか、もっとほかに読み方があるのか、追試して「体験者」に、「5—13 内在的超越のキリスト（被造物 パウロ）」→覚者、体験者、「5—2 主の僕」→覚者、「5—12 新たなる人間」→覚者になって確かめてください。そうすればパウロが体験者に宛てた手紙の中で、

エペソ 3—3 すなわち、すでに簡単に書きおくったように、わたしは啓示（コリント 2—10—18 主の推薦）（ロマ書 11—29 神の召し）（心霊）（宗教的体験）（時間面・無・空間面）によって奥義（ロマ書 1—20 神の見えない性質）を知らされたのである。3—4 あなたがたはそれを読めば、キリスト（神と被造物）（西田博士は、私・汝）の奥義（ロマ書 4—17 無から有をよびだされる神）（無即有 西田）（本覚、始覚）（第一義、第二義の接触 滝沢）（コリント 2—6—16 出入りをするであろう）をわたしがどう理解しているかがわかる。

と言われているように、また博士が「2―14　体験者には、それは自明の事であろう」と言われたように、ご自身で自ら読むことができるようになり、自ずと僕の解説の「正誤」を決めることが出来ます。僕が追試して、公案を解いて理解したことで西田哲学をそれなりに読んだように、パウロが言われたように「読めば……わか」ります。

僕は、自分の体験、経験から、博士に教えてもらった「私と汝」、物質即精神なる神、を支持します。また、「私と汝」を僕の言葉で言えば、自分ともう一人の自分、です。

是非とも、志あれば、宗教は阿片になりやすいので、かならず曹洞宗、臨済宗を掲げる寺に赴き、公案や人生の問いに挑戦し、「追試」して、体認して掴むものを掴んでください。僕が見つけた神話友達や僕は一匹狼でしたが、参禅が早道です。数学、科学は必ず「追試」をします。体験世界でもおなじことです。

世界にはいろいろな宗教があります。しかし、他の宗教の信徒を異教徒と言って仲が良くありませんが、追試されたなら異教徒などはどこにもいない、宗教的な垣根はない、垣根を作るのは我の、私の根柢を知らない「日常の私」、我のドグマ、偏見、独断、思い込み、であり、我考える故に我あり、の我を「我」たらしめている、私と汝、行為的自己、内在的超越から見れば、また、私と空間面、時間面・空間面、意識界・物質界から、超越的内在から見れば、神話的、宗教的に人類はみな兄妹であることに気づかれると思います。また、そのことを宣言される、叫んでいらっしゃると思います。

西田博士も「3―7　宗教心というのは、特殊の人の専有ではなくして、すべての人の心の底に潜むものでなければならない。ここに気づかざるものは、哲学者ともなり得ない」と言われています。

西田哲学は難解だ、難解だ、難解だ、と言われていますが、僕に言わせれば、失礼と思いますが、西田博士が「禅宗にて公案というものは、これを会得せしむる手段にほかならない」――体験世界は禅に於いて知りつくされています。だから、色々な公案が用意されています――と言われているのにもかかわらず、それに挑戦しない、追試しない、「2―19　自己否定的努力（公案と向き合う事）」をしない「あなた」が、西田哲学を「難解」にしていると思います。例えば、

1―7　矛盾的自己同一的に、自己の中に自己を映す、かかる自己焦点が我々の自己と考えられるものである。

1―7　しかして、かくいうことは、世界が我々の自己において自己自身を表現することであり、我々の自己を自己形成点として、自己否定即肯定的に自己を時間面化することである。

なんて、「自己」ばっかりで読めませんよね。僕も、公案を解いていなかったら、追試していなかったら、なんじゃーこれ、です。

また、「場所的論理と宗教的世界観」を勉強して感じたことですが、いろいろな言葉、体験者の業界用語が出てきましたが、何度も、何度も読み返し、どんどん進んでいったら自分が見えてきた。さらに読み返し、読んでいったら、また日常の私に還ってきて、ついには「日常の私」になってしまった。そんな感想です。それから、「自己」を使ってよくぞこんな込み入った論理を論じられたな、と思います。

西田哲学を多くの方が批判されているとのことですが、まずは、『追試』して、それから西田哲学を

読まれ、解らない、理解できないところが出てきたら、僕がすべてを正しく読んだ、理解したとは思ってはいませんが、第一番に考えることは、そこの公案を解いていないと思った方が良いと思います。そうでないと批判してしまうことになりかねません。

是非とも、公案に挑戦して、追試されることを願うばかりです。

第一章　場所的論理と宗教

一

人は必ずしも芸術家ではない。しかし、ある程度までは、誰も芸術というものを理解することができる。人は宗教家ではない、入信の人は稀《まれ》である。しかし、人はある程度までは、宗教を理解することができる。入信者の熱烈なる告白、偉大なる宗教家の信念の表現を読めば、何人《なんぴと》もひしひしと己が心の底まで鞭《むち》うたるるを感ぜないものはなかろう。しかのみならず、自己が一旦極度の不幸にでも陥った場合、自己の心の奥底から、いわゆる宗教心なるものの湧《わ》き上がるのを感ぜないものはないであろう。宗教は心霊（心）（西田、パウロの終末論）（宗教的体験）上の事実（神によってなされたこと　電子辞書）である。哲学者が自己の体系の上から宗教を捏造《ねつぞう》すべきではない。哲学者はこの心霊上（心）（宗教的体験）の事実（意識内容と意識作用）（ノエマとノエシス）を説明せなければならない。それには、まず自己に、ある程度にまで宗教心というものを理解していなければならない（同意します）。真の体験（宗教的体験）（心霊上の事実）は宗教家の事である。しかし、芸術家ならざる人も、少なくも芸術というものを理解し得る如くに、人は宗教というものを理解し得るであろう。人は何人も自己は良心を有《も》たないとはいわない。もし然《しか》いう人があらば、それは実に自己自身（NKZ6-368-9　物質即精神なる神）を侮辱《ぶじょく》するものである。しかし、ある人は自分は芸術を解せないというであろう。特に宗教に至っては、多くの人は自己は宗教というものを理解せないという。自己には宗教心というものはないともいうであろう。特に学者たちはこれをもって誇りとなすものもある。宗教といえば、非科学的、非論理的と考えられる、少なくもそれは神秘的直観と考えられる。神が自己に似せて人間を作ったのでなく、人間が自己に似せて神を作ったともいう。宗教は麻酔薬（アヘン）（1）ともいわれる。盲人と色を談じ、聾者《ろうしゃ》と音を論ずることはできない。理解せないというならば、それまでのことである。私は人に宗教を説く資格あるものではない。しかし、宗教は非科学的なるが故にとか、非論理的なるが故にとかいうならば、私はこれに従うことはできない。私はこれだけのことを明らかにしておきたいと思う（僕も、西田哲学を勉強してとても論理的、科学的だと思いました、——勿論、公案を解かなければそのことは解りません——畏敬の念を抱くほどの洞察で構築された論理を目の当たりにして、読んでビックリしたというよりは驚愕した、ただ心配なのは、僕の神話友達と比べると、とるに足らない宗教的体験でしたし、宗教とか哲学に全く無関心であった僕の頭の能力、読解力、理解力です）（西田哲学を学んでそれらがないことがよく分かった。何度読んでも加筆と訂正がある）。

二

宗教というものを論ずる前に、我々（私と汝）（2）はまず宗教とはいかなるものかを明らかにせなければならない。宗教とはいかなるものなるかを明らかにするには、まず宗教心とは、いかなるものなるかを明らかにせなければならない。神なくして、宗教というものはない。神が宗教の根本概念である。しかし、色が色として眼に現われる如く、音が音として耳に現われる如く、神は我々（私と汝）の自己（自我）に心霊（心の中の事実）（宗教的体験）（上田閑照博士は限りない開け、鈴木大拙博士は霊性）上の事実（意識内容・意識作用）（ノエマとノエシス）として現われるのである。神は単に知的（デカルト、カント的）に考えられるのではない。単に知的（今のあなた）（デカルト的我）（1－2　単なる理性）（知的直観）に考えられるものは、神ではない。しかし、この故に神は主観的というべきではない。物理学的真理（意識界・無・物質界）（私と汝）（非連続的連続）も、我々が色を見、音を聞くからである。しかして、見るもの、聞くものは、眼とか耳とかいう有機的器官ではなくして、心（心霊）である。カントは自己の実践哲学“Kritik der praktischen Vernunft”（『実践理性批判』本14頁）に入る前に、“Grundlegung”（『人倫の形而上学の基礎づけ』本14頁）において、まず常識的なる道徳的理性によって、善とはいかなるものなるかを論じている。しかして、それは実によく道徳的意識を明らかにしたものとして、私はこれに加うべきものを有《も》たない。カントは、道徳については、かくのごとき明晰なる意識を有っていて、しかしてこれを自己の哲学的立場から論じたのである。美意識については、カントはいかほど、真にこれを把握していたであろうか。詩人が欲望（マルクスと類）（4－1　パスカルと貴いもの）の対象とならない天上の星はもっとも美しいといった如く、カントが美を無関心的というのは、よく美意識の本質を明らかにしたものとして敬意を表せざるを得ない。しかし、カントは形式美以上のものを理解した人であったかいかが。宗教に至っては、カントは、ただ道徳的意識の上から宗教を見ていたと思う。霊魂不滅とか、神の存在とかいっても、ただ道徳的意識の要請たるにすぎない。カントにおいては、宗教は道徳の補助的機関として、その意義を有するのである。私は、カントにおいては、宗教的意識そのものの独自性を見いだすことはできない。カントは、そういうもの（「主の推薦↓コリント　2－10－18　主に推薦される人こそ、確かな人なのである」、「ロマ書　11－29　神の召し」に於ける「観想　K・マルクス」）

を意識していたとは考えられない。「単なる理性（今のあなた）」blosse Vernunftの中（知的直観）には宗教は入って来ないのである。宗教を論ずるものは少なくも自己の心霊上（心の働き）の事実（ノエシス・ノエマ）〔1―5　自己（私と汝）の内に自己（汝）を映すこと〕（行為的直観）として宗教的意識を有《も》つものでなければならない。しからざれば、自分では宗教を論じているつもりでいても、実は他のものを論じているかもしれない（心から同意します）（数学、科学は言うに及ばず体験世界でも追試が必要です）。

三

それでは宗教的意識、宗教心とは、いかなるものであるか。この問題は、主観的にまた客観的に深く究明すべきであろう。しかし、私はいまかかる研究に入ろうとするのではない。ただ私は対象論理（デカルト、カント的）（日常の私）（知的直観）の立場においては、宗教的事実（意識内容、意識作用）（ノエマ、ノエシス）を論ずることはできないのみならず、宗教的問題（神と人間）（物質と精神）（慈悲）（悲願）（利他）（共生）すら出て来ないと考えるのである。我々（私と汝）の自己（自我）（インマヌエル）（人はもともと仏である）は働くものである。働くものとは、いかなるものであるか。働くということは、物と物との相互関係において考えられる。それでは、それはいかなる関係であるか。働くというには、まず一が他を否定し、他が一を否定する、相互否定関係というものがなければならない。しかし、単なる相互否定関係だけでは働くということはいわれない。相互否定が即相互肯定ということでなければならない。二者ともにどこまでも独自性を有し、相互に相対立し、相互に相否定することが、相互に相結合し、一つの形を形作ることであり、逆に相互に相関係する、相結合し、一つの形を作るということそのことが、どこまでも相互に相対立し、相否定するということでなければならない。すなわち物が各自に独自的となる。物（自然）（物質）が物自身（NKZ6-341-8 物体界）（時間面・無・空間面）（意識界・無・物質界）となるということでなければならない(3)。かくのごとき方式によって、我々は物（時間面）（動）と物（空間面）（静）との相働く（相互限定）世界、物質的世界というものを考えているのである。そこにも既に私のいういわゆる矛盾的自己同一の論理があるといわざるを得ない。

四

しかし、単に物（時間面）（動）と物（空間面）（静）とが相対立し、相互否定即相互肯定というだけでは、なお真に働くものというものは考えられない。真に働くものというものは、単に他によって動かされるもの、すなわち働かれるものではなくして、自己によって他を動かすもの、自己から働くもの（1－11場所的有）でなければならない。故に、物質の世界においては真に働くものというものはない。すべてが相対的である、力は量的である。真に働くものというものが考えられるには、秩序（創造）というものが入って来なければならない、少なくも順序というものが入って来なければならない。そこには非可逆的な「時」というものがなければならない。物質的世界においては、時は可逆的と考えられる。生命の世界に至っては、時は非可逆的である。生命は一度的である、死者は甦《よみがえ》らない。故に、（西田の心霊的、大拙の霊性的）世界（場所的有）は、多と一との矛盾的自己同一的に、形作られたもの（1－14 時間面的自己限定）

（私）（有）から形作るもの（空間面的自己限定）（汝）（無）へである。かかる意味において、無限の過程である。働くもの（場所的有、行為、作用、相互限定）とは、形作るもの（汝）（無の一般者）（2－7　無が無自身に対して立つ↓空間面的自己限定）である。かかる世界が目的（心の内容）（ノエマ）的と考えられるのである。

五

私は私の「生命」論において、生命の世界というのは、物質の世界と異なり、自己自身（統一している私と汝）の中に自己（私）表現を含み、自己（私と汝）の内に自己（汝）を映すこと（時間面・無・空間面）によって、内（時間面）（意識界）と外（空間面）（物質界）との整合的に、作られたもの〔（時間面的自己限定）（私）↓（場所的有）（質料・無・形相）と（空間面的自己限定）（汝）↓（場所的有）（質料・無・形相）〕から作るもの（質料・無・形相）（NKZ6-348-5　共同意識）へと動き行く世界（場所的有）といった(2)(3)。すなわち自己自身（私と統一している汝）（意識）（質料・無・形相）によってあり、自己自身（汝と統一している私）（意識）（質料・無・形相）によって動く世界（場所的有）（質料・無・形相）（共同意識）である。自己自身（統一している私と汝）の中に自己（無）（汝）否定を含み、自己（私と汝）において自己（汝）を映すこと〔ロマ書　1－17　神の義（事実）は、その福音（大拙の霊性、コリント　2－10－18　主の推薦）（NKZ6-341-8　物体界）の中に啓示（時間面・無・空間面）され、信仰に始まり信仰に至らせる〕（パウロは超越的内在）によって、否定の否定、すなわち自己（私、我）肯定的に無限に自己自身（汝と統一している私、自我）を形成する。かくのごとき方向が時の方向である。矛盾的自己（時間面・無・空間面）同一的世界は、自己（私と汝）の中に自己焦点（質料・無・形相↓絶対無↓5－9　絶対とは対を絶するものではない）（場所的有）（インマヌエル）（人はもともと仏である）を含み、動的焦点（1—17　場所自身）（2—12　自己射影点）を中軸として、無限に自己自身（統一している私と汝）を限定して行くのである（時間面的自己限定・無・空間面的自己限定）。かかる世界においては、物（空間面）と物（時間面）との相互否定即肯定として、新たなる何事かが起こった、すなわち物（汝）（場所的有）（意識界）（4—1　自己表現的個）（時間面的自己限定）が働いた（空間面）（物質界）（2—1　自己表現面的限定）（空間面的自己限定）（只今）ということには、それが世界（場所的有）（自我→インマヌエル）（一つの世界・一つの世界）の自己（自我）形成へとして、方向（意志）（NKZ6-400-4　個人的自己の意識統一）（私と汝の意識の統一）を有っていなければならない。働き（1—3　働くもの）は、すべて方向を有っていなければならない。時は、時自身（時・非連続的連続・瞬間）（劫と刹那）の内容（時間面・無・空間面）（1—9　形式ある内容）（3）を有っていなければならない。かかる方向が目的（意識の内容）と考えられるものであるのである。無論、物質的世界といえども、時がその独自性を有たないのではない。時がその独自性を有たないところに、力というものはない。しかし、物質的世界においては、時は、自己（時間面）（動）（私）否定的に、空間（空間面）（静）的であるのである。しかるに、生命の世界においては、生物的といえども、右にいった如く、既に矛盾的自己（時間面・無・空間面）（私、我と対象界）同一として場所的自己（場所的有）限定の世界である。我々（私と汝）の自己（私）（我）も身体的に、生物的である。我々の自己（私と汝）の働きは、生物的に目的的でもある（マルクスと類、物質）。しかし、我々（1—14　時間面的自己限定と空間面的自己限定）（私の意識・汝の意識）の自己（自我）は、絶対矛盾的自己（私と汝）同一的なる歴史（八八、百八）的世界の唯一なる個（人間）（我）として、単に目的的に働くというのではなく、目的（意識の内容）（ノエマ）を知って（自己表現的個・無・自己表現面的限定）→（時間面・無・空間面）（意識界・無・物質界）働くものである。自覚的（見性、始覚）（コリント　2—10—18　主に推薦される人こそ、確かな人なのである↓主の推薦）であるのである。自己自身（私・統一・汝）の内から、真に働くものであるのである。生物的世界はいうまでもなく、物質（身体）的世界といえども、歴史（八八、百八）的世界（心・身体）においてであるのである。しかし、生物的世界は既に矛盾的自己同一といっても、なお、空間的世界に、物質的世界に即したもの（私と空間面、対象界、物質界）（時間面・無・空間面）（NKZ6-346-5 連続的発展 ヘーゲル、まことの神・まことの人 滝沢）（K・マルクスは類との疎外）（唯物論）である。（1）（4）（12）

六

絶対矛盾的自己（時間面的自己限定・無・空間面的自己限定）（私と汝）同一として、真にそれ自身（質料・無・形相）によってあり、それ自身（私の意識・NKZ6-386-10 無媒介的媒介、非連続的連続・汝の意識）（時間面的自己限定・無・空間面的自己限定）によって動く世界（NKZ6-400-4 個人的自己の意識の統一、統一されている私と汝の意識）（自我）は、どこまでも自己（自我）否定的に、自己（私）表現的に、同時存在的に、空間的なるとともに、否定の否定として自己（私）（我）肯定的に、限定せられたもの〔（私）（時間面的自己限定）と（汝）（空間面的自己限定）〕から限定するもの（質料・無・形相）へと、限りなく動的に時間的である。時（時間面）が空間（空間面）を否定する（3―12動・静）とともに空間が時を否定し（只今）、時と空間との矛盾的自己同一的に、作られたもの（私と汝）から作るもの（質料・無・形相）へと、無基底的に、何処までも自己自身（私・統一・汝）（意識）を形成（発生）して行く、創造的世界である。かくのごとき世界を、私は絶対現在（自己表現的個・無・自己表現面的限定）の自己（時間面・無・空間面）（只今）限定の世界という。かかる世界においてのみ、我々（私と汝）は真に自己自身（質料・無・形相）（意識）によって動くもの（私と汝）（一つの世界・一つの世界）、自覚的（見性、始覚）（行為的直観）なもの（場所的有）（2－17　自覚的自己）（人間）を考え得るのである。かかる世界において、物（時間面）と物（空間面）とが相対立し、相互否定即肯定的に相働くということは、主語的に考えられるいわゆる物（空間面）と物（時間面）との対立関係（我と有、事、物質界）（スピノザ、マルクス、滝沢）（5－13　超越的内在）ではなくして、世界（場所的有）（汝、もう一人の自分、個）（意識）と世界（場所的有）（私、自分、個）（意識）との対立関係（一つの世界・一つの世界）（私と汝）（5－13　内在的超越）でなければならない。働くもの（1－20　意志作用的有、絶対無の場所）（1－3　働くもの）（場所的有）は、何れも自己自身（私・統一・汝）が一つの世界（質料・無・形相）（NKZ6-400-4　個人的自己の意識、自分）（私）として、他の一つの世界（質料・無・形相）（個人的自己の意識、もう一人の自分）（汝）（他人）に対するのである。私がいつも個（一つの世界）が個（一つの世界）に対するというのは、これにほかならない（行為的直観）。

七

我々（コリント　2－6－16　生ける神の宮）（人間↓インマヌエル）の自己（私と汝）が意識的に働く（1－3　働くもの）というのは、我々の自己（私と汝）が世界（1－11　場所的有）の一表現点として、世界（汝）（場所的有）を自己（自我）（私）に（心霊、パウロなら主、上田閑照博士なら「限りない開け」の場に於いて）表現する（時間面・無・空間面）（質料・無・形相）（1－2　神は我々の自己に心霊上の事実として現われるのである）〔ロマ書　1－17　神の義（事実）は、その福音（主の推薦）（物体界）の中に啓示（時間面・無・空間面）され、信仰に始まり信仰に至らせる〕ことによって世界（自我）を形成（発生）することである。世界（場所的有）（質料・無・形相）を自己（我）において表現する（時間面・無・空間面）ということは、世界（場所的有）が自己（時間面）において主観（自我）（私）化せられることでなければならない。どこまでも客観的として自己（自我）（自分）に対する世界（空間面）が、自己（無）において記号（無）（場所）化せられ、記号的（無即有）に把握せられるということでなければならない。しかして、かくいうことは、世界（場所的有）が我々（私と汝）（NKZ6-400-4 個人的自己の意識、絶対無と個人的自己の意識、絶対無）（NKZ6-348-5 共同意識）（絶対無）（質料・無・形相）の自己（自我）において自己自身（私と統一している汝）を表現（時間面的自己限定・無・空間面的自己限定）（自己表現的個・無・自己表現面的限定）↓（時間面・無・空間面）することであり、我々（私と汝）の自己（時間面・無・空間面）（意識界・無・物質界）（質料・無・形相）を自己（自我）形成点として、自己（空間面）否定即肯定的に自己（空間面）（形相）を時間面化することである（「生命」論、参照）（仏あって衆生あり）（時間面的形相限定）。我々（私と汝）の自己（我）が、かかる一つの時間面的空間的世界（共同意識）（5−9 世界的世界↓意識）（自我）として、矛盾的自己（質料・無・形相）同一的に自己自身（時間面的自己限定・無・空間面的自己限定）（統一している私と汝）（自我）を形成する。これが我々（私と汝）の意識作用である。しかして、時間面的空間すなわち意識的空間（我）（私）が、矛盾的自己同一的に、自己（私と汝）の中に自己（汝）を映す（時間面・無・空間面）（衆生あって仏がある）（5）、かかる自己（私と汝）焦点（絶対無の場所）（場所的有）（共同意識）が我々（私と汝）の自己（私・NKZ6-386-10 非連続的連続、無媒介的媒介・汝）（時間面的自己限定・無・空間面的自己限定）（時間面・無・空間面）（時間面的空間的世界）（世界的世界）と考えられるものである。かかる動的焦点（質料・無・形相）（無自身）（場所自身）（意志作用的有）を中心として、我々の意識界とは秩序（創造）づけられたものである。意識作用（非連続的連続）とはどこまでも時間的に方向を有ったものである。自己（私）表現的に自己自身（私と統一している汝）を限定する、過去（創造）が未来（創造物）に、未来（ω）が過去（α）に、現在が現在自身を限定する（自己表現的個・無・自己表現面的限定）世界（場所的有）の自己限定作用（時間面・無・空間面）として、いつも目的（1―9　形式ある内容）（ノエマ）を自覚（行為的直観）したものである。我々の意識界がかくのごときものであるということは、我々の意識界というものが、どこまでも内（時間面）が外（空間面）に、外が内に、時間空間（3―12　動・静）の矛盾的自己（時間面・無・空間面）同一的に、自己（我）が自己（私と汝）において世界（汝）（無）を表現する（時間面・無・空間面）とともに、世界の一つの自己表現的形成点（絶対無）（場所的有）（1―20　意志作用的有）として働く（自己射影点）（1―3　働くもの）ということである（只今）（自由）。表現ということは、いつもいう如く、他（汝）が自己（私）に、自己（私）（一つの世界）が他（私）（一つの世界）にということである（共同意識）。我々の自己（自我）とは世界（創造物）（場所的有）が自己（私と汝）において自己（汝）を映す（（4―1　自己表現的個）（時間面的自己限定）・無・（2―1　自己表現面的限定）（空間面的自己限定）↓（時間面・無・空間面））、世界の一焦点（1―7　時間面的空間的世界）（5―9　世界的世界）（2―12　自己射影点）（時間面的自己限定）（我）たるにほかならない。我々の自己（自我）の自覚（始覚、見性、反省）（行為的直観）というのは、単に閉じられた自己自身（デカルト的自己、我考える故に我あり）の内において起こるのではない。自覚（行為的直観）は自己（自我）が自己（自我）を越えて（私と汝）（個と個）（独立性「デカルト哲学について」）他（汝）（個）に対することによってのみ起こるのである。我々が自覚（見性、行為的直観）するという時、自己（自我）は既に自己（自我）を越えている（私と汝）（一つの世界・一つの世界）（行為的直観）のである。ただ、対象論理的独断によって自己自身（神が創造している自我）を実体化（我考える故に我あり、人はまったく気づかずにデカルト的に出立しています）（単なる理性）（今のあなた）（僕もそうでした）している人には、かかる明白な真理をも認めることができないのである（2）。故に、絶対矛盾的自己同一の世界において、世界（私、自分）と世界（汝、もう一人の自分）とが相対立するということは、かかる意味において焦点（個、見る意識である個人的自己の意識）（絶対無）（場所的有）（世界）と焦点（個、映す意識である個人的自己の意識）（絶対無）（場所的有）（世界）とが相対立することである（我考える故に我あり、の対象とならない我が対象となる）（時間面的自己限定・無・空間面的自己限定）（述語面的自己限定・無・主語面的自己限定）（質料・無・形相）（時間面・無・空間面）（絶対無）（場所的有）（世界）↓（私の意識・無媒介的媒介・非連続的連続・汝の意識）（NKZ6-400-4 個人的自己の意識統一）（我）。

八

絶対矛盾的自己同一的世界〔ロマ書 1－17 神の義（事実）は、その福音（霊性、宗教的体験）（物体界、環境）の中に啓示（時間面・無・空間面）され、信仰に始まり信仰に至らせる〕〔1－2 神は我々の自己（自我）に心霊上の事実（私と汝）（時間面的自己限定・無・空間面的自己限定）↓（時間面・無・空間面）として現われるのである〕（パウロは超越的内在）においては、個物（質料・形相）的多の一々が焦点として、それ自身（無自身）（場所自身）に一つの世界の性質〔（時間面的自己限定）（質料・無・形相）私と汝（空間面的自己限定）（質料・無・形相）〕↓（絶対無）（共同意識）（意識）を有つのである。モナドロジー（6）に於いてのように、一々のモナドが世界を表現するとともに、世界の自己（有・無）（私と汝）表現の一立脚地（時間面・無・空間面）となるのである。故に、かかる世界においては、個（個物）（質料）（私）と個（個物）（形相）（汝）とは、あたかもカントの目的の王国（7）においての如く、互いに表現作用的に相働くのである（NKZ6-399-9 意識が志向的であるということが既に意識は存在として自己否定を含んで居るということができるであらう）。世界（場所的有）は絶対矛盾的自己同一的に、絶対現在（自己表現的個・無・自己表現面的限定）（3－12　動・静）の自己（時間面・無・空間面）（意識界・無・物質界）（質料・無・形相）限定として、自己（私と汝）（時間面的自己限定・無・空間面的自己限定）の中に焦点（絶対無）（共同意識）を有ち、動的焦点（意志作用的有）（1－3　働くもの）（1－17　場所自身）（無自身）（2－12　自己射影点）を中心として自己自身（私・統一・汝）（心）を形成して行く。世界（場所的有）はそこに自己自身（質料・無・形相）（絶対無）の秩序（創造）を有つ。我々（私と汝）の自己（自我）は、かかる世界（場所的有）の個物（質料・形相）的多として、その一々が世界（一つの世界・一つの世界）の一焦点（自己射影点）（場所）として、自己（自我）（私）（時間面）に世界（汝）（無）（4－1　自己表現的個、時間面的自己限定）を表現する〔（自己表現的個・無・自己表現面的限定）、（時間面的自己限定・無・空間面的自己限定）↓（時間面・無・空間面）（当為、定言）（有）〕とともに、世界の自己（自我）形成的焦点（1－20　意志作用的有）の方向（時間面的自己限定）（我）（理性）において自己（自我）の方向を有つ（空間面的自己限定）（理性的）。ここに世界（我々）の道徳的秩序〔ロマ書　7－22　神の律法、ガラテア　6－2　キリスト（神）の律法〕（理性的）↓（パウロに於いては、キリストは神と被造物、の意味です）というものがあるのである。かく我々（私と汝）の自己（我）が世界の一焦点（絶対無）（場所的有）として自己（私）表現的に自己自身（私と統一している汝）を限定する（空間面的自己限定）（自己表現面的限定）ということは、自己（汝）（動）↓（空間面）（静）を対象論理的に必然的と考えることではない。永遠の過去（創造）（α）未来（創造物）（ω）を含む絶対現在（自己表現的個・無・自己表現面的限定）の一中心（時間面・無・空間面）（瞬間、只今、利那、宗教体験の場、物体界）（1－11　場所的有）（5－9　世界的世界）（我）となるということである。私が、我々（私と汝）の自己（自我）を、絶対現在の瞬間（非連続的連続）（利那）（只今）的自己（時間面・無・空間面）（質料・無・形相）（3－12　動・静）限定というゆえんである。故に、我々の自己（私）（自我）は、自己矛盾的存在である。世界（場所的有）を自己（自我）（私）に映す（時間面・無・空間面）（動・静）（超越的内在）とともに、絶対の他（他人、汝、もう一人の自分）において自己（4－1　自己表現的個・無・自己表現面的限定）（時間面的自己限定・無・空間面的自己限定）（動・静）（時間面・無・空間面）を有つのである（共同意識）（内在的超越）(5)。死すべく生まれ、生まるべく死するのである（瞬時に生まれ、瞬時に死す　神話友達）。時の瞬間は永遠に消え行くものとなるとともに、永遠に生まれるもの、すなわち瞬間は永遠である。しかして、絶対現在の世界は、周辺なき無限大の球として、至るところが中心（西田の心霊、大拙の霊性、コリント　2－10－18　主の推薦、上田閑照の「限りない開け」の場）となるのである。かかる世界は、必然の自由、自由の必然（生かせたる　神話友達）（只今）の世界である。

神話友達　瞬時に生まれ、瞬時に死す。神の名称を持たずになるということ。自然とそうなる、望まなくてもそうなる、そうなるところは言葉にするとつまらんものになる（彼は汝の表現について関心がありません。僕が想像するに、それに無関心で、彼の場合はその場にあるのに、その呼び名を知らないと言うより確定しないだけだと思っています。この事を言った後にまだ言葉が続きますが、その中に公案のそれなりの解がありました。でも、彼はそのことに無頓着でした。また、ある公案の解は知っていましたが彼はそれを確定しようと、表現しようと思わなかった。しかし、それが話の中で出てきたので、僕がそれだと言って確定しました。彼はこのようなことにはあまり関心がないと言っては言い過ぎですが、僕が推測するには、これはこれでこのままにしておこうという気持ちが強いのではないかと思います）。

（僕は死んではいませんから、体験的には、この状況に「生かせたる」、「瞬時に生まれ、瞬時に死す」が当てはまるかどうか、僕には自信がありません、そんな感じです。しかし、僕が解いた公案から見れば、そうであろうと確定しました。また、僕の神話友達が言うには、死なんて云うものはない、死は今この世に存在する自分が、亡くなった方を見て自分が死を作るのだ、と言っていました）

我々の自己（自我）に対する当為（定言）（ロマ書　7－22　神の律法）ということは、かかる世界においてのみいい得るのである。かかる世界は、主観（我）的世界ではない。私が「物理の世界」において論じた如く、物理的世界と考えられるものが、既に絶対矛盾的自己同一的たる歴史（八八、百八）的世界の一面（動・静）（時間面・無・空間面）（意識界・無・物質界）（超越的内在）（ヘーゲル、マルクス、滝沢）として考えられねばならないのである。

九

カントは知識成立の条件としての先験的形式（ア・プリオリ、生得的）を明らかにした。しかし、形式（NKZ6-341-8　物体界）（私と汝）なき内容（時間面・無・空間面）は盲目的であるが、内容なき形式も空虚である(3)。カントは形式と直観的内容との結合において客観的知識（純粋の知識）を見た。多くの問題を惹起したのではあるが、とにかく、彼は（我々の）外に物自体（悟性概念）(8)というものを考えた。しかるに、新カント学派に至っては、カントを理解するはカントを超越するにありなどいって、「存在の前に当為がある」というようになった。存在から当為は出ないという。しかし、これらの人々のいう「存在」というのは、固《もと》、認識形式（知的直観）に当てはまって考えられたものをいうのである。いわゆる対象的存在である。かかる立場から考えられたものから、考えるものの出ないのはいうまでもないことである。しかし、考えるものとは、いかなるものであるのであるか。それは無であるのであるか。ないものを考える、無が働くとはいわれないではないか。自己というものがあるが、それは考えられないものだというかもしれない。しかし、考えられないものがあるとは、いかにしていい得るか。考えられないものがあるという時、既に考えているのではないか。自己というものが考えられないということは、自己（自我）が自己（自我）の対象とならないということであろう。それはそのとおりである（我、考える故に我あり、を西田哲学で言い表しますと、時間面的自己限定、時間面的自己限定・無・空間面的自己限定ゆえに時間面的空間的世界あり、です）（私、私と汝ゆえに私・汝あり、になります）。しかし、ただ、否定的に爾《しか》定められただけでは、自己というものを明らかにすることはできない。対象とならないもの（自我）が対象となる（個と個）（一つの世界・一つの世界）（私と汝）（私と他人）（自分ともう一人の自分）ところに、自己（自我）というものが考えられるのである。あるいはそれは高次的にというかもしれない。しかし、自己というものは、どこまでも高次的に、無限に高次的にといっても、その尖端に、その行先に、自己というものが考えられるのでもない。そこから絶対に（西田の心霊、大拙の霊性、パウロの福音、主の推薦、上田の「限りない開け」、見性、反省に於いて）（5－9　絶対とは対を絶するものではない）翻《ひるがえ》らなければならない（回心）。

4－19　矛盾的自己同一の根柢に徹することを、見性というのである。そこには、深く背理の理というものが把握せられなければならない。禅宗にて公案というものは、これを会得せしむる手段にほかならない。

1—2　神は我々の自己に心霊（心）上の事実（時間面・無・空間面）（私と汝）として現われるのである。

1—11　反省とは、場所（絶対無の場所、人間）が自己（私と汝）の中に自己（汝）を映す（時間面・無・空間面）ことにほかならない（行為的直観）。

ロマ書　4—25　主（主の推薦）（宗教的体験）（物体界）は、わたしたちの罪過（公案、人生の問い）（良心の呵責）（人生の悲哀）のために死に渡され（ロマ書　7—10　わたしは死んだ）、わたしたちが義とされるために、よみがえらされたのである（死即生）（生かせたる　神話友達）。

ロマ書　4—17　彼（アブラハム）はこの神、すなわち、死人を生かし（死即生）（生かせたる　神話友達）、無から有を呼び出される神（無即有）を信じたのである。

ロマ書　1—17　神の義（事実）は、その福音（主の推薦→コリント　2—10—18　主に推薦される人こそ、確かな人なのである）（主）（宗教的体験）の中（場）（環境）に啓示（時間面・無・空間面）され、信仰に始まり信仰に至らせる。これは、「信仰による義人は生きる」と書いてあるとおりである。

故に、自己（日常の私）というものは、論理的には否定即肯定として、矛盾的自己同一的に把握せられるものでなければならない（論理から自己へである「デカルト哲学について」）（絶対無→私・非連続的連続、無媒介的媒介・汝→時間面的空間的世界→心→我）。

十

いったい物があるということはいかなる義であるか。アリストテレスは主語となって述語とならないもの、すなわち個物を真の存在といった。ライプニッツ的にいえば、それは主語において無限の述語を含むということであろう。しかし、我々（コリント 2―6―16 生ける神の宮）の自己は、こういう意味において有と考えられるのでもない。モナドといっても、エンテレケーア(9)といっても、それで我々の自己が考えられるのではない。我々（私と汝）の自己（我）（日常の私）とは、まず自己自身（自我を創造している神）の述語となるものでなければならない（神、我らとともに在す、2―8 仏あって衆生あり）（時間面・無・空間面）、否、自己自身（神が相互限定、創造している自我）について述語するものでなければならない（人はもともと仏である。2―8 衆生あって仏がある）（私と汝）（自己表現的個・無・自己表現面的限定）。

2―8 私は仏あって衆生《しゅじょう》あり（時間面的自己限定）、衆生あって仏があるという（空間面的自己限定）、創造者としての（NKZ6-368-9 物質即精神なる）神あって創造物（被造物）としての世界あり、逆に創造物としての世界あって神があると考えるのである。

自己自身（私・統一・汝）を表現するもの（私と汝）すなわち自覚（行為的直観）（時間面・無・空間面）（私と汝）するものでなければならない。目的（超越的内在）（私と対象界）（時間面・無・空間面）的なるものは、どこまでも自己自身（私・統一・汝）（日常の私）を反省するものではない、自覚（私と汝）するものではない。それはどこまでもなお対象化せられたもの（私と類　マルクス）（唯物論）である。自覚（見性、始覚、行為的直観）するものとは、絶対の他（汝）（他人）に対するものでなければならない。絶対（5―9　絶対とは対を絶するものではない）に相反するもの（3―12　動・静）（質料・形相）の相互限定が表現点（無）（自己射影点）（述語面的自己限定・無・主語面的自己限定）→（時間面・無・空間面）と考えられるのである。人は物（神）を考える時、対象的思惟（デカルト的）（心の外）を基と考えるが、実は我々（私と汝）は相反するもの（私と汝）（自分ともう一人の自分）の相互表現という立場から考えるのである。判断というのは、かかる表現するもの（2―1　自己表現面的限定）（空間面的自己限定）と、表現せられるもの（4―1　自己表現的個）（時間面的自己限定）との、矛盾的自己同一的関係において成立するのである。甲（私）からいえば、乙（汝）が自己（無）において表現せられるものとして、自己（私と汝）において乙（無）を表現する（時間面・無・空間面）。すなわち乙（空間面）（物質界）を主語（主語面的自己限定）としてこれについて述語（述語面的自己限定）する（2―8　仏あって衆生あり）、乙（空間面）を対象としてこれについて判断すると考える。しかしここに、いつもその逆が含まれていなければならない。右の如くいうことは、また甲（私）（時間面）（意識界）が乙（汝）において表現せられ（自己表現的個・無・自己表現面的限定）→（時間面・無・空間面）（意識界・無・物質界）、乙（汝）の自己（無）表現の一観点（私）（4―1　自己表現的個）（時間面的自己限定）となること（2―8　衆生あって仏がある）である(5)。故に、私はいつも物（絶対無）となって考え、物（絶対無）となって行うという。私（場所自身）（意識）と物（場所自身）（意識）とは、矛盾的自己（無）（場所）同一的に相対する（私と汝）（述語面的自己限定・無・主語面的自己限定）（質料・無・形相）（共同意識）のである。しかし、自己（自我）（日常の私）に対するものを、単に空間的対立的（我と事）（時間面・無・空間面）（質料・無・形相）（知的直観）（5―13　超越的内在）に考えられる時、自己（我）というものも、なお物（空間面）（類、物質　マルクス）

であるのである。両者の関係は物（自我）（意識界）（作用界）と物（対象）（1－14　物質界）（対象界）との関係、単なる働きである。人は知るということも、単に一つの働きと考える。『純粋理性批判』の巻頭も、かかる独断を脱していない(10)。しかし、実はかかる立場（知的直観）（カント）においては、知る（時間面・無・空間面）（個と個）（一つの世界・一つの世界）（私と汝）（行為的直観）ということは考えられない、すべて意識作用（内在的超越）（私と汝）（絶対無）（場所自身）（心）というものは考えられないのである。相互否定的なるものの結合として働くということが考えられるが、かかる結合には矛盾的自己（質料・無・形相）同一的なる媒介者（無）（1－3　働くもの）（場所）というものがなければならない。かかる媒介者の立場からは、相互対立的（意識界・物質界）に相働く（相互限定）ものというものは、媒介者（1－3　働くもの）（無）の自己限定の両端（質料・形相）というごときものであって、両者（質料・形相）の相互限定によって一つの結果（無）が生ずるということは、矛盾的自己同一的なる媒介者自身（無自身）（場所自身）（1－3　働くもの）の自己変形（質料・無・形相）とも考えることができる。物理現象が力の場の変化として考えられるゆえんである。

5－5　ランジュバンは、量子物理学は決定論を否定するものではなくして、かえってこれを一層人間的に、具体的に精密にするものであるといっている。

（この辺りのことは量子論と相対性理論が統一されたなら意識が解明されると思います。追試された方がきっと解き明かしてくださると僕は思っています）

十一

かかる矛盾的自己同一的に媒介者の自己（無）限定の中心というべきものが、多が一に、一が多に、変ずるもの（無の一般者）が変ぜられるもの（有の一般者）として、私のいわゆる場所的有（絶対無の場所）（質料・無・形相）（意識）（世界的世界）と考えられる。これにおいては、自己（私）が自己（汝）（他人）に対立するのである（5－13　内在的超越）（1－9　対象とならないものが対象となる）。自己（私と汝）が自己（NKZ6-370-5　環境）に自己（日常の私）否定的に一であるのである。故に、それは自己自身（私・統一・汝）（無自身）（1－17　場所自身）を表現するものであるのである。しかして、我々が表現するもの（無）（我）と表現せられるもの（有）との関係（超越的内在）、また更に私と汝とのごとき、表現するもの（汝）（無）（意志作用的有）（1－14　作用界）と表現せられるもの（私）（1－14　対象界）との関係（内在的超越）（私・非連続の連続・無媒介的媒介・汝）（自己表現的個・非連続的連続・無媒介的媒介・自己表現面的限定）（時間面的自己限定・無・空間面的自己限定）を考える時、そこまで意識していないとしても、実はいつもかくのごとき自己自身（私と統一している汝）を表現するものの立場（私と汝）（時間面的自己限定・無・空間面的自己限定）（自己表現的個・無・自己表現面的限定）、自覚（見性、反省）的立場（時間面・無・空間面）（我と対象界、有）（2－7　無が無自身に対して立つ）において（我考える故に我が）考えているのである（只今）。かかる立場（時間面・無・空間面）（時間面的自己限定・無・空間面的自己限定）（私・無媒介的媒介・非連続的連続・汝）（自己表現的個・無媒介的媒介・非連続的連続・自己表現面的限定）が、シネ・クワ・ノン（必要十分条件　本33頁）であるのである（博士は人の根柢からですが、分かりやすく言うと、赤いリンゴを思い出してください、どうなりますか。赤いリンゴを見ているあなたと、その赤いリンゴを思い出してあなたに見せているあなたがそこにいる、ということです。だから赤いリンゴがあなたに分かるのです）。いつもかかる矛盾的自己同一的一者（絶対無）（共同意識）（統一されるべきもう一人の自分と自分）（統一している私と汝）が要請せられているのである。しからざれば、これらの関係を考えることはできない。場所（質料・無・形相）の、自己（私と汝）において自己（汝）（無）（時間面的自己限定）（4―1　自己表現的個）を限定する、無限なる自己（無）限定（空間面）（主語面的自己限定）（2―1　自己表現面的限定）の方向が、対象的方向と考えられるものであり、対象論理は、この方向に実在を見る。すなわち働くものを見る。判断論理の立場においては、それが主語的方向である。アリストテレスは、この方向の極限に実在を考えた。しかし、対象的に限定せられるものは、媒介的一般者（無の一般者）（1―3　働くもの）の自己限定として、主語的に限定せられるもの（主語面的自己限定）（2―1　自己表現面的限定）は、述語的一般者（述語面的自己限定）（4―1　自己表現的個）（我）の自己（無）限定として、考えられるのである。判断論理の立場からは、すべてが主語的一者（空間面）の属性（時間面的自己限定）（述語面的自己限定）と考えられ、対象論理の立場からは、すべてが対象的一者（空間面）の働きと考えられるかもしらぬが、それらは場所の自己（絶対無）（場所的有）限定として、その逆の立場から考えることができる。主語的有（主語面的自己限定）（理性的）に対して、述語的有（述語面的自己限定）（理性）というものを考えることができる。プラトンの有（イデア）とはむしろこの方向に属するものであろう。対象的有（空間面）に対して場所的有（質料・無・形相）（絶対無）（無自身）（場所自身）すなわち自覚的有（意識）（私）（我）（NKZ6-348-5　共同意識）というものを考えることができる。すべてのものを、場所的有（世界）（絶対無）（意識）の自己（無）限定として見ることができる。我々（私と汝）の自己（自我）の存在というのは、かかる立場においての有（世界）（質料・無・形相）（時間面的自己限定・無・空間面的自己限定）（私と汝）（共同意識）（無自身）（場所自身）である。述語的場所（世界）（場所的有）（質料・無・形相）（時間面的自己限定・無・空間面的自己限定）（自己表現的個・無・自己表現面的限定）の矛盾的自己同一的中心（無自身）（場所自身）（絶対無）（質料・無・形相）（共同意識）（時間面的空間的世界）（私と汝）として、我々（私と汝）は我々（コリント　2―6―16　生ける神の宮）（人間）の自己（私と汝）（心）というものを考えるのである。反省（自覚、見性）（主）（コリント　2―10―18　主の推薦）（物体界）とは、場所（述語的場所）（質料・無・形相）（自我）が自己（私と汝）の中に自己（汝）を映すこと（自己射影点）（時間面・無・空間面）にほかならない。我々の意識作用（絶対無）（場所的有）（述語的場所）（個と個）（共同意識）（5―9　世界的世界）（時間面・無・空間面）（時間面的自己限定・無・空間面的自己限定）（私の意識・非連続的連続、無媒介的媒介・汝の意識）（1―7　時間面的空間的世界）→（日常の私）というのは、皆かくのごとき立場から考えられるのである。しかして、かかる作用として、我々の意識作用は、その根柢において、自覚（行為的直観）（時間面・無・空間面）的であり、当為（時間面・無・空間面）的であるのである（衆生あって仏がある、仏があって衆生あり）（内在的超越、超越的内在）。

4―19　矛盾的自己同一の根柢に徹することを、見性というのである。そこには、深く背理の理というものが把握せられなければならない。禅宗にて公案というものは、これを会得せしむる手段にほかならない。

1―11　反省とは、場所が自己の中に自己を映すことにほかならない。

「ロマ書　1―17　神の義は、その福音の中（場、環境）に啓示（時間面・無・空間面）され」（る）。

十二

世界（時間面的自己限定・無・空間面的自己限定）（場所的有）は自己（汝）の中に自己（私）表現を含み、自己（私）（時間面的自己限定）（自己表現的個）表現的に自己自身（汝と統一している私）を形成（発生）して行く。かかる立場において生命の世界（述語的場所）が成立する。時（時間面）（動）と空間（空間面）（静）との矛盾的自己同一的に、作られたもの（時間面的自己限定・無・空間面的自己限定）から作るもの（質料・無・形相）へである。かかる世界に於いてあるものとして、個（個物→質料）（時間面）（私）と個（個物→形相）（空間面）（汝）との相互限定に働くということは、すべて目的（ノエマ）（意識内容）（意志的）的である。個（個物）（質料）と個（個物）（形相）とは、単に対立的ではなくして、秩序的（創造的）である。そこに始めて働くもの（相互限定）（1―3　働くもの）というものがある。形相と質料（個物）というものが考えられるのである。しかし、生物的生命の世界はなお空間（物質）（形相）的である、質料的（我的）（日常の私的）である（我と物質界）（自我と対象界）（ヘーゲル、滝沢、K・マルクス）。絶対矛盾的自己同一的世界（私と汝）ではない（私と汝、共同意識の世界ではない、ヘーゲルの過程的連続、滝沢の接触、マルクスの疎外）（超越的内在）。絶対矛盾的自己同一として自己自身（私と統一している汝）によってあり、自己自身（汝と統一している私）によって動く、真の具体的実在界（創造物）（人間）、すなわち歴史的世界（八八、百八）においては、時がどこまでも空間を否定するとともに、空間がどこまでも時を否定する。空間と時間との、一と多との、否、有（有の一般者）と無（無の一般者）との絶対矛盾的自己（質料・無・形相）同一として、どこまでも作られたもの（時間面的自己限定）（私）と（空間面的自己限定）（汝）から作るもの（質料・無・形相）へと、無基底的に創造的（1―17　場所が場所自身を限定する）である（論理から自己へである「デカルト哲学」について）（主客未分↓心）（私の意識・非連続的連続、無媒介的媒介・汝の意識）（時間面的空間的世界）。真に自己自身（私と統一している汝）を表現する（時間面・無・空間面）ことによって、すなわち自己自身（時間面と相互限定している空間面）を否定することによって、自己（我）肯定的に自己自身（汝と統一している私）を形成していく。その自己（自我）（日常の私）形成の方向（時間面的自己限定）において、どこまでも時間的に、事実（質料・無・形相）的である。これに反し、その自己（我）（私）否定的に、自己（汝）表現の方向において、どこまでも空間的に、自己自身（時間面と相互限定している空間面）を形成する形（時間面的自己限定・無・空間面的自己限定）（質料・無・形相）として、イデア的である。後者の方向においては、さらに抽象的に法則とは、多と一との矛盾的自己同一的に自己自身（私と統一している汝）を限定する抽象的形にほかならない。世界（場所的有）はイデア（静）（形相）否定的に事実的（動）（質料）、事実否定的にイデア的である。形相から質料へ、質料から形相へ、形相と質料との矛盾的自己（質料・無・形相）同一的である。かかる世界において相働く（相互限定）（1―3　働くもの）ものというのは、いずれも自己自身（質料・相互限定・形相）の中に世界の一焦点（無、場所）を含み、自己（私）表現的に自己自身（場所自身）（統一している私と汝）を限定（述語面的自己限定・無・主語面的自己限定）する一つの世界（一つの世界・一つの世界）（私と汝）として相対立し、相互否定的に一つの全体的世界（物体界↓時間面・無・空間面）（主の場）（環境）を形成し行くのである。換言すれば、いずれも世界（場所的有）の一角（個と個）（一つの世界・一つの世界）として、相対し相限定することによって、一つの世界（時間面・無・空間面）（時間面的自己限定・無・空間面的自己限定）（質料・無・形相）（共同意識）（私・無媒介的媒介・非連続的連続・汝）（NKZ6-400-4　個人的自己の意識統一、私と汝の統一）（統一されるべき個と個、自分ともう一人の自分の統一）（自己）（我、ego）を形成し行くのである。

十三

それ自身(質料・無・形相)(場所的有)によってありそれ自身(無自身)(場所自身)によって動く、具体的世界すなわち歴史的世界(創造物)(人間)は、自己自身(質料・相互限定・形相)の中に世界的自己(質料・形相)焦点(無)を含み、かかる動的自己焦点(2－12 自己射影点)(意志作用的有)(場所自身)(無自身)を中軸として自己自身(汝と統一している私)を形成(発生)して行く。かかる中軸線において、すなわち歴史（八八、百八）的世界時(時間面・無・空間面)(動と静)(現在が現在自身を限定する自己表現的個・無・自己表現面的限定)(只今)(刹那)において、世界の一焦点(絶対無)(場所)を含み、自己自身(私と汝)(時間面的自己限定・無・空間面的自己限定)を限定する個物(質料・形相)は、相対し相限定(直接経験)(純粋経験)(場所自身)(無自身)するのである。すなわち相働く(1－3 働くもの)ということができるのである。故に一小宇宙として我々の自己(私と汝)の働きは、どこまでも世界時(只今)(刹那)(自由)的に一度的(2－5)(2－17)(死)に事実(質料・無・形相)的と考えられるとともに、世界(場所的有)の自己(我)(無)否定的に、すなわち自己(私)表現的に、イデア的である。さらに抽象的に価値(当為)的である。逆に世界の自己(私)表現的にイデア的なるもの、さらに価値(当為)的なるものは、否定の否定として、すなわち肯定的に、実現的(理性)(自律)(時間面的自己限定)である、自己(自我)形成的である、少なくも当為的である。当為的ならざる価値というものはない。かかる世界においての働きは、どこまでも、何らかの意味において、理念(絶対無)(1－3 働くもの)的なるとともに事実(質料・無・形相)的、事実的なるとともに理念的であるのである。我々(私と汝)の意識的自己(自我)(世界的世界)の自覚(見性、行為的直観)的世界というのは、自己(私と汝)の中に世界の一焦点(場所的有、絶対無）を含み、自己自身（統一している私と汝）を限定する（時間面的自己限定・無・空間面的自己限定）（自己表現的個・無・自己表現面的限定）一つの世界として、歴史的世界（八八、百八）（創造物）の一つの自己（私）（我）表現面ということができる。自己（私と汝）の中にどこまでも対象的自己限定（質料・無・形相）を含み無限に（私）表現的に自己自身（時間面的自己限定・無・空間面的自己限定）（自己表現的個・無・自己表現面的限定）を限定する時間面的存在（1―11　自覚的有）（述語的有）（1―11　述語的場所）である、媒介面（無）（NKZ6-347-4　場所的切断）（協調）（コンポッシブル　予定調和を手引として宗教哲学へ）的存在である。判断作用的立場からいえば、どこまでも自己（私と汝）の中に主語的自己限定を含む述語面的有（時間面的自己限定・空間面的自己限定）（自己表現的個・自己表現面的限定）である。アリストテレスのどこまでも主語となって述語とならない主語的有に対して、どこまでも述語となって主語とならない述語的有（時間面的自己限定と空間面的自己限定）（1―11　述語的場所）ということができる。カントが、すべて私の表象（悟性概念）に伴うといった「私（自覚的有）（意志作用的有）が考える（1―11　対象的有）↓（時間面・無・空間面）」という自己は、かくのごとき存在（私・考える）（時間面的自己限定・無・空間面的自己限定）（自己表現的個・無・自己表現面的限定）（私と汝）↓（時間面・無・空間面）であろう。かつて「デカルト哲学について」においていったように、カント哲学はかかる立場から把握できると思う。

十四

作用ということは、単に相対立する物と物との相互限定と考えられ、物質現象の場合であっても、精神現象の場合であっても、無差別的に一様に考えられているのであるが、物（物質）（自然）が働く（NKZ6-

341-8 物体界）（相互限定）（1－3　働くもの）というには、いつも個物（質料・形相）と全体（物体界↓時間面・無・空間面）（心霊、主の場）（心・身体）（意識・物質）（私と汝）との関係が考えられねばならない（ロッチェの形而上学は能《よ》くこれを証明している）。いかなる世界において、いかなる場所においてということが考えられねばならない。我々の意識作用というのは、右にいった如く、我々（私と汝）の自己が世界の一焦点（無）（自己射影点）として、自己（私と汝）の中に世界の一表現点（無）（汝）を含み、一つの世界（個と個）（私と汝）の自己（汝）（絶対無）（1－20　意志作用的有の）表現として、どこまでも自己（私）表現的に自己自身（汝と統一している私）を形成する個物（質料・形相）的自己（場所）限定の過程たるにほかならない。すべて生命は世界が自己自身（時間面的自己限定・無・空間面的自己限定）の内に自己（私）表現を含み、自己自身（私・非連続の連続、無媒介的媒介・汝）（世界的世界）（統一している私と汝）を形成することから始まる。それはまず空間面的に生物的（我・事）（意識界・無・物質界）（ヘーゲル）（マルクスと物質、疎外）（知的直観）であり、本能的である（私と商品　マルクス）（欲求的）（利己的）（4－1　パスカル　貴いもの）（超越的内在）。

NKZ6-396-13　動物間には私に対する汝といふものはない。若し動物が哲学的に思索するならば彼は独我論（知的直観）（我と物質界）（時間面・無・空間面）（自覚的有・無・対象的有）（滝沢博士は「まことの神・まことの人（11）」↓接触　客観的理性「デカルト哲学について」）（マルクスは有、類との疎外、唯物論（12））を主張するであらう。

（我と空間面、私と有、滝沢と有、マルクスと類、超越的内在に於いては我の立場で、滝沢博士の接触とマルクスの疎外に分かれるようです）（西田博士はその我を論じていらっしゃいます）

2－17　生物は自己の死（反省）（時間面的自己限定・無・空間面的自己限定）を知らない。自己自身（統一している私と汝、自我）の死（無）を知らないものは、自己（私と汝）を有つものではない（痛ッ）。そこにはいまだ自己（一つの世界・一つの世界）（絶対無）というものはないのである（僕は死んではいません）。

4－1　動物はいまだ真の個（個と個）（私・汝）（個性、独立性「デカルト哲学について」）ではない、空間に即して一般的（知的直観）（スピノザ、ヘーゲル、マルクス）（我・有）（意識界・無・物質界）である、物質的である。

NKZ6-379-13　過去（創造）からの限定の極限に於て、即ち瞬間的限定の尖端に於て、直ぐ之を覆へ
して未来（創造物）（私）（5）
NKZ6-379-14　からの限定と考へる時、私の所謂（いわゆる）有の一般者（時間面・無・空間面）が無の一
般者（場所）（質料・無・形相）（1－3　働くもの）によつて裏附けられたものとして、無限
の
NKZ6-379-15　連続といふものが（多分、考→）者へられるであらう。而して既に有の一般者が無の
一般者によつて包まれる（無即有）（ロマ書　4－17　無から有を呼び出される神）と考へ
NKZ6-380-1　られるかぎり、之に於てあるものはいつも未来（創造物）（自我）から限定せられるも
のとして、合目的（ノエマ）（意識内容）的世界といふも
NKZ6-380-2　のが考へられるであらう（超越的内在）。併しかゝる一般者（自我）（無）の限定としては
真の個物（質料・形相）的生命（絶対無）（私と汝）（内在的超越）といふものは考へられな
NKZ6-380-3　い、唯、無限なる生命の流といふ如きものが考へられるまでである。

すなわち自己（無）（我）否定面において自己（形相）を有つ。しかし、それはまたどこまでも時間面的に（1－6　否定の否定として）、自己（我）（質料）肯定的に、すなわち絶対矛盾的自己（質料・無・形相）同一的に、具体的（無）（時間面的自己限定・無・空間面的自己限定）（私と汝）となるにしたがって、歴史的生命（創造物）（絶対無）（意識）となる（時間面・無・空間面）（時間面的自己限定・無・空間面的自己限定）（私と汝）。ここにおいて否定面（空間面）と肯定面（時間面）とが対立する。前者が物質界と考えられ、後者が意識界と考えられる。判断論理的にいえば、前者が主語面（空間面）（物質界）と考えられ、後者が述語面（時間面）（意識界）と考えられる。対象論理的にいえば、前者は対象界と考えられ、後者は作用界と考えられる。心理学者も、意識的世界を純粋作用の世界と考えた（Wundt, Grundriss）。現象学者は意識の世界を志向的と考える。それは、私が「生命」論においていったように、矛盾的自己（質料・無・形相）同一的世界の時間面的自己限定（私）（自我）の世界と考えることができる（NKZ6-399-9　意識が志向的であるといふことが既に意識は存在として自己否定を含んで居るといふことができるであらう）。自己（私と汝）の中に世界の自己（質料・形相）焦点（1－11　場所的有）（無）を含み、世界（場所的有）の自己表現面的限定（汝の表現）は、空間面的に本能的（物質）（有）と考えられるが、時間面的に意識作用的（自己表現的個・無・自己表現面的限定）↓（時間面・無・空間面）と考えられる（内在的超越）。さらに、世界（場所的有）的自己（我）焦点（無）の自己限定（時間面・無・空間面）に、自覚（見性、反省）（行為的直観）的と考えられる。ここにおいて自由（物質から精神）（時間面的自己限定・無・空間面的自己限定）（私の意識・非連続的連続・無媒介的媒介・汝の意識）（質料・無・形相）（只今）の世界（人間）というものが成立するのである（仏あって衆生あり、衆生あって仏がある）。

十五

世界（質料・無・形相）（場所的有）の自己焦点（絶対無）を中心として、自己自身（質料と相互限定している形相）を限定する時間面的自己限定が、意志と考えられるものである。理性というのは、どこまでも述語となって主語（空間面）とならない時間面的自己限定にほかならない。故に、我々は理性的（空間面的自己限定）と考えられる。どこまでも時間面的に、意識面的に、内在的に、自己自身（質料・無・形相）（時間面的自己限定）（我）の中に、主語（空間面）的なるものを含む、すなわち対象を含む、自己自身（時間面的自己限定・無・空間面的自己限定）（自己表現的個・無・自己表現面的限定）の目的（意志）（理性的）（当為）（衆生あって仏がある）を有つと考えられるのである。かかる理性的自己限定の世界（私と汝）（時間面的自己限定・無・空間面的自己限定）が、実践（人間の倫理的行動　電子辞書）理性の世界（時間面・無・空間面）として、カントの道徳的世界と考えられるものである。それにおいては、主語（空間面）的なるものは、単に自己自身（私と統一している汝、自己表現的個）を表現するもの（自己表現面的限定）、記号（無）的に表現せられるもの（自己表現的個）として、形式的（NKZ6-341-8　物体界→時間面・無・空間面）（3）に多と一との矛盾的自己同一的なる抽象的形の世界である、すなわち純なる法則の世界である。我々の自己（私と汝）はどこまでも単に世界（場所的有）を表現する個（意志作用的有）（私と汝）として、すなわち単に思惟的として、形式的（NKZ6-341-8　物体界）に世界を表現（時間面・無・空間面）し、自己自身（私・統一・汝）が形式的（物体界）（一つの世界と一つの世界）（私と汝）に一つの世界（世界的世界）（時間面的空間的世界）として、自己自身（統一している私と汝）を形成する、すなわち純粋意志的（空間面的自己限定）である。これが道徳的意志（時間面的自己限定）（1－11　述語的場所）である。故に、我々（コリント　2―6―16　生ける神の宮、人間）の道徳的意志の目的は、法を敬し、法のために法に従うということにあるのである〔4―11　絶対的当為（ロマ書　7―20　神の律法、定言命令）の裏面には、絶対の愛（慈悲）がなければならない。しからざれば、当為は法律的たるにすぎない〕（5―2　絶対自由）。どこまでも義務的であらねばならない。それが我々（私と汝）の自己（自我）に対して定言命令的〔ガラテア　6―2　キリスト（神）の律法〕（法）（当為）である。多と一との純なる矛盾的自己同一的形の自己（絶対無）限定として、個（汝の意識）（もう一人の自分、他人）（空間面的自己限定）と個（私の意識）（自分）（時間面的自己限定）との矛盾的自己同一的に、他（汝）（他人）の人格（汝）（主語面的自己限定）（絶対無）を認めることは（衆生あって仏がある）、自己（自我）（私）が人格（述語面的自己限定）（絶対無）となることであり（仏あって衆生あり）、その逆も真である（4―13　相互理解）（時間面的空間的世界）（質料・無・形相）（絶対無）（無自身）（共同意識）（述語的場所）。

十六

カントは人間を自己の人格においても、他人の人格においても、目的（心の内容）（悟性概念）そのものとして取り扱え、手段として用いてはならないという。道徳の世界は「目的の王国」と考えられるのである。単なる意識的自己（自我）（単なる世界的世界）の立場から客観的行為（道徳）の世界を考える時、この外にないのである。これは純我（純粋理性）（知的直観）の世界、純なる当為（目的の王国）の世界である。カントの哲学の精髄は、ここにあるのである。かかる純我（純粋理性）の世界（場所的有）が主語面的に空間（時間面・無・空間面）（私と汝）に沿うて考えられた時（反省）（行為的直観）、それが純粋知識（法、当為、善）の世界である。意識一般とは、かかる世界（場所的有）の自己焦点（場所自身、絶対無の場所）と考うべきものである。カントは、彼の末派の人々よりも、直観を重んじた。直観面に沿うて世界を考えた。矛盾的自己（質料・無・形相）同一的世界を、述語面的限定（私と汝）として考えると逆に、主語面的限定（環境に於ける空間面）（私と対象）としてその自己焦点（無）から限定せられるもの（有）とするならば、それは必然的世界となる、自然の世界（物質）（マルクス）となる。かかる世界は、矛盾的自己同一的たる自己焦点（無）を中心として、多の自己（空間面）否定的一に時間的（3―12 動）（意識界）、一の自己（無）否定的多に空間的（3―12 静）（物質界）である。しかして、その動的焦点（1―3 働くもの）（無）を中軸として図式的である。かかる中軸的自己限定が意識的に想像作用と考えられるものである。

NKZ6-399-8　我々の記憶と考へられるものに於ても、各瞬間の（見る）意識（私）と（映す）意識（汝）とが話し合ふ（私の意識・無媒介的媒介・非連続的連続・汝の意識）(2)

NKZ6-399-9　といふ如き意味がなければならぬ。

NKZ6-386-6　見るものと見られるものとは、即ち主観（時間面）（意識界）（自覚的有）と客観（空間面）（物質界）（対象的有）とは絶対に異なつ

NKZ6-386-7　たものでなければならぬ、主と客とを含む一般者はない（NKZ6-347-4 場所的切断）。自己（自我）が自己（私と汝）に於て自己（汝）を見ると考へられる

NKZ6-386-8　時、自己（私）（自分）が自己（私と汝）に於て絶対の他（汝）（もう一人の自分）（絶対無）を見ると考へられると共に、その絶対の他（他人）（汝）は即ち自己（自分）（私）（絶対無）であ

るといふこ

NKZ6-386-9　とを意味してゐなければならない（NKZ6-348-5　共同意識→時間面的自己限定・無・空間面的自己限定→質料・無・形相）（私と汝）（NKZ6-400-4　個人的自己の意識統一）（5）。而してかゝる意味に於て見るものと見られるものとを包むものは、

NKZ6-386-10　限定するものなき限定として無の一般者（私と汝）（時間面的自己限定・無・空間面的自己限定）（共同意識）（場所自身）（質料・無・形相）（絶対無）（2－5）と考へられるものでなければならぬ。それは無媒介的媒介、

NKZ6-386-11　非連続的連続といふべきものでなければならない。而してそれ故に、真に内面的限定（自己表現的個・無・自己表現面的限定）（質料・無・形相）（共同意識）（5－13　内在的超越）（私と汝）（私と他人）（私の意識・無媒介的媒介・非連続的連続・自己表現的個→汝の意識）と考へられるも

NKZ6-386-12　のでなければならぬ（滝沢、マルクス、ヘーゲルは超越的内在）（我と対象）（意識と類）。自己（自我）が自己自身（私と統一している汝、他人）を見るといふことは斯くして考へられるのである（我考える故に我あり、の対象とならない我が対象となる）、

実践（時間面・無・空間面）理性の方向においては、図式的なるものは述語面的（理性）として、規則的と考えられる。物自体（物体界）（心・身体）（意識・物質）の世界というのは、私の立場からいえば、我々（私と汝）の自己（自我）そのものの存在の場所（絶対無の場所）（場所的有）（1－5　場所的自己）、我々の自己（自我）そのものに直接なる、自己自身（統一している私と汝）を形成する歴史的世界（八八、百八）であるのである。右

の如くにして、私はカント哲学（悟性概念）を私の場所的論理の中に包容し得ると思う（詳細は他日に）。

十七

全体的一（NKZ6-370-5 環境的限定の意義）（NKZ6-341-8 物体界→時間面・無・空間面）と個物（質料・形相）的多との矛盾的自己（質料・無・形相）同一的なる歴史（八八、百八）的世界（創造物）は、どこまでも自己（私）表現的である。どこまでも自己（我）否定的に、記号（無）的にまでも、自己自身（質料・無・形相）（無自身）（NKZ6-348-5 共同意識）（直接経験）（純粋経験）を表現する。述語面的である。かく記号的自己表現的世界（私と汝）（NKZ6-341-8 物体界）（主の場）、すなわち判断的に自己自身（質料・無・形相）（時間面・無・空間面）（場所自身）を限定する世界においては、その自己（我）肯定的（動）に自己自身（形相と相互限定している質料）を限定し行く方向が、主語的（汝）（主語面的自己限定）（空間面的自己限定）（自己表現面的限定）と考えられ、これに反し、その自己（我）否定的に自己自身（私と統一している汝）を表現する方向が、述語的（私）（述語面的自己限定）（時間面的自己限定）（自己表現的個）と考えられる。主語的（空間面）なるものからいえば、述語的なるもの（述語面的自己限定）（時間面）は従属的と考えられる。述語的（述語面的自己限定）なるものは、それ自身（有即無）によって独立的なるものでなく、単に主語（空間面）的なるものについていわれるものと考えられる。述語的なるもの（時間面的自己限定）は、抽象的なるもの（我）、単に一般的なるもの（日常の私）である。しかし、何らかの意味において自己（私）表現的ならざるものは、何ものでもない。逆に主語的なるもの、個物（形相）的なるものは、どこまでも一般的なるもの（自我）（ロマ書　7－10　わたしは死んだ）（質料）の自己（無）限定として考えられるものということができる。すべて有として判断論理的に考えられるものは、かかる両方向の矛盾的自己（質料・無・形相）同一として、弁証法的一般者すなわち場所の自己（質料・無・形相）（絶対無）（場所的有）（場所的自己）（述語的場所）限定としてあるものと考えられるのである。私が述語面に対して主語面というのは、場所的自己限定（場所が場所自身を限定する）（直接経験）として無基底的に、両方向の関係は表裏（私）（汝）とか内（時間面）外（空間面）とかいうべきものなるが故である。そのいずれの方向にも一者を置くのではない。しかし、かく自己（我）（無）否定的に自己自身（私と統一している汝）を表現し自己（我）肯定的に自己自身（汝と統一している私、自我）を形成する、矛盾的自己同一的世界は、全体的一（NKZ6-370-5 環境的限定の意義）（物体界）（主の場）の自己（我）否定的多として空間的（有）（物質）（静）（超越的内在）、個物（質料・形相）的多の自己（無）否定的一（述語面的自己限定・無・主語面的自己限定）（時間面的自己限定・無・空間面的自己限定）（私と汝）として時間的（1－11 述語的場所）（絶対無）（自我）である（内在的超越）（時間と空間〔NKZ6-370-5 環境的限定の意義〕〔時間面・無・空間面〕〔私と汝〕とは、固《もと》、独立の形式ではなく、場所的自己〔自我〕〔場所的有〕〔絶対無〕限定の両方向〔超越的内在、内在的超越〕にすぎない）（仏あって衆生あり、衆生あって仏がある）。しかして、作られたもの（時間面的自己限定と空間面的自己限定）（私と汝）から作るもの（質料・無・形相）へと、場所（絶対無の場所）（場所的有）が場所自身（質料・無・形相）を限定（直接経験）する、形（無）が形自身（無自身）を形成するのである。

NKZ6-370-5　環境（物体界）（主）的限定の意義（時間面・無・空間面）（作用界・無・対象界）（私と汝）を失つた環境（神の家）と考へられるものは単なる映す鏡と考へられ（る）。

NKZ6-380-4　無が有に沿うて限定するのでなく、無（無の一般者）が有（有の一般者）を限定するのでな

ければならぬ。そこに絶

NKZ6-380-5対無の自己限定（質料・無・形相）として弁証法的運動というものが考へられるのである、

十八

自己（私）表現的に自己自身（私・統一・汝）（時間面的自己限定と空間面的自己限定）を限定する世界（場所的有）（質料・無・形相）は自己（自我）形成的、多と一との矛盾的自己同一的に、時間・空間的（動・静）に自己自身（私・統一・汝）を形成する世界は自己（私）表現的でなければならない。自己（自我）形成的世界（私と汝）がどこまでも自己（無）（我）否定的に自己自身（形相と相互限定している質料）を限定する、すなわち自己自身（私と統一している汝）を表現する（時間面的自己限定・無・空間面的自己限定）（時間面・無・空間面）、かかる自己（無）（我）否定の極限において、すなわち記号的自己（場所的有）限定の立場（場所自身）（無自身）において、形成作用（空間面的自己限定）（２―１　自己表現面的限定）（無分別）（汝の作用）は判断作用的（時間面・無・空間面）（私の作用）（分別　大拙）となるのである。故に、世界（場所的有）の自己（我）形成の立場（時間面・無・空間面）（私と汝）（仏あって衆生あり、衆生あって仏がある）からいえば、判断作用的に自己自身（時間面・無・空間面）を限定する場所の立場（質料・無・形相）（述語的場所）においては、述語面と主語面とは、作用面（時間面）（ノエシス）（意識作用）と対象面（空間面）（ノエマ）（意識内容）として対立する（２―７　無が無自身に対して立つ）（意志）。作られたもの（創造物）（ω）から作るもの（創造）（α）へ、すなわち限定せられたもの（（述語面的自己限定）（私）と（主語面的自己限定）（汝）〕から限定するものへの立場（質料・無・形相）（場所的有）（共同意識）において、作られたもの（時間面的自己限定・無・空間面的自己限定）としてどこまでも決定せられたもの、すなわち決定せられた形の立場（時間面的自己限定・無・空間面的自己限定）において、場所（絶対無）（場所的有）は対象面的（空間面）であり、その逆の立場において、すなわちどこまでも自己自身（質料と相互限定している形相）を限定する立場（質料・無・形相）において、場所（絶対無）（場所的有）はどこまでも作用面的（時間面的自己限定）（ノエシス）（私）である。対象面的にどこまでも決定せられた場所（空間面）においては、すべてのものが個物（形相）的に限定せられたものとして、判断作用的に主語的である。これに反し、作用面的にどこまでも自己自身（質料と相互限定している形相）を限定する立場（質料・無・形相）においては、すべてのものが無基底的に自己自身（質料と相互限定している形相）を限定する、すなわち自己（無）限定そのものにおいて自己自身（形相と相互限定している質料）を有つものとして、判断作用（時間面・無・空間面）的には、一般者（我）の自己（無）限定として、述語面的（時間面的自己限定）（私）と考えられるのである。主語的（ノエマ）（意識内容）なるものを述語的（ノエシス）（意識作用）なるものの方向から考える、すなわち判断作用（自己表現的個、無・自己表現面的限定）→（時間面・無・空間面）を一般者（我）（無）の自己（無）限定として考えることは、（絶対無の場所を）作用（意志作用的有）（1―3　働くもの）面的に考えるということである。作用が純なる作用そのものにおいて自己（空間面）（有）（形相）を有つということは、時間的なるもの（意識）が無基底的に一般的なるもの（自我）の自己（無）限定として、一般者（我）が自己（無）限定そのものにおいて自己（形相）を有つということである。しかして、一般者（自我）が無基底的に自己限定そのものにおいて自己（形相）を有つということは、自己自身（無自身）をどこまでも特殊化することにおいて、その極、個物（質料・形相）化することにおいて、自己自身（質料と相互限定している形相）を有つということであるとともに、逆にどこまでも個物（形相）的なるもの、主語的なるものから限定せられない。個物（形相）的に限定せられたものを否定することにおいて自己自身（形相と相互限定している質料）を有つ。すなわち自己（形相）が自己（無）限定を否定する自己（無）否定において自己（質料）（理性）を有つということである。故に、どこまでも自己自身（質料・相互限定・形相）（時間面・相互限定・空間面）を限定する場所的限定（物体界）（心霊、霊性、パウロなら主の推薦、上田なら限りない開け）（絶対無の場所）として作用面的自己限定というのは、個物（質料・形相）的多の自己（無）否定的に全体的一（物体界）（時間面的自己限定・無・空間面的自己限定）（私と汝）（質料・無・形相）（時間面・無・空間面）として、また時間面的自己限定（自我）ということができる。

十九

我々（私と汝）の意識作用というのは、いかなるものであっても、かかる時間面的自己限定（我）として考えられるのである。故に、矛盾的自己同一的に表現するもの（空間面的自己限定）（汝）と表現せられるもの（時間面的自己限定）（私）とが一に（私の意識・無媒介的媒介・非連続的連続・汝の意識）（共同意識）、自己（私）表現的に自己自身（神が相互限定している自我）を形成（発生）する世界は、判断作用的立場（私と有）（意識界・無・物質界）からは、主語面的には、どこまでも場所（絶対無の場所）に限定せられたもの（空間面）（物質界）として、スピノザ的実体の世界（有）（マルクスの場合は疎外、物質、類）と考えられるが、述語面的には、どこまでも自己自身（質料と相互限定している形相）を限定する場所（場所的有）（絶対無）の自己限定（述語面的自己限定）（私）（理性）として、カントの先験（ア・プリオリ）論理的世界（悟性概念）と考えられるのである。主語面的（空間面的自己限定）（汝）なるものは述語面的（時間面的自己限定）（私）なるものの自己（無）（汝）限定（空間面的自己限定）として、主語（形相）的なるものは、どこまでも述語面的一般者（自我）（私）（質料）の自己（無）限定（空間面）として、対象的と考えられるのである。かかる立場においては、世界（人間）はどこまでも理性的（空間面的自己限定）に当為（空間面）即実在（時間面的自己限定）（理性）（私）（我）と考えられる。汝は為《な》さざるべからず、故に能《あた》うともいうことができる（時間面・無・空間面）（質料・無・形相）（共同意識）（時間面的自己限定・無・空間面的自己限定）（自己表現的個・無・自己表現面的限定）（時間面的空間的世界）（世界的世界）（私の意識・非連続的連続・無媒介的媒介・汝の意識）（意識）（我）。主語面との関係においては、右に自己自身（形相と相互限定している質料）を限定する一般者（自我）（日常の私）は自己（無）（1―3　働くもの）否定において自己（形相）を有つといった如く、個物（形相）的自己否定即一般的自己肯定として綜合統一的である。意識一般的である（場所的自己限定〔質料・無・形相〕〔直接経験〕においては、主語面〔形相〕も述語面〔質料〕の自己〔1―3　働くもの〕〔無〕否定において自己〔形相〕を有つのである）。かかる立場において、質料と形相とが対立するということができる。主語面に与えられるものは、個物的に質料的（空間面的自己限定）（汝）であり、述語面的方向においては、綜合統一的（物体界）に形相的（時間面的自己限定）（私）である。述語面的自己限定は知識構造（自律）の形相として範疇的《はんちゅうてき》と考えられる。

二十

どこまでも記号（絶対無）的に自己自身（統一している私と汝）を形成（発生）する世界（質料・無・形相）の自己（無）限定としての判断の立場からは、右にいった如く、主語面と述語面と、対象面（形相）（ノエマ）（意識内容）と作用面（質料）（ノエシス）（意識作用）とが対立し、相反する両方向に有を考えることができるが、それ自身（質料・無・形相）（絶対無）によってあり、それ自身（絶対無）（場所自身）（無自身）（直接経験）（純粋経験）によって動く真実在は、そのいずれの方向にあるのでもない。両方向の矛盾的自己（時間面的自己限定・無・空間面的自己限定）（仏あって衆生あり、衆生あって仏がある）（絶対無）同一にあるのである。故に、我々（私と汝）の自己（我）（日常の私）の存在といっても、単に述語面的有（時間面）（我）（分別）として判断作用的にあるというのではなく、作られたもの〔（時間面的自己限定）と（空間面的自己限定）〕から作るもの（質料・無・形相）へと矛盾的自己（絶対無）同一的に、自己自身（無自身）（場所自身）（直接経験）を形成する歴史（八八、百八）的世界の自己（意識→自我）形成的に、意志作用的有（質料・無・形相）（時間面的自己限定・無・空間面的自己限定）（絶対無）（1－17場所が場所自身を限定する）（2－9　無が無自身に対することによって、無限に自己自身を限定する）（2－7　無が無自身に対して立つ）（2－12　自己射影点）（只今）（刹那）（自由）（私・無媒介的媒介、非連続的連続・汝）（NKZ6-400-4　個人的自己の意識統一）（我）（私）（日常の私）としてあるのである。

第二章　逆対応と宗教心

一

私は我々（私と汝）の自己（我）の存在とはいかなるものであるか、意識作用とはいかなるものかを論じた。矛盾的自己（質料・無・形相）同一的世界（西田の心霊、大拙の霊性、上田の限りない開け、パウロの福音、コリント　2－10－18　主の推薦、終末論、宗教的体験の場）の自己表現面的限定（汝の表現）として、個物（質料・形相）的多の一々が自己（私と汝）の中に世界の自己（我）（無）（私）表現点（4－1　自己表現的個）を含み、自己（私）表現的に自己自身（統一している私と汝）を形成するところに、われわれの自己（一つの世界・一つの世界）（5－9　世界的世界）の存在があるのである。時間（質料）と空間（形相）との矛盾的自己（質料・無・形相）同一的に自己自身（汝と統一している自我）を形成する世界の時間面的自己限定として空間（形相）否定的に、判断作用的にいえば、主語（形相）と述語（質料）との矛盾的自己（質料・無・形相）同一的に自己自身（私と統一している汝）を表現する世界の主語的方向否定的に、述語面的自己限定（理性）として、我々の自己というものが成立するのである。すなわち、どこまでも述語（動）（場所）となって主語（静）とならない（マルクスは類、主語面）、しかもどこまでも自己（質料）（動）を主語的に限定する（空間面）（形相）（静）一般者（自我）の自己（無）（1－3　働くもの）限定として存在するのである（時間面的自己限定・無・空間面的自己限定）（述語的場所）。意識作用（1―20　意志作用的有）（無即有）というのは、かかる一般者（日常の私）の自己（無）限定の過程にほかならない。時間と空間との、述語的方向と主語的方向との、すなわち内（時間面）と外（空間面）との矛盾的自己同一的世界の時間面的自己限定（私）（我）（日常の私）、述語面的自己限定（理性）（1―11　述語的場所）として一面においてはどこまでも内（時間面）を外（空間面）に見る。自己（形相）を主語的に考える。そこからは外（空間面）（主語）から内（時間面）（述語）へと、外（静）を内（私）（動）に映すことによって、我々の自己（自我）は無限に欲求的（私と商品　マルクス）（1）（4―1　パスカル　貴いもの）（私欲）である、その根本において本能的である。かかる一般者（我）の自己限定（時間面・無・空間面）（超越的内在）（知的直観）として、我々は仮言（煩悩）（ロマ書　7―25　肉では罪の律法に仕えているのである）的命令的に行為する。これに反し、逆に我々の自己（私と汝）は、固《もと》、（体験世界の）（主の）述語的一般者（述語面的自己限定・無・主語面的自己限定）（自己表現的個・無・自己表現面的限定）の自己（無）限定として、どこまでも主語的なるもの（空間面的自己限定）（自己表現面的限定）（主語面的自己限定）を自己（私）（1―11　述語的場所）限定として自己自身（汝と統一している私）において見る、どこまでも外（汝↓私）（もう一人の自分）を内（私）（自分）に見る。そこからは内（時間面）から外（空間面）へと、我々の自己（自我）は自己（私と汝）において自己（汝）（無）を映す（自己表現的個・無・自己表現面的限定）（時間面的自己限定・無・空間面的自己限定）↓（時間面・無・空間面）、自己（私と汝）の中に自己自身（汝と統一している私）の目的（ノエマ）（意識内容）（意志）を有するものとして、我々の自己（自我）は意志的（主語面的自己限定）（無即有）であり、自律的（理性的）（主語面的自己限定）である。どこまでも一般者（無）（自我）そのものの自己（無）限定として理性的（自律的）である（衆生あって仏がある）。そこから我々（私と汝）は定言（法、智慧、ロマ書　7―25　心では神の律法に仕えている）命令的に行為する。前の立場（知的直観）においては、我々の自己（自我）はどこまでも私欲的（超越的内在）（疎外　マルクス）（4－1　パスカル　貴いもの）（利己的）であり、後の立場（行為的直観）においては、我々の自己（自我）はどこまでも道徳的（理性的）（悲願、慈悲的）（利他的）と考えられる。後者（内在的超越）においては、我々の自己（私と汝）は純なる時間面的自己限定（我）として、多の自己否定的一に、自己（無）否定において自己（時間面・無・空間面）（意識界・無・物質界）（質料・無・形相）（私と汝）を有つ一般者（自我）の自己（無）限定として、無限に当為的であり、絶対価値において自己自身（神が創造している自我）（理性）を有つと考えられるのである。我々の自己（私と汝）の存在理由として、そこに我々（私と汝）の自己（自我）は永遠の生命（2－4　理性）（劫）を有つと考えられる。道徳を媒介として宗教を考える人は、かかる立場から宗教を考えている。カントのごときも、この外に出ない。しかし、私はかかる立場（純粋理性）（知的直観）からはどこまでも宗教というものは出て来ないと考えるものである。真の宗教的意識、宗教心というものはそこからは出て来ない。たとえ、そこからそういうものが予想せられても、それは真の宗教心というものではない（10）。

1－2　宗教を論ずるものは少なくも自己の心霊上（大拙博士は霊性）（パウロは主）の事実（宗教的体験）〔1－5　自己（私と汝）の内に自己（汝）を映すこと〕として宗教的意識を有《も》つものでなければならない。しからざれば、自分では宗教を論じているつもりでいても、実は他のものを論じているかもしれない（数学、科学は言うに及ばず体験世界でも公案を解くこと、追試が必要です）。

4－19　矛盾的自己同一（NKZ6-341-8　物体界）（ロマ書　11－29　神の召し）の根柢に徹することを、見性（私・空間面）（意識界・無・物質界）（私と汝）というのである。そこには、深く背理の理というものが把握せられなければならない。禅宗にて公案というものは、これを会得せしむる手段にほかならない。ロマ書　4－25　主（物体界）（宗教的体験）は、わたしたちの罪過（公案、人生の問い）（良心の呵責）（2－3人生の悲哀）のために（主の推選において）死に渡され、わたしたちが義（コリント　2－10－18　主に推薦される人こそ、確かな人なのである）とされるために、よみがえらされたのである（生かせたる　神話友達）。コリント　2－3－17　主は霊である（西田博士は心霊、鈴木博士は霊性、上田博士は、限りない開け、滝沢博士は、インマヌエルの原事実）。

二

宗教心というのは、多くの人の考えるように、有限と無限とか、相対と絶対とかいうごとき過程的関係において生ずるものではなくして、我々（私と汝）の自己自身（汝と統一している自我）の存在が問われる時、自己自身（自我を創造している神）が問題となる時、はじめて意識せられるのである。物質的世界が主語面的自己限定と考えられるに反して、意識的世界は述語面的自己限定と考えられる。我々の自己（我）（私）はまず一般者（我）そのものの自己（無）限定（時間面・無・空間面）として、どこまでも理性的（空間面）と考えられる。しかし、そこに我々（私と汝）の真の自己、個的自己（個と個、私と汝　NKZ6-400-4　個人的自己の意識の統一、世界的世界）（1－7　時間面的空間的世界）があるのではない。いわゆる内在的哲学（超越的内在）からは、宗教（行為的自己）というものは考えられないゆえんである。道徳の立場からは、自己（私と汝）の存在ということは問題とならない。いかに鋭敏なる良心といえども、自己（私と汝）そのものの存在を問題となせない。何となれば、いかに自己（自我）を罪悪深重と考えても、道徳は自己（時間面・無・空間面）（私と汝）の存在からであるが故である（当為、律法→道徳）。これを否定することは、道徳そのものを否定することにほかならない。道徳と宗教との立場が、かくも明らかに区別すべきであるにもかかわらず、多くの人に意識せられていないのである。

三

しからば、いかなる場合に、我々に宗教（行為的自己）問題というものが起こるのであるか。宗教心というものは、いかなる場合に、意識せられるのであるか。宗教の問題は、価値の問題ではない。我々（私と汝）が、我々の自己（自我）の根柢に、深き自己矛盾を意識した時、我々が自己（自我）の自己矛盾的存在たることを自覚した時、我々の自己（我）の存在そのものが問題となるのである。人生の悲哀、その自己矛盾（人はもともと仏である）ということは、古来、言い旧《ふる》された常套語《じょうとうご》である。しかし、多くの人は深くこの事実を見つめていない。どこまでもこの事実を見つめていく時、我々に宗教の問題というものが起こって来なければならないのである（哲学の問題というものも実はここから起こるのである）（僕も西田哲学を学んでそのように思います）。我々の欲求の自己矛盾的たることは、厭世《えんせい》哲学者の言を俟《ま》つまでもない。我々の自己（自我）は常に欲求に翻弄《ほんろう》せられているのである。自律的といわれる道徳というものでも、はたしてそれ自身において十全なのであろうか。道徳の極致は、道徳そのものを否定するにあるのであろう。道徳的意志というものは、自己自身の中に自己矛盾を含んでいるものである。ダンテの神曲において、ギリシャの哲人も、リムボ（辺獄　本64頁）に彷徨《さまよ》うゆえんである。しかし、私は我々の自己（自我）存在の根本的な自己矛盾の事実（人はもともと仏である）は、死の自覚にあると考えるものである。

四

一般に、生物は死す、何者も永遠に生きるものはない。私も私が死ぬことを知っている。しかし、ただかかる意味において、私は死を自覚しているというのではない。そこには、私は私を対象化しているのである、物として見ているのである。それは肉体的生命である。人は肉体的に死するも精神的に生きるという。精神的に生きるということは、理性的に道徳的ということである。私のいわゆる述語面的自己限定（自律）としてということである。しかし、理性的なるもの、一般的なるものは、固《もと》、生きたものでないのである。生まれないものに、死というものはない。理性が死を自覚するということはない。生きたものというのは、どこまでも自己自身（無自身）（質料・無・形相）によって立つもの、どこまでも個（個と個）（時間面・無・空間面）として一般（時間面）（私）（動）を否定するもの（空間面）（静）でなければならない。いわゆる動物といえども、それが生きていると考えられるかぎり、かくのごときものでなければならない、どこまでも非合理的なるものでなければならない。我々の自己（私と汝）は、かかる意味において個物（質料・形相）的自己（絶対無）限定の極限（理性）（自律）と考えられる。しかし、かかる立場からも、死の自覚というものは出て来ない。述語面的自己限定（理性）として、その極限（時間面・無・空間面）において自己（単なる世界的世界）（単なる理性）（我）によって自己（我）（我考える故に我あり）（単なる時間面・無・空間面）（日常の私）があると考えるだけであろう（デカルト的自覚）（我考える故に我あり、を西田哲学で言い表しますと、時間面的自己限定、時間面的自己限定・無・空間面的自己限定ゆえに時間面的空間的世界あり、です）（内在的超越）。

滝沢克己著『純粋神人学序説――物と人と』創言社　十八頁

皆様にはおそらく、私が、人間にとっては自分の事として自明的な「考える事実存在」という一つの概念（1－2　単なる理性）（デカルト的我）からの推理によって、その原因としての「神」に至ったかのように聞こえたかもしれません。しかし、事実はけっしてそうではなかったのです。

私は、西田先生のお勧めのままに就いて学んだ神学者カール・バルト先生に倣って、同じ一つの原本的事実を「インマヌエル（神われらとともに在す）の原事実（第一義、第二義の接触）（西田哲学では、心霊）（パウロなら、主）」と言い表しました。

そういうわけで、私の場合、まず「物」とか「人」とかいう語が何を意味するかがはっきりと分かって、その既知の概念（デカルト的我）（単なる理性から）（日常の私）から推理して「神」の概念を獲得したとか、「神の存在」を措定したとかいうようなことでは全然ありません。

こんにちではふつう、「人間の何であるか」は誰にでもわかるけれども、「神」となると、もうそれは宗教家とか神秘家とかいわれる特別な人でなくては分からない、あるいはむしろそのようなものは、近代の科学が出現する以前、人間がまだ人間自身をほんとうに自覚できなかった時代の幻想の所産にすぎないと考えています。

しかしその実は、近代人・現代人に一般的なこのような考えこそが、事実存在（滝沢博士の場合は、まことの神・まことの人）する人間にとって致命的な、一つの幻想にすぎないのです（西田博士の言葉で言えば「2－14　災いするものは、抽象論理的思惟である」）（西田哲学によれば我が思惟すること自体が神の働きなのです）（キャンベルの「神話の力」を読めば、どんな民族、部族でも神話を持っている事が分かります、西田博士はその「神話の出所」、「自己の在所」を論じていらっしゃいます）。

と言いますのはむろん、近代人が既成の伝統や習慣の繋縛（けいばく）を脱して自己自身に還り、何ものの掣肘《せいちゅう》（傍から干渉して自由に行動させないこと　電子辞書）も受けることなく自己自身から生きかつ考えることを欲したことそのことが誤りだというのではありません（デカルト的反省）。反対にむしろただ、その「自己自身に還る」というその還り方が足りない、不徹底だというのです（西田哲学によれば「我考える故に我あり」ではなくて、その我を我たらしめている「私と汝」に、「時間面的自己限定・空間面的自己限定」のその「底」に還る、ということです）（滝沢博士の場合は、超越的内在、我と対象界との接触です）。

なぜなら、（「インマヌエルの原事実（主の推薦）」においては）人間の自己存在の事実（神によってなされたこと　電子辞書）には、人間の自己すなわち主体性（我）のほんの一かけらも残さない厳しいものがあります（ロマ書　7－10　わたしは死んだ）。存在の事実（神の創造）（滝沢博士の場合は、まことの神・まことの人）はすなわち人間にとって、人間の産み出した観念や制度や習慣はもとより天体の運行の秩序とさえも比較にならない（全くその次元を異にする）絶対無条件の限界です。

パウロは、「人間の産み出した観念や制度や習慣はもとより天体の運行の秩序とさえも比較にならない（全くその次元を異にする）絶対無条件の限界です」のあたりの消息を次のように述べていらっしゃいます。

エペソ人への手紙

エペソ　1－20　神はその力を（ナザレの）キリスト（神・被造物）のうちに働かせて、彼を死人の中からよみがえらせ、天上においてご自分の右に座せしめ、1－21　彼を、すべての支配、権威、権力、権勢の上におき、また、この世ばかりでなくきたるべき世においても唱えられる、あらゆる名の上におかれたのである。1－22　そして、万物をキリスト（被造物）の足の下に従わせ、彼を万物の上にかしらとして教会に与えられた。

1－23　この教会はキリスト（神）のからだであって、すべてのものを、すべてのもののうちに満たしているかたが、満ちみちているものに、ほかならない。

僕の理解、解釈です。

エペソ　1－20（無から有を呼び出される）神はその力をインマヌエルなるナザレのキリスト（神・被造物）のうちに働かせて、彼を（「主の推薦」に於いて）死人（私・無・汝　西田）の中からよみがえらせ（ロマ書　7－10　わたしは死んだ）（生かせたる　神話友達）、天上においてご自分の右に座せしめ、1－21　彼を、すべての支配、権威、権力、権勢（知的自己、我のなせる業）の上におき、また、この世ばかりではなくきたるべき世においても唱えられる、あらゆる名の上におかれたのである（主の僕）（2－5　真の人格　西田）（胎蔵界→金剛界）。

1－22　そして、神が創造されたキリスト（神・被造物）（人間）に、森羅万象を統べる力を、万有を統べる力（NKZ6-341-8　物体界）（主）をキリスト（ナザレの被造物）の教会（場所的有　西田）（コリント　2－6－16　神の宮）（本覚）（阿頼耶識）に与えられた。

1—23　この教会（場所的有　西田）（本覚）（神の宮）は（無即有）（無から有を呼び出される）キリスト（神）のからだ（場所的有）（4—18　場所的自己　西田）（教会）であって、すべてのものを、すべてのうちに満たしているかた（キリスト、神）が、満ち満ちているものに、ほかならない。

ロマ書　4—17　彼（アブラハム）はこの神、すなわち、死人を生かし（死即生）（ロマ書　7—10　わたしは死んだ）、無（ロマ書　5—2　神の見えない性質）から有（事）を呼び出される神を信じたのである。

五

自己（自我）の永遠の死（私・無・汝）（自己表現的個・無・自己表現面的限定）（時間面的自己限定・無・空間面的自己限定）を自覚するというのは、我々（私と汝）の自己（自我）が絶対無限なるもの、すなわち絶対者に対する時であろう。（日常の私、自我の）絶対否定に面すること（無）によって、我々は自己（私と汝）の永遠の死（無）を知るのである。しかし、単にそれだけなら、私はいまだそれが絶対矛盾の事実（神によってなされたこと　電子辞書）とはいわない。しかるに、かく自己（自我）の永遠の死を知ることが、自己（私と汝）存在の根本的理由であるのである。何となれば、自己（自我）の永遠の死（時間面的自己限定・無・空間面的自己限定）（共同意識）を知るもののみが、真に自己（自我）の個（個と個）（一つの世界・一つの世界）（私と汝）たることを知るものなるが故である（痛ッ）（僕は死んではいません）。それのみが真の個（絶対無）である。真の人格（意志作用的有）（行為的自己）であるのである。死せざるもの（私と物質界）（意識界・物質界）（超越的内在）は、一度的なもの（私・無・汝）ではない。繰り返されるもの、一度的ならざるものは、個（一つの世界・一つの世界）（絶対無）（場所）ではない。（私の意識と汝の意識の）永遠の否定に面すること（無）によって、我々（私と汝）の自己（私と汝）は、真に自己（自我）の一度的なることを知るのである（生かせたる　神話友達）（僕は、この状況の経験がないから想像するだけですが、この場の公案を解いたので彼が何を言っているのかは理解できます）（彼は経験しているから、ここの公案の解も知っていると思いますが、関心がありません）。故に、我々は自己（自我）の永遠の死（場所）（無）を知る時、始めて真に自覚（時間面・無・空間面）（自己表現的個・無・自己表現面的限定）（時間面的自己限定・無・空間面的自己限定）（行為的直観）するのである。我々の自己（私と汝）は単にいわゆる（デカルト的）反省によって自覚するのではない。「デカルト哲学について」において、私は既に自己（自我）否定において、自己を知る（時間面・無・空間面）（行為的直観）といった（そこ〔心霊、宗教的体験に於ける行為的直観〕を私の哲学の出発点とした）（僕も西田哲学を学んで、心より支持します）。しかして、かく自己（自我）が自己（自我）の永遠の死を知る時、自己（自我）の永遠の無を知る時、自己（自我）が真に自覚（時間面・無・空間面）する。そこに自己（私と汝）があるということは、絶対矛盾（絶対無）でなければならない。自己（自我）の無を知るということは、単に自己（自我）を無と判断することではない。爾《しか》判断するもの（そこから目覚めた意識）がなければならない（僕は、生と死、動と静、は何故そうなるのかそれなりに理解できます、しかし、死んではいないから解らないが、西田哲学で勉強したことや僕が公案を解いて知っている事を勘案すれば「何もない、無我、わたしは死んだ」、つまり、自分がいない状態から、無から目覚めた「質料・無・形相」が、つまり、私・無媒介的媒介、非連続的連続・汝した意識が、時間面的自己限定・無・空間面的自己限定である絶対無が、私と汝が、自分ともう一人の自分である絶対無↓無が起動した、無自身したと思います。僕の場合、一番最初の公案の時は、禅僧はその境地をあらわす、ということを知っていましたので、僕が自分自身に何を見せてくれるのか聞きましたら——すべてそうです——向こうが勝手に起動した、と言ってもいいのではないかと思います。また、体験という状況というのでしょうか、そんなことが起こるとは夢にも思っていなかった、また、僕が見つけた神話友達も、同じようなことを言っていました）〔この節の辺りの消息を、彼が興に乗ってきたときに、先に書いたように話してくれました。僕はある公案の解から、その話がそれなりに頭で理解できました。僕の神話友達は僕から見ても死んでいる、が、話してくれた場に、公案の解が多分あると思いますが、もともと、彼は公案の解なんかには興味がないし、ましてや、それを言葉にしようとは思ってもいない。彼が、そうなるところは言葉にするとつまらんものになる（1―8）、と言った辺りの消息が公案の解の様子の説明だと、勝手に解釈すると、僕の場合、いくつかの公案の解に出会いましたが、多くの場合、彼の言ったとおりというのか、僕としては、多くの場合、後で、一般的に販売されている禅の雑誌を読んで、ああそうか、と思いました。しかし、幾つかの公案を解いた僕でも、最終的には彼に歯が立たない、僕なんかよりもはるかに素晴らしい体験をした彼は、身体が知っている」。

自己（自我）の永遠の死を知るものは、永遠の死を越えたものでなければならない、永遠に生きるものでなければならない。しかも、単に死を越えたものは、生きたものでもない。生きるものは、死するものでなければならない。それは実に矛盾である。しかし、そこに我々（私と汝）の自己（自我）の存在があるのである。私が宗教（行為的自己）の心霊的事実（コリント　2―10―18　主の推薦、上田の限りない開け、パウロ、西田の終末論、大拙の霊性）〔ロマ書　1―17　神の義（事実）は、その福音（主、霊感、宗教的体験）の中に啓示（時間面・無・空間面）され、信仰に始まり信仰に至らせる〕といったものは、ここにあるのである。しかして、それは哲学から考えられるとか、道徳から要請せられるとかいうのではなくして、かえって前者（心霊的事実、宗教的体験、終末論）（胎蔵界、仏の世界）から後者（哲学）（金剛界、仏の知恵の世界）へである。何となれば、それは我々（私と汝）の自己（我）存在の事実（質料・無・形相）なるが故である。

4―19　矛盾的自己同一の根柢に徹することを、見性というのである。そこには、深く背理の理というものが把握せられなければならない。禅宗にて公案というものは、これを会得せしむる手段にほかならない。

六

相対的なるもの（自我）が絶対的なるものに対するということが、死である。我々の自己（自我）が神（NKZ6-368-9　物質即精神なる神）に対する時に、死（時間面的自己限定・無・空間面的自己限定）（私・無・汝）（場所）である。イザヤが神を見た時、「禍《わざわい》なるかな、我亡びなん、我は穢《けが》れたる唇のものにて、穢れたる唇の民の真中に住むものなるに、我眼は万軍の主なる王を見たればなり」といっている。相対的なるものが絶対者に対するとはいえない。また、相対に対する絶対は絶対ではない。それ自身また相対者である。相対が絶対に対するという時、そこに死がなければならない。それは無（場所）となることでなければならない。我々の自己（自我）は、ただ死によってのみ、逆対応的に神に接するのである、神に繋《つな》がるということができるのである。対象論理学はいうでもあろう、既に死といい、無というならば、そこに相対するものもないではないか、相対するということもいわれないではないかと。しかし、死ということは、単なる無ということではない。絶対といえば、いうまでもなく、対を絶したことである。しかし、単に対を絶したものは、何ものでもない、単なる無にすぎない。何ものも創造せない神は、無力の神である、神ではない。無論、何らかの意味において、対象的にあるものに対するとならば、それは相対である。絶対ではない。しかし、また単に対を絶したものというものも絶対ではない。そこに絶対そのものの自己矛盾（絶対無）（場所）があるのである。

七

いかなる意味において、絶対が真の絶対であるのであるか。絶対は、無に対することによって、真の絶対であるのである。絶対の無（場所）に対することによって絶対の有（私・汝）であるのである。しかして、自己（自我）の外に対象的に自己（自我）に対して立つ何ものもなく、絶対無に対するということは、自己（自我）が自己（私と汝）矛盾的に自己自身（物質即精神なる神）に対する（私と汝）ということであり、それは矛盾的自己同一ということでなければならない。単なる無は、自己（自我）に対するものでもない。自己（自我）に対するものは、自己（自我）を否定するものでなければならない。自己（自我）を否定するものは、何らかの意味において自己（自我、自分）（心）と根を同じくするもの（身体）（物質）でなければならない（生物の進化を見ればそうでなければおかしいと思います）。全然自己（自我）と無関係なるものは、自己（自我）を否定するともいわれないのである。形式論理的にも、類を同じくするものほど、互いに対照をなすものの、相反するものであるのである。自己（自我）の外（コリント　2－6－17　分離せよ）に自己（自我）を否定するもの、自己（自我）に対立するもの（スピノザと有）（マルクスと類）があるかぎり、自己（自我）は絶対（私と汝）（場所）ではない。絶対は、自己（場所）（私と汝）の中に、絶対的自己（心・無・物質）（質料・無・形相）（場所）否定を含むものでなければならない。しかして、自己（私と汝）の中に絶対的自己（絶対無）否定を含むということは、自己（自我）が絶対の無（場所）（時間面的自己限定・無・空間面的自己限定）（個人的自己の意識・無・個人的自己の意識）（NKZ6-348-5 共同意識）（質料・無・形相）↓（無）となるということでなければならない。自己（自我）が絶対的無（無）とならざるかぎり、自己（自我）を否定するもの（無）が自己（質料・無・形相）（絶対無）（直接経験）（場所）（意識）に対して立つ（時間面・無・空間面）↓（個・非連続の連続、無媒介的媒介・個）（私・非連続的連続・無媒介的媒介・汝）（NKZ6-348-5 共同意識）（私の意識と汝の意識の統一）（自我）、自己（自我）が自己（私と汝）の中に絶対的否定（絶対無）を含むとはいわれない。故に、自己（自我）（私）が自己（私と汝）矛盾的に自己（我、私↓自己表現的個↓汝↓自己表現面的限定↓空間面的自己限定）に対立する（意識界・無・物質界）（時間面・無・空間面）ということは、無が無自身（精神・無・物質）（動・無・静）（質料・無・形相）（絶対無）（直接経験）（場所自身）（時間面的自己限定・無・空間面的自己限定）（意識）（NKZ6-348-5 共同意識）に対して立つ（時間面・無・空間面）（理性↓理性的）↓（私の意識・無媒介的媒介・非連続的連続・汝の意識）（私と汝の統一）（自我）ということである。真の絶対とは、かくのごとき意味において、絶対矛盾的自己同一的でなければならない。我々が（NKZ6-368-9 物質即精神なる）神というものを論理的に表現する時、かくいうのほかにない。

八

神は絶対の自己（無）（我）否定として、逆対応的に自己自身（私・統一・汝）に対し、自己自身（質料・無・形相）（場所自身）の中に絶対的自己（絶対無）（場所）否定を含むものなるが故に、自己自身（私・統一・汝）によってあるものであるのであり、絶対の無（質料・無・形相）（場所的有）（仏あって衆生あり）（時間面・無・空間面）なるが故に絶対の有（質料・無・形相）（自己表現的個・無・自己表現面的限定）（衆生あって仏がある）↓（時間面・無・空間面）であるのである。絶対の無にして有なるが故に、能《あた》わざるところなく、知らざるところない、全智全能である。故に、私は仏あって衆生《しゅじょう》あり（時間面的自己限定）、衆生あって仏があるという（空間面的自己限定）、創造者（質料・無・形相）としての（物質即精神なる）神あって創造物（被造物）としての世界（心・身体）（精神・物質）あり、逆に創造物（心・身体）としての世界（場所）（意識）（人間）あって（物質即精神なる）神があると考えるのである(5)。かくいうことは、神を絶対的超越と考える（カール）バルト(4)(15)などの考えに戻《もと》る（反する　電子辞書）かもしれない。キリスト教徒（知的自己、デカルト的思考）からは万有神教的といわれるかも知れない。しかし、ここにも対象論理（カント）的に神（2―9　主語的超越的に君主的Dominus（主　電子辞書）なる神）を考えるもの（知的直観）（知的自己）の誤謬《ごびゅう》（まちがい　電子辞書）があるのである。しばしばいう如く、絶対とは単に無対立的なものではない、絶対（3―12　絶対的なるものは、対を絶したものではない）（5―13　絶対者とは、対を絶するものでなければならない）否定を含むものであるのである。故に、絶対に対して立つ相対とは、単に絶対の部分とか、その減少せられたものとかいうのではない。それならば、絶対はやはり無対立的である、しかしてそれはもはや絶対ではない。絶対はどこまでも自己（無）（場所）否定において自己（時間面・無・空間面）（私と汝）を有《も》つ。どこまでも相対的（私と汝）（一つの世界・一つの世界）（行為的直観）（内在的超越）に、自己自身（汝と統一している私）を翻《ひるがえ》すところ（物体界）（主の場）（主の僕）（回心）に、真の絶対があるのである。真の全体的一（NKZ6-341-8　物体界）（時間面・無・空間面）は真の個物（質料・形相）的多において自己自身（時間面・無・空間面）（私と汝）を有つのである。神はどこまでも自己（自我）否定的にこの世界に於いてあるのである。この意味において、神はどこまでも内在的（私と汝）（自分ともう一人の自分）である。故に、神は、この世界においても、どこにもないとともに、どこにもあらざるところなしということができる（仏あって衆生あり、衆生あって仏がある）（人はもともと仏である）（パウロは「テモテ　I－3－16　諸国民の間に伝えられ」ている）（コリント　2－3－3　石の板にではなく人の心の板に書かれたもの）。仏教では、金剛経にかかる背理を即非の論理をもって表現している（鈴木大拙）。所言一切法者即非一切法是名一切法⒀という、仏仏にあらず故に仏である、衆生衆生にあらず故に衆生であるのである。私はここにも大燈国師の億劫相別、而須臾不離、尽日相対、而刹那不対⒁という語を思い起こすのである。単に超越的に自己満足的なる神（カール・バルトのナザレのイエスの解釈）⒂は真の神ではなかろう。一面にまたどこまでもケノシス的（5－2　主の僕）でもなければならない。どこまでも超越的（NKZ6-347-4　場所的切断）（仏あって衆生あり）なるとともに、どこまでも内在的（協調）（衆生あって仏がある）、どこまでも内在的なるとともにどこまでも超越的なる神こそ、真に弁証法的なる神であろう。真の絶対（切断・協調）（コンポッシブル　予定調和を手引として宗教哲学へ）ということができる。神は愛から世界を創造したというが、神の絶対愛（慈悲）（悲願）（利他）とは、神の絶対的自己（絶対無）否定として神に本質的なものでなければならない。opus ad extra（外に向かった働き　本74頁）ではない。私のいうところは万有神教的ではなくして、むしろ、万有在神論的 Panentheismus ともいうべきであろう。しかし、私はどこまでも対象論理（デカルト、カント）的に考えるのではない。私のいうところは、絶対矛盾的自己同一的に絶対弁証法的であるのである。ヘーゲルの弁証法も、なお対象論理的立場（NKZ6-346-3　過程的連続）（5－9　自己疎外的精神）（K・マルクスは対象、類との疎外、唯物論）（滝沢克己博士の「まことの神・まことの人」は対象、有との接触）を脱していない。左派において、万有神教的にも解せられたゆえんである。仏教の般若の思想こそ、かえって真に絶対弁証法に徹しているということができる。仏教は、西洋の学者の考える如く、万有神教的ではない（追試して確かめてください）。

九

右の如き絶対矛盾的自己同一的なる神の表現を、対象論理的立場から考える人には、神秘神学（神人合一）的と思われるかもしれない。しかし、八不的《はっぷてき》(16)なる否定神学は、弁証法的ではない。スピノザ的な絶対有（スピノザの実体）がカプト・モルトゥム（有）（否定の残り物）といわれる如く、単に否定的なる無もまた何ものでもない（超越的内在）。どこまでも自己自身（私・統一・汝）の中に絶対の否定を含み、無（場所）（質料・無・形相）（精神・無・物質）が無自身（絶対無）（場所自身）に対することによって、無限に自己自身（場所自身）（無自身）（NKZ6-348-5　共同意識）を限定（私・統一・汝）（時間面的自己限定・無・空間面的自己限定）（直接経験）する絶対矛盾的自己（質料・無・形相）同一的有（絶対無）（場所）、すなわち真の絶対者は、無限に創造的でなければならない、どこまでも歴史（八八、百八）的現実（自由）（只今）（世界的世界）（意識）でなければならない。私は従来、創造作用というものについて詳論した（『第五論文集』以来）。創造作用というのは、無から有が出るということではない。それは単なる偶然にすぎない。然《さ》らばといって、単に有からということでもない。それなら必然的結果にすぎない。創造作用ということは、多と一との矛盾的自己同一的世界が、自己自身（統一している私と汝）の中に自己（汝）を表現し、どこまでも無基底的に、作られたもの〔（時間面的自己限定）（私）と（汝）（空間面的自己限定）〕から作るもの（場所自身）へと、無限に自己自身（共同意識）を形成し行くということ（私と汝）にほかならない（1―7　時間面的空間的世界）。主語的超越的に君主的Dominus（主　電子辞書）なる神（人格神）は創造神ではない。創造神は自己自身（質料・無・形相）の中に否定（無）を含んでいなければならない。しからざれば、それ（君主的、Dominusなる神）は恣意（論理的に必然性がないさま　電子辞書）的な神たるにすぎない。

〔人生の問い、公案を解いて、追試して検証してみてください、数学、科学でも追試をします。追試をしないで知的自己、我、理性だけで神について語っても何も語れません。追試しないで語ればドクサ、信仰生活を語るだけです、「1－2　宗教を論ずるものは少なくも自己の心霊上の事実として宗教的意識を有つものでなければならない。しからざれば、自分では宗教を論じているつもりでいても、実は他のものを論じているかもしれない」になりかねません。しかし、僕は信仰を否定しません〕。〔『1－2「単なる理性（今のあなた）（知的直観、カント）」blosse Vernunft の中には宗教は入って来ないのである』なのです。勉強して理解しましたが、「時間面的自己限定、私と空間面的自己限定、汝」が統一した時間面的空間的世界、つまり、「今のあなた」、「我」が思惟すること、物を食べたり運動したりすること自体が「NKZ6-368-9　物質即精神なる神」の働きなのです〕

〔宗教的体験→主の推薦→ロマ書　4－25　主（物体界）は、わたしたちの罪過（公案、人としての問い）（良心の呵責）（2－3　人生の悲哀）のために死に渡され、わたしたちが義（コリント　2－10－18　主に推薦される人こそ、確かな人なのである）とされるために、よみがえらされたのである。→生かせたる　神話友達〕（パウロは超越的内在）

4－19　矛盾的自己同一の根柢に徹することを、見性というのである。そこには、深く背理の理というものが把握せられなければならない。禅宗にて公案というものは、これを会得せしむる手段にほかならない。

十

私はここにおいて創造作用と人格との関係を明らかにしておきたいと思う。従来、人格ということは、単に意識的なる抽象的個人的自己（我考える故に我あり）の立場からのみ考えられている。自己（我）（単なる

5―9　世界的世界）が自己（我）から働くことが自由と考えられている。しかし、かくいうには、自己（自我）というものが、何らかの意味において性質的に存在しなければならない。単に無規定的ならば、自己自身（我考える故に我あり）からともいわれない。有るものは、何らかの性質を有ったものでなければならない。

デカルト哲学について　それは自己の内においての直証の事実（我考える故に我あり）という代りに、自己（我）成立の事実（心・身体）（意識・物質）（NKZ6-368-9 物質即精神なる神）と改むべきである。

自己自身（自我を創造している神）の本質から働く（1―5　相互否定即肯定）こと、自己自身（統一している私と汝）の本質（無自身）（場所自身）（直接経験）（純粋経験）に従うことが自由（生かせたる　神話友達）（只今）（物質から精神）と考えられる。単なる恣意（デカルト的我）は自由（私と汝）（刹那）（時間面・無・空間面）（物質から精神）ではない。しからば、その自己自身（我考える故に我あり）の本質とは何か、我々の自己の本質は何処にあるのであるか。もし、それが主語的有（空間面）にあるとするならば、それは本能的（物質）である。そこには自己（自我）というものはない（マルクスは物質界との疎外、唯物論）（滝沢博士は物質界との接触、まことの神・まことの人）。そこで、前にいった如く、我々の自己（私）の存在は、述語面（時間面）（述語的場所）（私と自己表現的個↓私と汝）（自分ともう一人の自分）的と考えられねばならない。述語面的なるものが自己（私と汝）の中に主語的なるもの（主語的有）を含み、さらに具体的にいえば時間面的なるもの（時間面的自己限定）が自己自身（時間面的自己限定・無・空間面的自己限定）（共同意識）（1―11　述語的場所）の中に対象的なるもの（対象的有）を含み、矛盾的自己（質料・無・形相）同一的に無限に自己自身（私と統一している汝）を限定する〔（自己表現的個）（時間面）・無・（自己表現面的限定）（空間面）〕のが意識作用である。ここにおいて、我々の自己（私と汝）の本質は理性的（知恵、当為）（ロマ書　7－25　神の律法）と考えられる。法のために法に従うということが、我々の自己（自我）に自律的（述語面的自己限定）と考えられる。しかし、かく考えられた時、我々の自己は、何人《なんびと》の自己でもなく、また何人の自己でもあり得る（規格品、理性）（自律）〔動的平衡（福岡伸一博士）においても自己同一性が保たれる。僕には動的平衡においての論理は解らないが、ただ、そう思うだけです〕、単なる一般者（自我）の自己限定（時間面・無・空間面）というごときものにすぎない。それは何らの個性（個人性）（性格）も有たない、何らの実在性（人間性）も有たない、抽象的有（意識界・無・物質界）たるにすぎない。かかる有から働くということはできない。そこからは事実（2－10　実践的自己）（人間性）（自我）というものは出て来ない。そこには実行というものはない。当為といっても、ただ意識的（我的）に爾《しか》思うというだけである。おそらく決断ということもいわれない。決断ということは、意識的自己（世界的世界）（我）が自己自身（時間面と相互限定している空間面）を否定することである。既に自己自身（時間面と相互限定している空間面）（当為）の外に出ることである（2－1　外を内に映すこと）（私欲）。我々の自己（1－20　意志作用的有）の意識作用が創造的なる歴史（八八、百八）的世界の事件として、始めて実行ということがいい得るのである。かかる歴史（八八、百八）的立場からしては、我々（私と汝）が単に意識的に思うこと（私と汝）すら行為（1－3　働くもの）（只今）である。実践的自己（自我）とは、単なる理性ではない。法〔仏の知恵、ロマ書　神の律法、ガラテア　キリスト（神）の律法〕を破る可能性（2－1　外を内に映すこと）を有つところに（ロマ書　7－25　肉では罪の律法に仕えているのである）、自己（自我）（ego）（凡夫）があるのである。我々（私と汝）の自己の意識的存在（我）、人格的自己（統一された私と汝）というのは、どこまでも自己矛盾的存在でなければならない。

十一

我々（私と汝）の自己（自我）は、どこまでも述語面的自己限定（述語的場所）としての有である。自己（私と汝）において自己（自我）（無）を限定する（時間面・無・空間面）（意識界・無・物質界）、自覚（見性、反省）（私と空間面）的である。どこまでも理性的（法、知恵）である。しかし、単にかく考えられるかぎり、自己（自我）は意志的ではない、行為的でない。我々の意志とは、主語的なるものが、述語面を破って（動・静）、逆に述語面的に自己自身（質料と相互限定している形相）を限定するところ（時間面的自己限定）にあるのである。単に主語となって述語とならないものは、対象的個物である。かかる個物が述語面的に自己自身（質料と相互限定している形相）を限定すると考えられる時（時間面的自己限定）、すなわち意識的に作用すると考えられる時、本能的である、欲求（ロマ書　8－7　肉の思い）（マルクス）（パスカル）（2－1　外を内に映すこと）的である。しかし、そのかぎり、それは自由（悲願）（利他）（時間面的自己限定・無・空間面的自己限定）ではない、意志的（自己表現的個・無・自己表現面的限定）（時間面・無・空間面）（意識界・無・物質界）（悲願）（利他）ではない。我々の自己（私と汝）はどこまでも述語面的自己限定として主語（空間面）的なるものを内に含むものでなければならない。しかも、述語面即主語面的に自己自身（質料・無・形相）を限定するところに、すなわち主語と述語との矛盾的自己（絶対無）同一的に、自己自身（質料・無・形相）を限定（時間面的自己限定・無・主語面的自己限定）するところに（1－3　働くもの）、真に自己自身（無自身）を限定する唯一的個（場所的有）（私の意識と汝の意識の統一）（自我）として、我々の人格的自己（私と汝）（1―20　意志作用的有）があるのである。我々の自己（無）（場所）は意識的に作用する。しかし、我々の自己（自我）は単に意識の内にあるのでもない。無論、単に外にあるのでもない。内（時間面）と外（空間面）との矛盾的自己（質料・無・形相）同一的に、どこまでも自己（時間面的自己限定・無・空間面的自己限定）（共同意識）（時間面的空間的世界）↓（無）において世界（場所的有）（無）を表現する（時間面・無・空間面）とともに、世界の一焦点（場所的有）（絶対無）として自己自身（統一している私と汝）を限定するところ（時間面的自己限定・無・空間面的自己限定）に、すなわち創造的なるところに、自由（瞬間、刹那）なるとともに内的（時間面的自己限定）（生かせたる　神話友達）に必然的となる、我々（私と汝）の人格的自己（時間面的空間的世界）（時間面的自己限定・無・空間面的自己限定）（私と汝）（絶対無）（共同意識）があるのである。絶対無にして、しかも自己自身（無自身）（精神・無・物質）を限定（直接経験）（時間面的自己限定・無・空間面的自己限定）する絶対矛盾的自己（質料・無・形相）同一的世界においてのみ、我々（私と汝）の人格的自己（NKZ6-400-4　個人的自己の意識統一）（時間面的自己限定・無・空間面的自己限定）（質料・無・形相）（時間面・無・空間面）（私・無媒介的媒介・非連続的連続・汝）（時間面的空間的世界）（5―9　世界的世界）↓（我）というものが成立するのである。

十二

絶対矛盾的自己同一的世界（西田の心霊、上田の限りない開け、パウロの福音の場、コリント　2―10―18「主の推薦」の場）（NKZ6-341-8　物体界）は、自己（我）否定的に、どこまでも自己（私と汝）において自己（私と汝）を表現する（時間面・無・空間面）とともに、否定の否定として自己（時間面的自己限定）（我）肯定的に、どこまでも自己

（絶対無）において自己自身（神が相互限定している自我）（人間）を形成する、すなわち創造的である。かかる場合、私はしばしば世界という語を用いる。しかし、それは通常、人が世界という語によって考えるごとき、我々（私と汝）の自己（自我）に対立する世界（自然、社会）（青い地球）（World）を意味するのではない。絶対の場所的有（絶対無）（質料・無・形相）を表そうとするにほかならない、故にそれは絶対者（NKZ6-368-9 物質即精神なる神）→（創造物、人間）といってもよい（数学を論じた時、それを矛盾的自己同一体ともいった）。矛盾的自己（絶対無）同一的世界が自己（私と汝）の中に自己（時間面・無・空間面）を表現し、自己自身（私と統一している汝）を表現する（無即有）ことによって自己自身（神が相互限定している自我）を形成して行く。かかる絶対者の自己（自己表現的個・無・自己表現面的限定）（無）表現が、宗教的に神の啓示（時間面・無・空間面）（意識界・無・物質界）（主の推薦）〔ロマ書　1―17　神の義（事実）は、その福音（主）の中（場）に啓示（時間面・無・空間面）され、信仰に始まり信仰に至らせる〕と考えられるものであり、かかる自己（自我）形成が宗教的に神の意志〔神の律法、キリスト（神）の律法　パウロ〕と考えられるものである。絶対矛盾的自己同一（西田の心霊、上田の限りない開け、大拙の霊性）として絶対現在的世界（NKZ6-341-8 物体界）（場所的有）（私・非連続的連続、無媒介的媒介・汝）は、どこまでも自己（私と汝）（時間面的自己限定・無・空間面的自己限定）の中に自己を映す（自己表現的個・無・自己表現面的限定）→（時間面・無・空間面）、自己（私と汝）の中に自己（一つの世界・一つの世界）の焦点（場所的有）（共同意識）を有つ。かかる動的焦点（1―20　意志作用的有）（1―3　働くもの）（場所自身）を中軸として、どこまでも自己自身（神が創造している自我）を形成（発生）して行く。ここに父なる神と子と聖霊との三位一体的関係を見ることができる。かかる世界の個物（質料・形相）的多として、我々の自己（個と個）の一々が、自己自身（質料・無・形相）の世界を限定する唯一的個（自我）として、絶対的一者（絶対無の場所）を表現するとともに、逆に絶対的一者の自己（無）（ロマ書　1－20　神の見えない性質）（ロマ書　4－17　無から有を呼び出される神）表現として、一者の自己射影点（意志作用的有）（時間面・無・空間面）となる。創造的世界（自我）の創造的要素（絶対無）として、創造的世界（個と個）（私と汝）（世界的世界）（意識）（自我）を形成（発生）していくのである。かくの如くにして、我々（私と汝）の人格的自己（NKZ6-400-4　個人的自己の意識統一）は、右のごとき世界の三位一体的関係に基礎づけられているということができる。故に、私の場所的有として絶対矛盾的自己同一的世界というのは、流出的世界でもない(17)、単に生産的、生成的世界（動物）でもない。また、私を曲解する人のいうごとき知的直観（カント）の世界ではない。どこまでも個の働く世界（個と個）（一つの世界・一つの世界）である。作られたもの（一つの世界・一つの世界）から作るもの（絶対無）へと、人格的自己（私と汝）（2－12　自己射影点）の世界である。絶対的意志（絶対無の場所、2－7　無が無自身に対して立つ）の世界である。故に、一面に絶対悪（神に背く）の世界でもある。私は真の絶対者とは、絶対的自己（絶対無）否定を含むといった。絶対の否定即肯定として絶対の有であるのである、この故に真の絶対（絶対無）（無自身）（場所的有）（場所自身）であるのである。

十三

（物質即精神なる）神（自我）が自己自身（質料・無・形相）において自己（我）の絶対的自己（無）否定を含み、絶対の自己（我）否定に対する（意識界・無・物質界）（時間面・無・空間面）ということは、単に神のない世界、いわゆる自然の世界に対するということではない。単なる自然の世界は無神論的世界（唯物論　マルクス）

である。あるいはまた理神論者的に、自然の秩序に神の創造を見るともいうことができる。真に神の絶対的自己（絶対無）否定の世界とは、悪魔（背神）的世界でなければならない。徹底的に主語的（神人合一、ヘーゲルの有、久松の流出、滝沢のまことの神・まことの人、マルクスの唯物論）（超越的内在）なる神、君主的なる神（2―13「最高善的な神」のキリスト教、2―9 Dominus 主なる神）（K・バルトのナザレのイエスの見解）を否定する世界でなければならない、どこまでも（バチカンの見解に）反抗的世界⒅でなければならない。自然というのは主語的（空間面）（物質界）なる神、主体的なる神（我）の自己（無）否定の極限（NKZ6-344-12 合理的関係に於いて、物質）としての世界である。主体（我）が環境（空間面）（1―14 物質界）を、環境が主体を限定する歴史的世界の環境（我・無・物質界）（時間面・無・空間面）的限定としての世界（マルクスと物質界、有）（スピノザと有）（ヘーゲルと有）（超越的内在）である。いまだ述語的なる神、理性的なる神の自己（時間面的自己限定・無・空間面的自己限定）（述語的場所）否定の極限（質料・無・形相）（意識界・無・物質界）（時間面・無・空間面）（絶対無）（私・無媒介的媒介・非連続的連続・汝）（時間面的空間的世界）としての（反省された）世界（内在的超越）ではない。きわめて背理のようではあるが、真に絶対的なる神は一面に悪魔（背神）的でなければならない。かくして、それが全智全能ということができる。エホバはアブラハムに、その一人子イサクの犠牲（いけにえ）を求めた神である(Kierkegaard, Furcht und Zittern)⒆。人格（命）（心）（絶対無）（物質即精神なる神）そのものの否定を求めた神である。単に悪に対してこれと戦う神は、たとい、それがどこまでも悪を克服するといっても、相対的な神である。単に超越的に最高善的な神は、抽象（デカルト、カント、知的自己）的な神（人格神）にすぎない。

十四

絶対の神は自己自身（統一している私と汝）の中に絶対の否定を含む神でなければならない、極悪にまで下り得る神でなければならない。悪逆無道を救う神にして、真に絶対の神であるのである。最高の形相（神）は、最低の質料（極悪人までなり下がった被造物）を形相化する（救う）ものでなければならない。絶対のアガペ（慈悲）（悲願）は、絶対の悪人まで及ばなければならない（人はもともと仏である、私達は神の創造物、被造物です。追試してみて下さい）。神は逆対応的に極悪の人（被造物）の心（私と汝）にも潜むのである。単に鞫《さば》く神は（今日のキリスト教）（罪を問う）（パウロは「生きている者→未体験者」と「死んだ者→体験者」を判断する、見極める）(20)、絶対の神（絶対無）ではない。かくいうのは、善悪を無差別視するというのではない。最高の完全者を神（今日のキリスト教）と考えるごときは、我々の心霊上の事実（1−11 反省とは、場所が自己の中に自己を映すことにほかならない）（自己の中に自己を映す）（ロマ書 1−17 神の義は、その福音の中に啓示され、信仰に始まり信仰に至らせる）からではない。対象論理（デカルト、カント、知的直観）的に神を考えているのである。推論（神とはこのようにあるべきだ、ドクサ）によって神を考えているのである。あるいは心霊上（上田博士の「限りない開け」）の事実（私と汝）というのは、主観的たるにすぎないというかもしれない。しかし、上に論じた如く、真の絶対者は、論理的にも矛盾的自己（心・無・身体）（意識・無・物質）同一でなければならない（生物の進化を見れば当然だと思います）。真の論理とは絶対者の自己表現の形式（私と汝）（共同意識）（絶対無）（NKZ6-370-5 環境的限定の意義）であるのである（論理から自己へである「デカルト哲学について」）。故に、弁証法的でなければならない。しかして、自己自身（物質・無・精神）を証明する真の事実（私と汝）（場所）は、おのずから弁証法的であるのである。私の神というのは、いわゆる神性Gottheitのごときものではない、自己自身（質料・無・形相）において絶対の否定を含む絶対矛盾的自己同一であるのである。般若の即非的弁証法がもっともよくこれを表している。これを対象論理（デカルト、カント）的に考えるから、それが無差別的とも考えられるのである。体験者には、それは自明の事であろう（僕の体験、経験で知り得た事からいろいろ引き出してくださって、いっぱい教えてもらいました。ぜひ、追試してみて下さい）。災いするものは、抽象論理（デカルト、カント、知的自己、知的直観）的思惟である（心から同意します）。

パウロが体験者、「5―2　主の僕」だということは、公案を解いた人、追試した人なら誰でも知っています、「体験者（M・ルター、スピノザ、ヘーゲル、マルクス、フォイエルバッハ）（パスカル、ドストエーフスキイ）（多分、マイスター・エックハルト、トマス・アクィナスもそうです）には、それは自明の事」です、だから西田博士が「5―13　内在的超越のキリスト↓被造物、覚者」、「5―2　主の僕↓体験者」と言われたのです。パウロにおいては「キリスト」は「神・被造物」で、バチカンの主イエス・キリストではありません。また、博士の「主の僕」と、ロマ書　1―1　「キリスト・イエスの僕」では、意味が違います。

ロマ書　4―25　主（宗教的体験）は、わたしたちの罪過（公案、人生の問い）のために死に渡され、わたしたちが義（コリント　2―10―18　主に推薦される人こそ、確かな人なのである）とされるために、よみがえらされたのである（生かせたる神話友達）（主の僕）。

ロマ書　1―17　神の義（事実）は、その福音（霊性、宗教的体験）（物体界）の中に啓示（時間面・無・空間面）され、信仰に始まり信仰に至らせる。

4―19　矛盾的自己同一の根柢に徹することを、見性というのである。そこには、深く背理の理というものが把握せられなければならない。禅宗にて公案というものは、これを会得せしむる手段にほかならない。
158頁 現代の人に受け入れえない「知性の犠牲」（"sacrificium intellectus"）を強いることではない。いなむしろ、それはいわば禅的自覚そのもののしんに事実上含まれている真実の法を、ほんのもう一歩あきらかに見る、あるいは、言いあらわす、ということにすぎないのである。（以上、心から同意します）。

滝沢克己著『佛教とキリスト教』法藏館

十五

絶対的神は、右のごとき意味においての絶対矛盾的自己（意識・無・物質）同一として、その射影点（汝）（「ロマ書 1―20 神の見えない性質」即有）（ロマ書 4―17 無から有を呼び出される神）（場所的有）たる我々（私と汝）の自己（私）（自我）（人間）は、実に善と悪との矛盾的自己同一であるのである。ドミートリ・カラマーゾフはソドムの中に美が潜んでいる、美は恐ろしいばかりでなく神秘なのだ、いわば悪魔と神との戦いだ、その戦場が人間の心なのだという。我々の心は、本来、神と悪魔との戦場である（ロマ書 7―25 心では神の律法に仕えているが、肉では罪の律法に仕えているのである）。しかも、意志的存在（NKZ6-400-4 個人的自己の意識の統一）（我）としての、人格としての、我々（私と汝）の自己（自我）の実在（ego）は、実はここにあるのである。我々の自己（私）（ego）（凡夫）はどこまでも述語面的自己限定として理性的（時間面）なるとともに、どこまでも主語面的にこれ（当為）を否定（2―1 外を内に映すこと）（パスカル）（マルクス）する所に、自己自身（時間面・無・空間面）（私と汝）の存在を有つのである。すなわち根本悪（背神）において自己（自我）存在を有つのである。カントは道徳的立場からこれを悪への傾向という。それは、私が「生命」論において論じたように、素質的なものでなければならない。素質的存在（ア・プリオリ）とは、無基底的に矛盾的自己同一的なる存在であるのである。私はしばしば絶対矛盾的自己同一的場所（物体界）（心霊的事実、霊性的事実の場、上田博士の限りない開けの場）、絶対現在（自己表現的個・無・自己表現面的限定）の世界（意識界・無・物質界）、歴史的空間（体験の場）（物体界）（環境）（意識界・無・物質界）（私と汝）を無限球に喩《たと》えた。周辺なくして至るところが中心となる。無基底的に矛盾的自己同一なる球が、自己（私と汝）の中に自己（汝）を映す、その無限の中心的なる方向が超越的なる神である。そこに人は歴史（八八、百八）的世界の絶対的主体（空間面）（慈悲）を見る。その周辺的方向が、これに対して、どこまでも否定的に、悪魔的（背神）と考えられるのである。故に、かかる世界はどこまでもデモーニッシュ（悪魔的　電子辞書）なるものに満ちていると考えられるのである。我々の自己（私と汝）は、かかる世界の個物（質料・形相）的多として、悪魔的なるとともに神的である。場所的論理的神学は、テースムス（人格神論　本86頁）でもなく、デースムス（自然神論　本86頁）でもない。精神的（知的自己）でもなく、自然的（マルクス）でもない、歴史的（八八、百八）である（僕は死んでいませんが、神話友達なら、読めば……わかる、と思います。拙著を読んで、こうだと言って指摘してくれると思います）。

5－8　いまだ時間的干渉に入らない絶対現在の世界は、なおそれ自身（無自身）（場所自身）においてて自己（一つの世界・一つの世界）形成的とはならない、世界（個と個）（私と汝）はいまだ世界史（創造）的とはならない。しかし、作られたもの〔（時間面的自己限定）（有）（私）と（汝）（無）（空間面的自己限定）〕から作るもの（絶対無）（場所的有）へと、世界（場所的有）が自己（私と汝）形成的となるに従って、世界（物体界、環境）そのものが具体的に（死すなわち生になるに従って）（生かせたる　神話友達）、世界（場所的有）そのものが自己自身（時間面的自己限定・無・空間面的自己限定）（絶対無）の中心（私の意識・無媒介的媒介、非連続的連続・汝の意識）（NKZ6-348-5　共同意識）（絶対無）を有って来る。平面的から立体的となる。そこに、はじめて世界（私と汝）（一つの世界・一つの世界）（自分ともう一人の自分）（自分と他人）というものが自覚せられる（僕は死んではいませんから、ご自分で確かめてください）。

十六

以上述べたところによって、私は我々の自己（自我）は何故にその根柢において宗教的でなければならないか、宗教心とはいかなるものであるかを明らかにしえたと思う。宗教の問題は、我々の自己（自我）が、働くもの（I―3　働くもの）として、いかにあるべきか、いかに働くべきかにあるのではなくして、我々の自己（自我）とはいかなる存在であるか、何であるかにあるのである（悲願、良心、理性、我の在処、在所）。宗教的関係というのは、完全なるものと不完全なるものとの対立においてあるのではない。完全なるものと不完全なるものとは、その間にいかに無限の距離があるにしても、同じ目的を有った進行的過程の両端に立つものである、一つの直線上にあるものである。我々の宗教的意識というのは、かかる立場において現われるのではない。人は往々、ただ過ち迷う我々の自己の不完全性の立場から、宗教的要求を基礎づけようとする。しかし、単にそういう立場からは、宗教心というものが出て来るのではない。相場師でも過ち迷うのである、彼も深く自己の無力を悲しむのである。また、宗教的に迷うということは、自己（自我）の目的に迷うことではなくして、自己（自我）（理性）（良心）（自律）の在処（ありか）に迷うことである。道徳的といっても、対象的に考えられた道徳的善に対する自己の無力感からだけでは、いかにそれが深刻なものであっても、その根柢に道徳的力の自信の存するかぎり、それは宗教心ではない。懺悔（ざんげ）といっても、それが道徳的立場においてであるならば、それは宗教的懺悔ではない。普通に懺悔といっても、それは自己（自我）の悪に対する後悔にすぎない。自力というものが残されているのである。真の懺悔というものには、恥ということが含まれていなければならない。恥ということは他（神と呼ぶところのもの）に対することである。道徳的にいっても懺悔するということは、客観的自己（空間面）（法）（神の律法）に対して、すなわち自己（被造物）（インマヌエル）（神が創造している自我）の道徳心に対して恥ずることである。そこには自己（自我）が投げ出される、棄てられるということがなければならない。道徳の場合には、それが人に対してであり、社会に対してである。宗教的懺悔すなわち真の懺悔においては、それは自己（私と汝）の根源（神と呼ぶところにもの）に対してでなければならない、父なる神、母なる仏（自己の在処）に対してでなければならない（神と仏が同等ですが、自己否定的努力で是非確かめてください）。自己（私と汝）の根源に対して自己（自我）を投げ出す、自己自身（神が創造している凡夫）を棄てる、（我を創造している神、仏によって立つ）自己自身の存在を恥じるということでなければならない。そこには、オットーのヌミノーゼ的(21)なものに撞着《どうちゃく》するということができる。主観（自我）的には深く自己自身（私・統一・汝）の根源に反省して（Ⅰ－11　反省とは、場所（意志作用的有、場所的有）が自己（私と汝）の中に自己（汝）を映すことにほかならない）、仏者のいう如く人生を、自己（我）を観ずるということができる。仏教においては観ずるということは、対象的に（心の）外に仏を観《み》ることではなくして、自己（自我）の根源を照らすこと、省みること（反省）である。（我々の）外に神を見るというならば、それは魔法にすぎない。

十七

何故に我々の自己（私）は、その根柢において宗教的であり、自己自身（私・統一・汝）の底に深く反省（見性）（行為的直観）するにしたがって、すなわち自覚（行為的直観）するにしたがって、宗教的要求というものが現われ、宗教的問題（NKZ6-347-10 難問）に苦しまねばならないのであるか。上にいった如く、我々の自己（我）は、絶対に自己（私と汝）矛盾的存在なるが故である。絶対的自己（質料・無・形相）（動・静）矛盾そのことが、自己（私と汝）の存在理由なるが故である。すべてのものは変じ行く、移り行く、何物も永遠なるものはない。生物は死んで行く、死なきところに生命はない。そこにも既に自己矛盾があるといい得る。しかし、生物は自己の死（時間面的自己限定・無・空間面的自己限定）を知らない。自己自身（神が創造している自我）の死（無）を知らないものは、自己（私と汝）（場所）を有つものではない（痛ッ）。そこにはいまだ自己（私と汝）というものはないのである。自己（絶対無）（場所）のないものには死（無）というものはない。生物には死（私と汝）（場所）がないともいうことができる。死（時間面的自己限定・無・空間面的自己限定）とは、自己（私と汝）が永遠の無に入ることである。この故に、自己（自我）は一度的である。自己は唯一的である。個（場所）（我）であるのである。しかも、自己自身（神が創造している自我）の死を知ることは、死を越えることである、しかも単に死を越えたものは生あるものでもない。自己自身（統一している私と汝）の死を知るということは、無（場所）（絶対無）にして有（質料・無・形相）ということである。絶対の無（場所）にして有ということは、自己（私と汝）矛盾の極致でなければならない。しかも、そこには我々の真の自覚的自己（個と個）（私・汝）（時間面的自己限定・無・空間面的自己限定）（共同意識↓絶対無）があるのである。我々（私と汝）は自己（主観）（我）の行為を越えて（主観・客観に於いて）（時間面・無・空間面）、これ（2－16　客観的自己）（当為）を知る。普通には、これを自覚（見性、反省）という（超越的内在）。しかし、それだけなら、自己（私と汝）は一般者的存在、理性的存在（我と対象）ともいい得るのである。そこには、一度的にして唯一的なる自己（自我↓私と汝）というものはない。真の自覚（二つの世界・一つの世界）（意識・意識）というものはないのである（マルクスと類）（まことの神・まことの人　滝沢）。故に、右のごとき我々の個的自己（我）、人格的自己（NKZ6-400-4　個人的自己の意識の統一）の成立の根柢には、絶対者の自己否定というものがなければならない。真の絶対者とは、単に自己自身（私・統一・汝）（私・無媒介的媒介、非連続的連続・汝）（絶対無・無媒介的媒介、非連続的連続・絶対無）（述語面的自己限定・無・主語面的自己限定）（質料・無・形相）（共同意識）の対を絶するものではない。どこまでも自己自身（質料・無・形相）の中に自己（無）否定を含み、絶対的自己否定に対すること（絶対無）（場所）によって、絶対の否定即肯定的に自己自身（精神・無・物質）（無自身）（場所自身）を限定（時間面的自己限定・無・空間面的自己限定）（直接経験）するのである。かかる絶対者の自己（無）（我）否定において、我々（私と汝）の自己（ego）の世界、人間の世界（私・非連続的連続・無媒介的媒介・汝）が成立するのである。かかる絶対否定即肯定（質料・無・形相↓場所）（場所的有）（1－17　場所が場所自身を限定する）ということが、（NKZ6-368-9　物質即精神なる）神の創造ということである。故に、私は仏教的に仏あって衆生あり（時間面・無・空間面）（意識界・無・物質界）（作用界・無・対象界）（超越的内在）（切断）、衆生あって仏がある（自己表現的個・無・自己表現面的限定）（内在的超越）（協調）↓（時間面・無・空間面）という。絶対に対する相対ということは、上にもいった如く、単に不完全ということではなくして、否定の意義をもっていなければならない。

十八

神と人間との関係は、人間の方からいえば、億劫相別、而須臾不離、尽日相対、而刹那不対、此理人々有之という大燈国師の語が両者（時間面的自己限定・無・空間面的自己限定）の矛盾的自己同一的関係をい い表わしていると思う。否定即肯定の絶対矛盾的自己同一の世界は、どこまでも逆限定の世界、逆対応の世界でなければならない。神と人間との対立は、どこまでも逆対応的であるのである。故に、我々（私と汝）の宗教心というのは、我々の自己（デカルト的我）から起こるのではなくして、神または仏の呼声である。神または仏の働きである、自己（我）成立の根源からである。アウグスティヌスは、『告白』の初めに、「汝は我々を汝に向けて造り給い、我々の心は汝の中に休らうまでは安んじない」という。（カント、デカルト的、知的自己的）学者はこの点を無視して、ただ人間の世界（我考える故に我あり）（対象論理）（神とはこのようにあるべきだ）から神を考え、宗教を論じようとする（知的自己の宗教）。宗教の問題（2－16 自己の在処）（慈悲）（胎蔵界）と道徳（金剛界）（方便）の問題との明白なる区別すらも自覚していない。眼を覆うて弓を射んとするがごときものである（科学、数学でも追試をします、ピタゴラスの定理は学校で習い、追試します。ましてや体験世界は追試しないと、神とはこのようにあるべきだ、になってしまいます）。

塔の体験によってパウロに傾倒されたM・ルターやルカが次のように述べていらっしゃいます。

キリスト（主イエス・キリスト）もまた、ヨハネ六章で、「すべてのキリスト者は神によって教えられるべきである」（四五節）と言っておられる。

M・ルター著『ドイツのキリスト者貴族に与える書』聖文舎（22頁）

日本聖書協会　１９８６　ヨハネ六章四五節「彼らはみな神（ロマ書　4－17　無から有を呼び出される神）に教えられるであろう」。

ルカ　17－20　神の国はいつ来るのかと、パリサイ人が尋ねたので、イエスは答えて言われた、「神の国は、見られるかたち（私と神様）で来るものではない。また『見よ、ここにある』『あそこにある』など（心の外にある）とも言えない。神の国は、実にあなたがたのただ中（西田の自己→私と汝）（パウロのキリスト→神・被造物）にあるのだ」。

いうまでもなく、道徳は人間の最高の価値である。しかし、宗教は必ずしも道徳を媒介とし、道徳を通路とするというのではない。我々の自己（自我）が、我々の自己（私と汝）の生命の根源たる絶対者に対する宗教的関係（インマヌエル）（絶対無）においては、智者（被造物）も愚者（被造物）も、善人も悪人も同様である（同意します）。

パウロも博士と同じようなことを述べていらっしゃいます。

ロマ書　11－28　福音（コリント　2－10－18　主の推薦、西田の心霊、大拙の霊性）（ロマ書　11－29　神の召し）について言えば、彼ら（イスラエル人）は、（エレミヤ　17　主を捨てた）あなたがたのゆえに、神の敵とされているが、選び（ロマ書 8―33 神に選ばれた者、選民↓主の推薦）（主）（福音）（神の召し）（心霊、霊性、体験）について言えば、父祖たちのゆえに、神に愛せられる者（インマヌエル）（キリスト↓神・被造物）（自己↓私と汝）（被造物）である。29 神の賜物（知恵）（神の律法）と召し（主の推薦）（宗教的体験）とは、変えられることがない（誰にでも訪れる）。

ロマ書 11―15 もし彼ら（イスラエル人）の捨てられたこと（不信仰）が世の和解となったとすれば、彼ら（被造物）（イスラエル人）の受けいれられることは、死人（ロマ書 7―10 わたしは死んだ）（主の推薦）（西田の心霊、大拙の霊性）の中から生き返ること（死即生 西田）（生かせたる 神話友達）ではないか。

と言われています（パウロは超越的内在）。

「善人（被造物）なおもて往生を遂ぐ、いわんや悪人（被造物）をや」とまでいわれる。根柢的に自己（私と汝）矛盾的なる人間の世界には、我々を宗教に導く機縁は至るところにあるのである（心から同意します（拙著が機縁になれば幸いです。僕の神話友達の人としての問いは「美とは何か」です。僕の公案は「生まれた時にどのように思ったか」です。そして、彼も僕もこんな世界があるとは夢にも思いませんでした）。

宗教は（「2―19 自己否定的努力」に於いて）絶対の価値転倒である（回心）（主の僕）。この意味において、自負的道徳家が宗教に入るのは、駱駝《らくだ》が針の穴を通るよりも難しいということもできる。

十九

人格的なるキリスト教はきわめて深刻に宗教の根源を人間の堕罪（だざい）に置く。創造者たる神に叛《そむ》いたアダムの子孫には原罪が伝わっている。生まれながらにして罪人である。故に、人間からしては、これを脱する途《みち》はない。ただ神の愛によって神から人間の世界へ送られた、神の一人子の犠牲によってのみ、これを脱することができる。我々はキリストの天啓を信ずることによって救われるというのである。生まれながらにして罪人というのは、道徳的にきわめて不合理的と考えられるであろう。しかし、人間の根柢に堕罪を考えるということは、きわめて深い宗教的人生観といわざるを得ない。既にいった如く、それは実に我々人間の生命の根本的事実をいい表わしたものでなければならない。人間は神の絶対的自己（絶対無）（場所）否定から成立するのである。その根源において、永遠に地獄の火に投ぜられるべき運命を有ったものであるのである。浄土真宗においても、人間の根本に罪悪を置く。罪悪《ざいあく》深重《じん》煩悩熾盛《じゅうぼんのうしじょう》の衆生という。しかして、唯一の御名を信ずることによってのみ救われるというのである。仏教においては、すべて人間の根本には迷いがあると考えられていると思う。迷いは罪悪の根源である。しかして、迷いということは、（神の創造物である）我々が（デカルト、カント的に）対象化せられた自己（神）を自己（神）と考えるから起こるのである。迷いの根源は、自己（神）の対象論理（天にまします我らの神）的見方によるのである。故に、大乗仏教においては、悟りによって救われると云う。私は、この悟りという語が、一般に誤解せられていると思う。それは対象的（心の外）に物（神）を見るということではない。もし対象的（我々の外）に仏を見るというごときならば、仏法は魔法である。それは自己自身（汝と統一している私）の無の根柢を、罪悪の本源を（公案において）（２―19　自己否定的努力で）徹見することである（心から同意します）。道元は仏道をならうということは、自己（人はもともと仏である）をならうなり、自己をならうというは、自己をわするるなり（無）と云う。それは対象論理的見方とは、全然逆の見方でなければならない。元来、自力的宗教というものがあるべきではない。それこそ矛盾概念である。仏教者自身もここに誤っている。自力他力というも、禅宗といい、浄土真宗といい、（パウロといい）、（パウロ式浄土真宗、超越的内在、親鸞さんと西田博士は５―13　内在的超越のキリスト）、大乗仏教として、固《もと》、同じ立場（主の推薦、心霊、霊性、限りない開け）（１―11　場所が自己の中に自己を映す）（ロマ書　１―17　神の義（事実）は、その福音（主、主の推薦、宗教的体験）の中（場）（環境）に啓示（時間面・無・空間面）され、信仰に始まり信仰に至らせる）に立っているものである。その達するところにおいて、手を握るもののあることを思わねばならない（心から同意します）（異教徒は、この青い地球にいません）。入信の難きをいえば、いわゆる易行宗において、かえって難きものがあるでもあろう。親鸞聖人も易往無人《いおうむにん》の浄信(22)といっている。いかなる宗教にも、自己否定的努力（公案の工夫）（人としての問題意識）を要せないものはない（心から同意します）。一旦、真に宗教的意識に目覚めたものは、何人《なんぴと》も頭《ず》燃《ねん》を救うが如くでなければならない（痛ッ）（僕の神話友達なら同意すると思います。僕は、宗教的には彼に太刀打ちできない）。ただし、その努力はいかなる立場に於て、いかなる方向に於てかである。神とか仏とかいうものを対象的にどこまでも達することのできない理想地に置いて、これによって自己（自我）が否定即肯定的に努力するというのでは、典型的な自力である。それは宗教というものではない。そこには全然親鸞聖人の横超(23)というものはない。もっとも非真宗的（非パウロ的）である。

コリント　2－7－10　神のみこころに添うた悲しみ（人としての問い）（3－1　良心の呵責）（公案）（悲哀）（2－19　自己否定的努力）は、悔いのない救いを得させる悔改め（回心）（主の僕）に導き、この世の悲しみ（人生の悲哀、問い）（公案）は死（主の推薦、ロマ書　11－29　神の召し）をきたらせる。

第三章　自己と超越者

一

私は我々（私と汝）の宗教心というものが何処《どこ》から起こり、何によって基礎づけられ、宗教的問題とはいかなるものなるかを論じた。それは対象認識の知識的問題（今のあなた、単なる理性）でないことはいうまでもなく、我々の意識的自己（自我）の当為の道徳的問題でもない。我々（私と汝）の自己（我）とは何であるか、それは何処にあるのであるか、自己（我考える故に我あり）そのものの本体（我の在処、問所「デカルト哲学について」）の問題、その在処《ありか》の問題である。我々（私と汝）は我々の宗教的意識から、宗教的問題について苦悩し、努力する。単に我々（私と汝）の自己（自我）を越えたもの、我々の自己に外的なるものについては、我々の自己は苦しまない。ただ、それが我々の自己存在に関するもの、すなわち我々の生命に関するものである時、それについて苦しむのである。その関係が深ければ深いほど、我々はそれについて苦しむのである。良心というものも、我々の自己（自我）を越えたもの（当為）である。しかし、それは我々の自己（自我）を内から越えたもの（2—7　無が無自身に対して立つ）（時間面・無・空間面）である。それだけに良心の呵責《かしゃく》というものは、我々（私と汝）の自己（自我）の生命の底（無）（場所）から振り動かすのである。良心の呵責には、逃れるところがないといわれる。これを道徳的苦悩という。しかし、良心的苦悩には、尚どこまでも自己（私と汝）（インマヌエル）というものがある。ただ、自己自身（神が創造している自我）の底からの苦悩である。しかも、自己（自我）が理性的存在であるかぎり、我々は良心的に苦しむのである。理性（述語面的自己限定）が我々の自己（自我）に自律的と考えられる（規格）。私も我々（私と汝）の自己（自我）存在を述語面（時間面的自己限定・無・空間面的自己限定）（1―11　述語的場所）的と考えた。

二

我々（私と汝）の意識作用というのは、述語面的自己限定として成立するのである。しかし、我々の自己（述語面的自己限定）は単なる一般者的存在（自我）ではない、単なる述語面的存在（理性）ではない。我々の自己（私と汝）はどこまでも個的（個と個）であるのである。我々の自己（自我）は意識的存在（時間面・無・空間面）であるのである。個（個と個）（私と汝）がどこまでも一般（我）を否定するところ（時間面・無・空間面）に、我々の自己（自我）がどこまでも法〔ガラテア　キリスト（神）の律法〕を破る（背神）可能性を（2―1外を内に映すこと）有するところに、我々（私と汝）の自己（人間）（凡夫）（ego）の存在があるのである（パスカル、マルクス）（欲求的）。単に一般者的方向（私と対象界）（当為）に行くことは、かえって自己（自我）の自由（物質から精神）（時間面的自己限定・無・空間面的自己限定）（只今）を否定すること（まことの神・まことの人　滝沢）（自己疎外的精神　ヘーゲル）である。自己自身（統一している私と汝）（自我）を失うことである。いわゆるユークリッド幾何学的（スピノザの論理的構成のしかた）（スピノザの実体）（ヘーゲルは自己疎外的精神、滝沢は接触、マルクスは対象、類との疎外）となることである(24)。しかも、また単に一般（自我）を否定するところに、理性を否定するところ（意識界・無・物質界）に、自己（我）があるのでもない。単に非合理的なるものは、動物にすぎない。

単に非合理

NKZ6-396-13　動物間には私に対する汝といふものはない。若し動物が哲学的に思索するならば彼は独我論（我と対象）（滝沢博士は「まことの神・まことの人」→接触、客観的理性「デカルト哲学について」）（マルクスは類との疎外、唯物論）を主張するであらう。

NKZ6-347-10　私と汝との関係について種々なる難問は、内界（私の意識）と外界（汝、他人の意識）とが対立し、各自（私と汝）が絶対的に自己自身（私の意識・無媒介的媒介、非連続的連続・汝の意識）に固有なる内界（NKZ6-400-4　個人的自己の意識）（絶対無）（NKZ6-348-5　共同意識）を有つと考へるから起るのであると云ふことができる。我々が厳密なる意味に於て個人（デカルト）的自己（我）の意識（我考える故に我あり）といふものから出立（知的直観）（我と対象界、物質界）するならば、遂に独我論に陥るの外ない。

2―17　生物は死んで行く、死なきところに生命はない。そこにも既に自己矛盾があるといい得る。しかし、生物は自己の死（時間面的自己限定・無・空間面的自己限定）を知らない。自己自身（私・統一・汝）の死（無）を知らないものは、自己（私と汝）を有つものではない。そこにはいまだ自己（共同意識）（私と汝）というものはないのである。自己（無）（場所）のないものには死というものはない。生物には死（場所）がないともいうことができる（ヘーゲルは「有」から出立した「デカルト哲学について」過程的連続）（2―8　ヘーゲルの対象論理的立場、5―9　自己疎外的精神）（久松博士は「私は死なない」、流出、大我禅）（スピノザと3－4　スピノザの実体）（マルクスは類との疎外、唯物論）（滝沢博士の「まことの神・まことの人」は接触）↓（西田博士の言われる独我論）。

我々の自己（自我）というものは、考えれば考えるほど、自己矛盾（心・物質）的存在であるのである。ドストエーフスキィの小説というものは、きわめて深刻に、かかる問題を取り扱うたものということができる。何者が真に自己をして自己（自我）たらしめるのであるか。何者が我々の自己（自我）に、真に自律的（人格）（規格）（所与）（エペソ　1－22　教会）なのであるか。我々（私と汝）は我々の自己（自我）の根柢に、かかる問題を考えざるを得ない。学問も道徳もそこからである（同意します）（もし、これらのことを考えないと、知らないと文化の伝承がない中国や韓国のような人格のない民度になってしまいます）。真の価値は、真の自己（心・無・身体）（精神・無・物質）（質料・無・形相）（私と汝）（内在的超越）（愛）（悲願）存在から基礎づけられねばならない。あるいは、かかる問題に沈潜することは、無用といわれるかもしれない。我々は人間としては、良心に従って行動すれば足りる。道徳の根源に懐疑の刃《やいば》を向けること自身が、悪と考えられるかもしれない。もししからば、宗教的問題というごときものはないのである（胎蔵界↓金剛界）（神の世界↓神の知恵の世界）。無論、人は宗教的たらざるべからざる義務はないのである（同意します）。しかし、かくいう場合、人は我々の自己（自我）存在の根柢に、社会（宗教）的存在を置いている（日本のような民度、5－3　日本精神の中に居れば自ずとその民度に染まります）。しかして、死生の問題も、実は社会（宗教）というものを根拠として考えているのであるが、社会（宗教）というのも人間の存在からであろう（2－8　仏あって衆生あり、衆生あって仏がある）。宗教的価値とは、いわゆる価値ではない。それとは反対の方向にあるのである。神聖とは、価値超越の方向にあるのである。価値否定の価値ともいうべきであろう。

三

自己矛盾的なるものは、元来、存在することのできないものである。それは主語となって述語とならないという意味においての存在でないことはいうまでもないが、単に述語となって主語とならない理性的存在、イデア的存在ともいわれない。合理的存在は、どこまでも自己自身の中に矛盾を含まないものでなければならない。しかるに、我々の自己（自我）とは、どこまでも自己（心・身体）矛盾的存在であるのである。自己自身（自我を創造している神）について考える、すなわち主語的（静）なるとともに述語的（動）、自己（自我）が自己の働き（否定即肯定）を知る（自己の中に自己を映す）、すなわち時間的（質料的）（動）なるとともに空間的（形相的）（静）存在である。我々の自己は、かかる自己（私と汝）矛盾において自己（自我）存在を有《も》つのである。自己矛盾になればなるほど、我々の自己（自我）は自己自身（自我を相互限定している神）を自覚（時間面・無・空間面）（一つの世界・一つの世界）（行為的直観）するのである。それは実にパラドックスである。ここに深い問題があるのである。我々（私・汝）の自己（自我）は自己（自我）（無）否定において自己（私と汝）を有つということができる。主語的方向においても、述語的方向においても有と考えられない、絶対の無において自己自身（質料・無・形相↓共同意識）（場所自身）（私と汝）を有つということができる。

四

かかる自己（私と汝）矛盾的存在が成立するには、その根柢に絶対に矛盾的自己（質料・無・形相）同一的なるものがなければならない。どこまでも否定即肯定、肯定即否定的（1―5　相互否定即肯定）に、すなわち矛盾的自己同一的に、創造的（1―3　働くもの）なものがなければならない。絶対の無にして自己自身（私・統一・汝）を限定する、絶対の無にして、即有なるもの（述語面的自己限定・無・主語面的自己限定）（質料・無・形相）（場所的有）がなければならない（1―17　場所が場所自身を限定する）。故に、応《おう》無《む》所住《しょじゅう》而《に》生《しょう》其《ご》心《しん》という(25)。「その根柢に」という時、人はまた主語的（対象的）方向に考え、基底的に、実体的なるものを考えるかもしれない。しかし、矛盾的自己（質料・無・形相）同一的に「その根柢に」という時、それはまったく異なった意味でなければならない、絶対の否定の肯定の意味に於いてでなければならない。主語（空間面）的方向に根源を考えるならば、スピノザの実体（マルクスの類）（物質）に於いての如く、自己（自我）（日常の私）というものは消されなければならない（2―16　客観的自己）。逆に、これを述語的方向（時間面）に考えれば、カント哲学のフィヒテ的発展の方向においての如く、絶対理性的（悟性概念）（イデア）となる。そこにも自己（日常の私）というものは失われる。そのいずれの方向においても、自己矛盾的存在たる自己（意識）成立の根源となるものはない（日常の私と有である）。かかる存在の根源としては、どこまでも我々の自己（日常の私）が自己自身（神が相互限定している日常の私）を否定することが、真に自己（場所）をして自己（私と汝）たらしめるものがなければならない。それにおいて単に自己（自我）が否定せられるというのではない。また、我々の自己（自我）が神や仏と同一方向において、神や仏となるとか、これに近づくとかいうのでもない。ここには逆対応ということが考えられねばならない。大燈国師の語はもっともよくこれをいい表わしているのである。絶対矛盾的自己同一的場所（質料・無・形相）（物体界）（西田の心霊、大拙の霊性、上田の限りない開け、主の推薦）の自己限定（直接経験）（共同意識→質料・無・形相）（私と汝）として、場所的論理によってのみ、宗教（行為的自己）的世界というものが考えられると云うゆえんである。神と人間との関係についての種々なる誤解も、対象論理（カント）的見方から起こるのである。私は対象論理を排斥するものではない。対象論理は、具体的論理の自己限定（私と空間面）（私と汝）の契機としてこれに含まれているものでなければならない（対象とならないものが対象となる）。しからざれば、具体的といっても論理ではない。ただし、錯誤《さくご》は、対象論理（知的自己）的に考えられたものを、逆に自己自身（神が創造している自我）を限定する実体と考えるところにあるのである。いわゆる概念（神とはこのようにあるべきだ、ドクサ）の実体化にあるのである。カントはかえってこの点を明らかにした（悟性概念）。

五

我々の自己（私と汝）は、右にいった如く、主語的方向にあるのでもなく、述語的方向にあるのでもない。主語的方向（空間面）（一つの世界）と述語的方向（時間面）（一つの世界）との矛盾的自己同一的に、自己自身（統一している私と汝）について述語するところ（精神・無・物質）（質料・無・形相）（時間面的自己限定・無・空間面的自己限定）（私と汝）（無自身）（場所自身）（I－II　述語的場所）にあるのである。我々の自己（私と汝）の奥底には、どこまでも自己自身（私と統一している汝）を表現するものがあるのである。単に働かないものは何ものでもない。我々の自己（私と汝）はどこまでも働くもの（1―3　働くもの）と考えられる（NKZ6-399-9　意識が志向的であるといふことが既に意識は存在として自己否定を含んで居るといふことができるであらう）（臨死体験がこれで説明できるかも）。しかし、我々の自己（私と汝）は、単に物質の如く、空間的に働くところにあるのでもない、また単に非空間的に、すなわち時間的に、いわゆる精神的に、意識作用的に働くところにあるのでもない。どこまでも時間空間（動・静）の矛盾的自己同一的に、絶対現在（只今）（刹那）の自己限定（時間面的自己限定・無・空間面的自己限定）（自己表現的個・無・自己表現面的限定）→（時間面・無・空間面）（精神・無・物質）として創造的に働くところ（世界的世界）（時間面的空間的世界）（私の意識・無媒介的媒介・非連続的連続・汝の意識）にあるのである。いわゆる時間空間を超越して、自己（無）（汝）において世界（場所的有）（絶対無）を映すことによって働く、すなわち知って（意識界・無・物質界）（時間面・無・空間面）働くところ（個と個）（私と汝）（一つの世界・非連続的連続・無媒介的媒介・一つの世界）（時間面的空間的世界）にあるのである。我々の自己（私と汝）の奥底には、どこまでも歴史（八八、百八）的に自己自身（神が相互限定している自我）を形成（発生）するものがあるのである。我々の自己（自我）は、そこから生まれ、そこから働き、そこに死に行くということができる。

六

我々（私と汝）の自己（自我）の奥底には、どこまでも我々の意識的自己（自我）を越えたもの（一つの世界・一つの世界）（私の意識・汝の意識）があるのである。しかも、それは我々の自己（私）に外的なるのではなく、意識的自己（自我）というのは、そこから成立（個と個、NKZ6-348-5　共同意識、NKZ6-400-4　個人的自己の意識統二）するのである（答えは問所にあり「デカルト哲学について」）、そこから考えられるのである。それは単に無意識とか本能的とかいうものではない。爾《しか》考えるのが（知的自己的、デカルト的）対象論理的錯誤である。知る（自己表現的個・無・2－1　自己表現面的限定）↓（時間面・無・空間面）（私・無・汝）（行為的直観）ということは、自己（自我）が自己（自我）を越えることである、自己（自我）（個）が自己の外（個と個）（一つの世界・一つの世界）（私と汝）に出ることである。しかも、逆に物（自然）（物質）が自己（NKZ6-341-8　物体界）となること、物（時間面・無・空間面）（意識界・無・物質界）（質料・無・形相）が我々の自己を限定する（述語面的自己限定・無・主語面的自己限定）ことである。知る（見性）（行為的直観）という作用は、知るもの（NKZ6-400-4　個人的自己の意識、私、個）と知られるもの（NKZ6-400-4　個人的自己の意識、汝、個）との矛盾的自己（質料・無・形相）同一において成立するのである（質料・無・形相）（時間面・無・空間面）（精神・無・物質）（述語面的自己限定・無・主語面的自己限定）（私と汝）（NKZ6-348-5　共同意識）。無意識とか本能とかいうものからが、既にかかる作用であるのである（勉強していませんがフロイトと思われます）。私の行為的直観（私と汝）というも、これにほかならない。我々の自己（私）（自我）の自覚の奥底には、どこまでも自己（自我）を越えたもの（一つの世界・一つの世界）（私の意識・汝の意識）があるのである。我々の自己（自我）が自覚（行為的直観）的に深くなればなるほど、爾いうことができる。内在即超越（衆生あって仏がある）（時間面・無・空間面）、超越即内在的（仏があって衆生あり）（時間面・無・空間面）に、すなわち矛盾的自己（質料・無・形相）同一的に、我々（私・汝）の自己（自我）はそこから働く（相互否定即肯定）のである。そこには、直観（行為的直観）（時間面・無・空間面）（一つの世界・一つの世界）（私・汝）というものがなければならない。行為的直観とは、かかる否定を媒介とした弁証法的過程をいうのである。そこに、いわゆる判断的弁証法を越えて、絶対否定的弁証法があるのである。しからざれば、それは弁証法といっても、抽象的意識的自己（デカルト、カント的我）の意識内の事（我考える故に我あり）（素材と援助）たるにすぎない。もし私の行為的直観（私と汝）（時間面・無・空間面）というものを知的直観（単なる理性）（私と対象、理性がなした素材と援助）（ドクサ）の如く解するならば、それはカント哲学の立場⑽からの曲解にすぎない。

4―19　矛盾的自己（質料・無・形相）同一の根柢に徹することを、見性（自覚、反省）というのである。そこには、深く背理の理というものが把握せられなければならない。禅宗にて公案というものは、これを会得せしむる手段にほかならない（体験世界も追試が必要です）。

芸術的直観というごときものは、自己（自然）を対象化（私と対象界）して見る見方である。私の行為的直観とは、逆の見方である。私の行為的直観というのは、どこまでも意識的自己（自我）を越えた自己（主）（心霊）（NKZ6-341-8　物体界）の立場（私と汝）（見る意識と映す意識）→（自己表現的個・無・自己表現面的限定）（衆生あって仏がある）から物を見ること（時間面・無・空間面）（意識界・無・物質界）（作用界・無・対象界）（質料・無・形相）（仏があって衆生あり）である。

七

我々（私と汝）の自己（自我）の根柢には、どこまでも意識的自己（自我）を越えたもの（私と汝）（自分ともう一人の自分）（自分と他人）があるのである。これは我々の自己（私と汝）の（西田博士の終末論における）自覚（時間面・無・空間面）的事実（私の意識・無・汝の意識）（NKZ6-400-4 個人的自己の意識・無媒介的媒介・非連続的連続・個人的自己の意識）である。

自己自身（私・統一・汝）の自覚（見性）（行為的直観）の事実（絶対無）（共同意識）について、深く反省（見性）（分析）する人は、何人《なんぴと》もここ（私と汝）（自分ともう一人の自分）に気づかなければならない（同意します）。鈴木大拙はこれを霊性（パウロなら主）という（日本的霊性）（宗教的体験、西田は心霊、上田は限りない開け、いわゆる西田博士の言われる終末論、内在的超越。パウロの言われる終末論は超越的内在）。しかして、精神の意志の力は、霊性に裏づけられることによって、自己（我）を超越する（分別と無分別）（私と汝）といっている。霊性的事実（物体界）（主の場）(3)というのは、宗教的ではあるが、神秘（神人合一）的なるものではない。元来、人が宗教を神秘的と考えること、その事が誤りである（同意します）（心の中の出来事です）。科学的知識というものも、この立場によって基礎づけられるのである。科学的知識は、単に抽象的意識的自己（自我、ego）の立場から成立するのではない。私がかつて論じた如く、身体的自己（心・身体）の自覚の立場（3－12 動・静）（時間面・無・空間面）から成立するのである（「物理の世界」参照）（生物の進化の過程を見れば物質、タンパク質があって心、精神が成立すると思います）。宗教的意識というのは、我々の生命の根本的事実として、学問、道徳の基でもなければならない（同意します）。宗教心というのは、特殊の人の専有ではなくして、すべての人（2－14 絶対の悪人まで）の心の底に潜むものでなければならない〔ロマ書 11－28 選び（神の召し）について言えば、父祖たちのゆえに、神に愛せられる者（神の創造物）（キリスト）である〕。ここに気づかざるものは（1－7「対象論理的独断者）（いまさら西田哲学でもあるまい、と言われている方）（テモテ 2－4－1 生きている者）、哲学者ともなり得ない。

〔門外漢の僕が次のように申し上げては恐縮しますが、いまさら西田哲学でもあるまい、と言われている方は、哲学を、宗教を、それに学問を放棄された方であり、それこそ「対象論理的独断」者であると思います。たとえ信仰から神を論じられても、それは信仰心、信仰生活を語るだけであると思います、――僕は信仰を否定しません――「4―16　理性はどこまでも内在的である、人間の立場である。それは絶対者との交渉（私・汝）の途ではない」なのです、ここからは神について何も出てきません。何故かと言いますと、ここでの「理性」は一応「我」と解釈します。西田哲学はその、我考える故に我あり、の「我」、「自己」の「意識」の立つところ、成立するところ、「意識・物質」、「心・身体」を、「理性」の成立するところ、「自己の、我の在処」を、「NKZ6-368-9　物質即精神なる神」を論じていらっしゃいます。西田哲学で、我考えるゆえに我あり、を言い表しますと、時間面的自己限定・無・空間面的自己限定、ゆえに時間面的空間的世界あり、我、我と汝ゆえに我と汝あり、となります。博士はこれらの根柢を論じていらっしゃいます。

西田博士が「矛盾的自己（質料・無・形相）同一の根柢に徹することを、見性（自覚、反省）というのである。そこには、深く背理の理というものが把握せられなければならない。禅宗にて公案というものは、これを会得せしむる手段にほかならない」と言われているように、追試して是非とも看脚下してみてください、幾つかの公案を解かれたのなら、自ずと西田哲学を読むことが出来るようになります。神話友達のような体験ができなかった僕の場合は「それなりに」がつきます、一番心配なのは、論文を読んでいてよくわかったが、どんぶり勘定が好きな僕の頭です」

パウロも、体験者に宛てた手紙で同じようなことを言っていらっしゃいます。

エペソ　3―3　すなわち、すでに簡単に書きおくったように、わたしは啓示（主の推薦）（ロマ書11―29　神の召し）（時間面・無・空間面）によって奥義（神の見えない性質）（本覚、始覚）を知らされたのである。

3―4　あなたがたはそれを読めば、キリスト（神・被造物）（西田博士は私と汝）（インマヌエル）の奥義（ロマ書　4―17　無から有をよびだされる神）（本覚、始覚）をわたしがどう理解しているかがわかる。

八

宗教心というのは、何人《なんびと》の心の底にもある（同意します。僕たちは被造物、キリストです）。しかも、多くの人はこれに気づかない。たとい、気づいた人があっても、入信の人は少ない（僕は、入信はしていないですが、困った時の助けにしています）。入信とは、いかなることをいうか。宗教（行為的自己）的信仰とはいかなるものであるか。人は往々、宗教（行為的自己）的信仰と主観（知的自己）（我）的信仰とを混同している。はなはだしいのは、意志の力によるものの如くにも考えている。しかし、宗教的信仰とは、宗教的事実〔ロマ書1―17　神の義（事実）は、その福音の中に啓示され、信仰に始まり信仰に至らせる〕（体験世界）（主）でなければならない、我々の自己（自我）に絶対の事実（私と汝）（パウロは私と対象界、コリント　2―6―17　分離せよ）でなければならない、大拙のいわゆる霊性（西田の心霊、上田の限りない開け）（主）の事実（分別・無分別　大拙）（私と汝）であるのである。我々の自己（自我）の底にはどこまでも自己（自我）を越えたもの（時間面的自己限定と空間面的自己限定）（私の意識と汝の意識）があるのである、しかもそれは単に自己（自我）に他なるものではない、自己（心・身体）の外にあるものではない。そこに、我々の自己（人間）の自己（私と汝）矛盾がある。ここに、我々（私と汝）は自己（自我）の在処《ありか》に迷う。しかも、我々の自己（自我）がどこまでも矛盾的自己同一的に、真の自己自身（自我を創造している神）を見いだすところに、宗教（行為的自己）的信仰（親鸞）というものが成立する〔4―16　念仏の申さるる（分別）も如来の御はからひ（無分別）なり〕のである。故に、それを主観的には安心といい、客観的には救済という〔ロマ書　1―17　神の義（事実）は、その福音の中に啓示され、信仰に始まり信仰に至らせる〕（パウロの場合は超越的内在、アブラハム）。

九

我々（私と汝）は通常、我々の自己（自我）の本源を外に主語的方向（超越的内在）に考えているか、あるいはまた内に述語的方向（カント）に考えている。外（空間面）に主語的に考える時、我々の自己（自我）は欲求的（マルクスと商品）（パスカルと貴いもの）（2―1　外を内に映すこと）である。内に（時間面）、述語的に考える時、我々の自己（自我）は理性的（カント）である。しかし、既にいった如く、我々の自己（私と汝）（意識）の根源は、そのいずれにあるのでもない。心理的にいえば、単に感官的なるものにあるものでもなければ、単に意志的なるものにあるのでもない。両方向の絶対矛盾的自己（絶対無）同一にあるのである（論理から自己へである「デカルト哲学について」）（主客の対立、相互関係も、そこから考えられる立場「デカルト哲学について」）。故に、我々の自己（自我）が宗教的信仰に入るには、我々の自己（自我）の立場の（主の推薦に於ける）絶対的転換〔1―9　そこから絶対に（見性、反省、主に於いて）翻《ひるがえ》らなければならない〕がなければならない。これを回心というのである。故に、回心（5―2　主の僕）ということは、往々、人が考える如くに、相反する両方向の一方から他方へと、過程的にということではない。我々の自己（自我）は、動物的でもなければ、天使的でもない。この故に、我々は迷える自己（自我）（凡夫）である。一転して、その矛盾的自己同一において（主、心霊、霊性、体験によって）安住の地を見いだすのである。それは直線的対立において、単に一方向から逆の方向へということではなくして、親鸞聖人のいわゆる横超的《おうちょうてき》でなければならない（アブラハム）(23)、円環的でなければならない。ここでも、対象論理的（デカルト、カント的）には、宗教というものは考えられないといい得るのである。故に、宗教的回心とか、解脱《げだつ》とかいっても、一面に欲求的に、一面に理性的なる、この意識的自己（自我）を離れるということはできない、まして無意識的となるなどということはできない。そこでは、ますます明瞭に意識的とならなければならない、むしろ叡智的とならなければならないのである。どこまでも我々の判断的意識的自己（自我、ego）すなわち分別的自己（自我）を離れることはできない（故に「1－14　具体的となるにしたがって」環境を知ることが出来る）。大拙はこれを無分別（汝）の分別（私）（自我）という。霊性（主）（福音）とは無分別の分別である。これを単に無意識と考えるものは宗教的意識というものについて、何らの理解なくして、ただ対象論理の（デカルト的）立場から宗教的意識を推論するによるのである。

1－1　宗教は心霊上（心）の事実（私と汝）である。哲学者が自己の体系の上から宗教を捏造《ねつぞう》すべきではない。哲学者はこの心霊上（心）の事実（心の作用と心の内容）（ノエシス・ノエマ）を説明せなければならない。それには、まず自己に、ある程度にまで（心霊、主によって）宗教心というものを理解していなければならない（同意します）。

十

私は、前節において、我々（私と汝）の自己（自我）は神の絶対的自己（無）否定の肯定として成立する、それが真の創造ということであるといった。真の絶対者（絶対無）（無）は単に自己自身（質料・無・形相）の対を絶するものではない。それならば、単に絶対否定的なるもの、逆に相対的なるものたるを免れない。真の絶対者とは、自己自身（私・統一・汝）において、絶対の自己（自我）否定に面するもの（無）でなければならない、自己自身（統一している私と汝）の中に絶対否定を包むもの（絶対無）（1―3　働くもの）（場所）でなければならない。絶対矛盾的自己同一的に自己自身（時間面・相互限定・空間面）（意識界・無・物質界）を媒介するもの、般若即非の論理的に、絶対否定によって、自己自身（時間面的自己限定・無・空間面的自己限定）を媒介するもの（無）（場所）でなければならない。我々の自己（私と汝）は、神の絶対否定的自己媒介（無）（NKZ6-347-4　場所的切断）（協調）（コンポッシブル「予定調和を手引として宗教哲学へ」）によって成立するのである。私がいつもいう如く、絶対的一者の個物（質料・形相）的多的自己否定の極限（質料・無・形相）（絶対無）（場所自身）（直接経験）として成立するということができる。そこに、我々（私と汝）の自己（自我）は、絶対的一者の自己（場所的有）（絶対無）（意識）射影点として神の肖姿《にすがた》であり、絶対意志的（絶対無、意志作用的有）（2―12　自己射影点）（私と汝）でもあるのである。我々の自己（自我）は絶対の自己（自我）（無）否定において自己自身（私・統一・汝）（時間面・無・空間面）を有つ、自己自身（統一している私と汝）の死（無）を知るところに自己自身（時間面的自己限定・無・空間面的自己限定）（質料・無・形相）（共同意識）（絶対無）（場所自身）（無自身）であり、永遠に死すべく生まれるのである。人はしばしば大なる生命に生きるために死ぬるという、死んで生きるという。

しかし、死んだものは永遠の無（時間面的自己限定・無・空間面的自己限定）に入ったものである。一度死んだものは永遠に生きない。個（我）は繰り返さない。人格は二つない。もし、爾《しか》考え得るものならば、それは最初から生きたものではないのである。外的に考えられた生命である。しからざれば、自己自身（私・統一・汝）の人格的生命（時間面的自己限定）（自我）を単に理性的と考えているのである。道徳家は多く爾考えている。理性（述語面的自己限定）は生死するものではない。そこでも生命というものが外的に考えられているのである。また、単に生死するものは、永遠に輪廻《りんね》するものである。それは永遠の死である。永遠の生命は生死《しょうじ》即涅槃《ねはん》というところにあるのである(26)。

十一

我々（私と汝）の自己（自我）と神すなわち絶対者との関係は、しばしばいう如く、大燈国師の語がもっともよく言い表わしているのである。どこまでも逆対応的である、絶対（対を絶するものではない）に逆対応的であるのである。そこに、生死即涅槃といい得るのである（僕は死んでいないので、分かるような、分からないような、なんとなく分かったつもりです。つまり、身体が知らないのです。しかし、公案の解から見れば、それなりに理解出来ます）。我々の永遠の生命（劫）とは、此《ここ》に考えられねばならない。我々の自己（自我）が生命を脱して不生不滅の世界に入るというのではない。最初から不生不滅であるのである（不生で一切がととのいまするわいのう　盤珪禅師）。即今即永遠であるのである。故に、慧玄会裏《えげんえり》無生死(27)という。ただ、我々は、対象論理的に、我々の自己（空間面）を対象的存在（滝沢博士、マルクス、ヘーゲル）と見るところから、どこまでも生死するのである、無限に輪廻するのである。そこに、永遠の迷いがあるのである。私は対象論理を迷いの論理というのではない。場所（場所的有）が矛盾的自己（質料・形相）同一的に、自己（質料・無・形相）において自己（無）を限定するという時、それは対象論理的でなければならない。ただ対象論理的（時間面・無・空間面）（我と有）（私と有）（意識界・無・物質界）に限定せられたもの（ヘーゲルの自己疎外的精神、マルクスと類）、考えられたもの（キリスト教）（人格神）を、実在としてこれに執着するところに迷いがあるのである。宗教においてのみならず、科学的真理においても、かくいうことができるのである。我々は自己（自我）の永遠の死（時間面的自己限定・無・空間面的自己限定）→（無）を知る。そこに自己（自我）がある。しかし、その時、我々は既に永遠の生に於いてあるのである。矛盾的自己同一的に、かく自己（自我）が自己（私と汝）の根源（絶対無）（質料・無・形相）に徹することが、宗教的入信である、回心（5―2　主の僕）である。

〔ロマ書　1―17　神の義（事実）は、その福音（主、心霊、宗教的体験）の中に啓示（時間面・無・空間面）され、信仰に始まり信仰に至らせる〕、〔ロマ書　4―17　彼（アブラハム）はこの神、すなわち、死人を生かし（ロマ書　7―10　わたしは死んだ）（死即生）、無（ロマ書　1―20　神の見えない性質）から有（事）を呼び出される神を信じたのである〕

しかして、それは対象論理的（今日のキリスト教的）に考えられた対象的自己（人格神）の立場からは不可能であって、絶対者そのものの自己（質料・無・形相）（私と汝）限定として（NKZ6-368-9 物質即精神なる）神の力と云わざるを得ない。信仰は恩寵《おんちょう》である。我々の自己（私と汝）の根源（阿頼耶識）（本覚）（エペソ　1―22　教会）に、かかる神の呼声があるのである。私は我々の自己（自我）の奥底に、どこまでも自己（自我）を越えて（私と汝）、しかも自己（自我）がそこからと考えられるものがあるというゆえんである。そこから、生即不生、生死即永遠である。

十二

私は私の生命論において、我々の生命の世界というのは、絶対現在（自己表現的個・無・自己表現面的限定）の自己限定として、自己自身（時間面・相互限定・空間面）の中に自己（汝）（自己表現的個）を表現し（動・静）（自己表現的個・無・自己表現面的限定）↓（時間面・無・空間面）、時間的空間的に作られたもの（私と汝）から作るもの（場所的有）へと、どこまでも自己自身（神が相互限定、創造している自我）を形成（発生）し行くところに成立するといった。我々の生命は絶対現在（NKZ6-341-8　物体界）の自己（私と汝↓自己表現的個・無・自己表現面的限定）（衆生あって仏がある）↓（時間面・無・空間面）（仏あって衆生あり）限定として成立するのである。空間面的自己限定（汝の表現）に即してどこまでも生物的（物質的）であるが、逆にどこまでも時間面的自己限定（私）に、表現的自己（4―1　自己表現的個）↓（汝）形成的に、意識的（時間面・無・空間面）である、精神的である。その極限において、絶対現在（自己表現的個・無・2―1　自己表現面的限定）↓（時間面・無・空間面）（絶対無）であるそのものの自己（絶対無）限定として、いつも生命のアルファ（始め）（創造）即オメガ（終り）（創造物）的に、我々の生命は即今即絶対現在的（只今）（自由）（非連続的連続）であるのである。故に、我々の自己（私と汝）は、いつも時間空間（動・静）を超越して、絶対現在の世界を、すなわち永遠の過去未来（ノエマ・ノエシス）を自己（創造物）（自我）に表現する（時間面・無・空間面）ことによって自己自身（時間面的自己限定・無・空間面的自己限定）（私と汝）

（場所自身）を限定すると考えられるのである。そこに、我々は永遠の生命を有《も》つのである。念々（刹那刹那　電子辞書）に生死してしかも生死しない生命（質料・無・形相）（場所）（瞬時に生まれ、瞬時に死す　神話友達）を有つのである。絶対の自己（我）否定を含み、絶対の無（3－12　絶対的なるものは、対を絶したものではない）にして自己自身（時間面的自己限定・無・空間面的自己限定）↓（時間面・無・空間面）を限定（直接経験）する絶対者の世界は、どこまでも矛盾的自己同一的に自己自身（私・統一・汝）の中に自己（汝）を表現する、すなわち自己（共同意識）において自己（質料・無・形相）（私）に対立するもの（汝）（場所的有）↓（述語面的自己限定・無・主語面的自己限定）を含む、絶対現在の世界（述語面的自己限定・無・主語面的自己限定）（私・非連続的連続・無媒介的媒介・汝）（1－7　時間面的空間的世界）〔2－7　自己が自己矛盾的に自己に対立するということは、無が無自身に対して立つ（只今）（自由）（物質から精神）（意識）（理性的）ということである〕でなければならない。応無所住而生其心《おうむしょじゅうにしょうごしん》といわれるゆえんである。中世哲学において神を無限球に喩《たと》えた人は、周辺なくして至るところが中心となるといった。これは正しく私のいわゆる絶対現在（時間面的自己限定・無・空間面的自己限定）（自己表現的個・無・自己表現面的限定）の自己（NKZ6-341-8　物体界→時間面・無・空間面）限定である。これを我々の自己（私と汝）の霊性上（パウロは主、西田は心霊、上田は限りない開け）の事実（私と汝）において把握（見性、行為的直観）せないで、単に抽象論（デカルト、カント）（1－2　単なる理性）（今のあなた）的に解するならば、これらの語は無意義なる矛盾概念にすぎない（体験世界も追試が必要です）。しかし、絶対的なるものは、対を絶したものではない。絶対者の世界は、どこまでも矛盾的自己同一的に、多と一との逆限定的に、すべてのものが逆対応の世界でなければならない。般若即非の論理的に、絶対に無なるが故に絶対に有であり、絶対に動なるが故に絶対に静であるのである。我々の自己（私と汝）は、どこまでも絶対的一者と、すなわち神と、逆限定的に、逆対応的関係にあるのである。

十三

我々（私と汝）の生命において、いつも即今即絶対現在的ということは、ただ抽象的に時を超越するということではない。一瞬も止まることなき時の瞬間は（汝の表現）、永遠（劫）の現在と逆限定的に、逆対応的関係においてあるのである。故に、生死即涅槃である。自己自身（神が創造している自我）を超越することは、どこまでも自己（私と汝）（絶対無）（物質即精神）に返ることである。真の自己（絶対無）（場所）（心・身体）となることである。諸心皆為非心、是名為心(28)というゆえんである。心即是仏、仏是即心の義も、ここに把握せなければならない。対象論理的に我々の心と仏とが同一というのではない。般若真空の論理は、西洋論理的には把握せられないのである（追試してみてください）。仏教学者も、従来この即非の論理を明らかにしていない。我々の自己（自我）が自己自身（私・統一・汝）の根柢に徹して絶対者（無）に帰するということは、この現実を離れることではない、かえって歴史的現実（創造物）（人間）の底（絶対無）（場所）に徹することである。絶対現在（コリント　2－10－18「主の推薦」の場）（私と汝）の自己（時間面・無・空間面）限定として、どこまでも歴史的個（創造物）となることである。故に、透得法身無一物、元是真壁平四郎という。南泉は平常心《びょうじょうしん》是道《ぜどう》といい、臨済は仏法無用功処、祇是平等無事、屙屎送尿、著衣喫飯、困来即臥という(29)。これを洒脱無関心とでも解するならば、大いなる誤りである。それは全体作《ぜんたいさ》用《ゆう》的に（主の場）、一歩一歩血滴々地なるを示すものでなければならない。分別知（我）を絶するということは、無分別（鈴木大拙博士の無分別とは全く違います）となるということではない。道元のいう如く、自己（自我）が真の無となることである。仏道をならうというは自己（人はもともと仏である）をならうなり、自己をならうとは、自己（自我）をわするるなり、自己（自我）をわするる（無）とは、万法に証せらるるなり（無分別　大拙）といっている。科学的真に徹することも、これにほかならない。私はこれを物（意識界）（場所的有）となって見（時間面・無・空間面）、物（場所的有）（私と汝）（自己表現的個・無・自己表現面的限定）となって聞く（時間面・無・空間面）という。否定すべきは、抽象（デカルト、カント、知的自己、我、今のあなた）的に考えられた自己（我）の独断（ドクサ、神とはこのようにあるべきだ）、断ずべきは対象的（私と神様）に考えられた自己（人格神）への執着（思い込み、ドクサ）であるのである。

十四

我々の自己（自我）が宗教的になればなるほど、己《おのれ》を忘れ、理を尽くし、情を尽くすに至らなければならない。何らかの形式に囚《と》われるならば、それは宗教の堕落である。教条（教会が公認した教義を箇条として表現したもの。信仰箇条　電子辞書）というのは、我々（私と汝）の命根《めいこん》を断つ刃《やいば》にすぎない。ルターも、ローマ書の序言において、信仰は我々の内に働き給う神の業なり〔ロマ書　1－17　神の義（事実）は、その福音（主、神の召し、心霊、宗教的体験）の中に啓示され、信仰に始まり信仰に至らせる〕、ヨハネ伝第一章にあるように、我々を更《か》えて新しく神から生まれさせ（回心、翻る）、古いアダム（凡夫）を殺し、心も精神も念《おも》いもすべての力とともに、我々をまったく他の人（主の僕）となし、さらに聖霊を伴い来たらすといっている。

パウロに傾倒されたルターは、『キリスト（主イエス・キリスト）もまた、ヨハネ六章で、「すべてのキリスト者は神（ロマ書　4－17　無から有を呼び出される神）によって教えられるべきである」（四五節）』と、言われたと述べていらっしゃいます。「ルター『ドイツのキリスト者貴族に与える書』聖文舎（22頁）、日本聖書協会　1986「かれらはみな神に教えられるであろう」」

ルカ　17－20　神の国はいつ来るのかと、パリサイ人が尋ねたので、イエスは答えて言われた、「神の国は、見られるかたち（私と神様）で来るものではない。また『見よ、ここにある』『あそこにある』（心の外にある）などとも言えない。神の国は、実にあなたがたのただ中（西田の自己）（パウロのキリスト）にあるのだ）」

ロマ書　11－28　選び（神の召し）について言えば、父祖たちのゆえに、神に愛せられる者（インマヌエル）（神の創造物）（キリスト↓神・被造物）である。

テモテ　1－2－4（無から有を呼び出される）神は、すべての人が救われて、真理（テモテ　1－1－17　見えざる唯一の神、ロマ書　4－17　無から有を呼び出される神）を悟るに至ることを望んでおられる。

禅宗では、見性成仏《けんしょうじょうぶつ》というが、かかる語は誤解せられてはならない。見といっても、（心の）外に対象的に何ものかを見るというのではない。また内に内省的に自己自身（我考える故に我あり）を見るというのでもない。自己（自我、ego）は自己自身（我考える故に我あり）を見ることはできない、眼は眼自身を見ることはできないと一般である。然《さ》らばといって超越的（我々の外）に仏を見るというのではない。そういうものが見られるならば、それは妖怪《ようかい》であろう。見（見性、反省）（私と汝）というのは、自己（自我）の転換（翻すこと、回心）をいうのである。入信というと同一である（ロマ書　1―17　神の義は、その福音の中に啓示され、信仰に始まり信仰に至らせる）。いかなる宗教にも、（「2―19　自己否定的努力」で）自己（自我）の転換ということがなければならない、すなわち（主による）回心（5―2　主の僕）ということがなければならない。これがなければ、宗教ではない。この故に、宗教は、哲学的にはただ場所的論理によってのみ把握せられるのである。

十五

右の如く、我々の自己（自我）が矛盾的自己（質料・無・形相）同一的に自己自身（質料・無・形相）（場所自身）の根柢に帰し、すなわち絶対者に帰し、絶対現在の自己（自己表現的個・無・自己表現面的限定）→（時間面・無・空間面）限定として、即今即絶対現在的に、どこまでも平常的、合理的ということは、一面に我々の自己（私と汝）がどこまでも歴史的個（人間）（個と個）として、終末論（NKZ6-341-8　物体界）（主、宗教的体験、見性、反省、西田の、パウロの終末論）的ということでなければならない。即今即絶対現在（只今）（瞬間）（刹那）ということが、我々の自己（自我）が時間的・空間的世界（動・静）の因果を越えて自由（絶対無）（場所自身）（物質から精神）（意識）（只今）（私・NKZ6-386-10　無媒介的媒介、非連続的連続・汝）（時間面的空間世界）→（我）ということであり、思惟ということもそこからであるのである（主客の対立、相互関係も、そこから考えられる立場「デカルト哲学について」）。我々の自己（自我）の抽象的思惟（我考える故に我あり）も、実はここに基礎づけられる（場所）（時間面的空間的世界）のである。しかして、それは逆に我々の自己（自我）が絶対現在の瞬間的自己（動・静）（時間面・無・

空間面）限定的に、いつも逆対応的に、絶対者に対しているということでなければならない（行為的直観）。ティリッヒの小論文においての、カイロス（逢着、体験、遭遇）とロゴス（キリスト教では「神の言」電子辞書）との関係ごときも、ここから考えられなければならない（P. Tillich, Kairos und Logos）。学問も道徳もここに基礎づけられるのである。

5―2　西田博士の終末論

私（西田博士）（鈴木大拙博士、上田閑照博士、親鸞　内在的超越）（パウロ、滝沢克己博士、ヘーゲル、マルクス　超越的内在）の終末論（反省、見性）（主の推薦、限りない開け）（宗教的体験）的というのは、キリスト教のそれと異なっている。（今日のキリスト教の言う）対象的超越的の方向〔2―9　主語的超越的に君主的Dominus（主　電子辞書）なる神〕（人格神）に考えられたものではなくして、絶対現在（NKZ6-341-8　物体界）（私と汝）（自己表現的個・無・自己表現面的限定）（衆生あって仏がある）の自己（時間面・無・空間面）（仏あって衆生あり）（行為的直観）（場所的有）（共同意識）限定として内在的超越（個と個）（一つの世界・一つの世界）（私・汝）の方向に考えられた（反省）（見性、行為的直観）ものである。我々（私と汝）の自己自身（私・統一・汝）の底に、何ものも有するところなく、どこまでも無（場所）にして、逆対応的に絶対的一者（絶対無）に応ずる（NKZ6-399-8　意識と意識が話し合う）（私と汝が話し合う）のである。我々の自己（私と汝）がどこまでも自己自身（私・統一・汝）の底に、個（一つの世界）（自分）（私）の尖端（一つの世界・一つの世界）（私と汝）において、自己自身（神が創造している自我）を越えて（一つの世界・一つの世界）絶対的一者（絶対無）に応ずる（NKZ6-399-8　意識と意識が話し合う）（絶対無↓私・非連続的連続、無媒介的媒介・汝↑絶対無）（時間面的自己限定・無・空間面的自己限定）（質料・無・形相）（共同意識）ということは、そこに我々の自己（我、自分）がすべてを超越するということである、絶対現在（私と汝）の自己（時間面・無・空間面）限定としての、この歴史的世界（自我）を超越（独立性）（私と汝）（時間面・無・空間面）することである。過去（α）（創造）（物質）未来（ω）（創造物）（意識）を超越（絶対無の場所）（共同意識）（無自身）（場所自身）（直接経験）することである。そこに、我々の自己（自我）は絶対自由（物質から精神）（只今）（生かせたる　神話友達）である。

パウロの終末論、「福音」、「啓示」、「主」とは、次のことです。

エペソ　3－3　すなわち、すでに簡単に書きおくったように、わたしは（主の推選による）啓示（時間面・無・空間面）によって奥義（無即有）（ロマ書　1－20　神の見えない性質）（本覚、始覚）（教会）を知らされたのである。3－4　あなたがたはそれを読めば、キリスト（神・被造物）（インマヌエル）の奥義（無から有をよびだされる神）（本覚、始覚）（教会、神の召し）をわたしがどう理解しているかがわかる。

ロマ書　1－17　神の義（事実）は、その福音（主）の中（場）に（1－20　意志作用的有によって）啓示（時間面・無・空間面）され、信仰に始まり信仰に至らせる。これは、「信仰による義人は生きる」と書いてあるとおりである。

ロマ書　4－17　彼（アブラハム）はこの神、すなわち、死人を生かし（ロマ書　7－10　わたしは死んだ）（生かせたる　神話友達）、無（ロマ書　1－20　神の見えない性質）から有（事）を呼び出される神を信じたのである。

18　神の怒りは、不義をもって真理をはばもうとする人間のあらゆる不信心と不義とに対して、天から啓示（時間面・無・空間面）される。19　なぜなら、神について知りうる事がらは、彼ら（知者達）

（神・被造物↓キリスト）（インマヌエル）には明らかであり（本覚、コリント　２－３－３　石の板にではなく人の心の板に書かれたもの、神の宮、エペソ　１－22　教会）（「テモテＩ－３－16　諸国民の間に伝えられ」ている）（パウロのキリスト↓神・被造物）、神がそれを（主の推選において）明らかにされたのである（見性、始覚、コリント　２－６－16　出入りをするであろう）。20　神の見えない性質（無）、すなわち、神の永遠の力と神性とは、天地創造このかた、被造物（主の僕）（御使い）（預言者）（人間）において知られていて（自覚）（始覚）（心霊、霊性、コリント　２－６－16　出入りをするであろう）、明らかに認められるからである〔ロマ書　４－17　彼（アブラハム）はこの神、すなわち、死人を生かし（ロマ書　７－10　わたしは死んだ）（生かせたる　神話友達）、無（ロマ書　１－20　神の見えない性質）から有（事）を呼び出される神（無即有）を信じたのである〕。したがって、彼ら（知者達）（パウロのキリスト↓神・被造物↓インマヌエル）には弁解の余地はない。

21　なぜなら、彼らは神を知っていながら（本覚、コリント　２－３－３　心の板に書かれたもの、教会、神の宮）（西田の自己、パウロのキリスト↓神・被造物）〔ロマ書　11－28　選び（神の召し）について言えば、父祖たちのゆえに、神に愛せられる者（神の創造物、キリスト↓神・被造物）である〕神としてあがめず、感謝もせず、かえってその思いはむなしくなり、その無知な心は暗くなったからである。22　彼らは自ら知者と称しながら、愚かになり、23　不朽の神の栄光を変えて、朽ちる人間や鳥や獣や這うものの像に似せたのである。

24　ゆえに、神は、彼ら（被造物）が心の欲情にかられ、自分のからだを互にはずかしめて、汚すままに任せられた。25　彼ら（被造物）は神の真理（ロマ書　１－20　神の見えない性質）（ロマ書　４－17　無から有を呼び出される神）（無即有）を変えて虚偽とし、創造者（無から有を呼び出される神）の代りに被造物（ナザレの覚者、主の推選を受けられたナザレの主イエス・キリスト）を拝み、これに仕えたのである（５－12　俗権）。創造者（ロマ書　4－17　無から有を呼び出される神）こそ永遠にほむべきものである、アァメン。

聖書　日本聖書協会　1986　1955年改訳

コリント人への第二の手紙

コリント　2－3－1　わたしたちは、またもや、自己推薦をし始めているのだろうか。それとも、ある人々のように、あなたがたにあてた、あるいは、あなたがたからの推薦状が必要なのだろうか。2　わたしたちの推薦状（指し示すもの）は、あなたがた（被造物）（西田の自己、パウロのキリスト）（コリント　2－6－16　神の宮）（本覚）（教会）なのである。それは、わたしたちの心にしるされていて（コリント　2－3－3　人の心の板に書かれたもの）（コリント　2－6－16　神の宮）、すべての人に知られ（本覚）（インマヌエル）（神の宮）（教会）、かつ読まれている（始覚）（見性）（心霊）（霊性）（宗教的体験）（コリント　2－6－16　出入りをするであろう）。

わたしたちが「指し示すもの」はあなたがた自身（インマヌエル、人はもともと仏である）なのである。なぜなら「指し示すもの、神と呼ぶところのもの」は、わたしたちの心にしるされていて、すべての人はその「指し示すもの、神」に影響を受け、生活し、なおかつ御使い達や体験者達に福音の場、宗教的体験の場において読まれ、解読され、主に「テモテ　1－5－21　選ばれた御使いたち（選民）」によく知られている。

そして、これらのことは「テモテ　1－3－16　キリスト（神）は肉（被造物）（人間、インマヌエル）において現れ」、「御使いたちに見られ」ているということです。

コリント　2―3―3　そして、あなたがたは自分自身が、わたしたちから送られたキリスト（神・被造物）（インマヌエル）（パウロの論理）（本覚、始覚）の手紙であって、墨（文字）によらず生ける神（インマヌエル、人はもともと仏である）の霊（主）によって書かれ、石の板（石盤）にではなく人の心の板に書かれたもの（神の宮、教会）であることを、はっきりとあらわしている。

そして、あなたがた自身が、私達から送られたキリスト（神・被造物）（インマヌエル）の手紙――パウロの体験世界の論理そのものであって、文字によらず生ける神の霊によって書かれ、石盤にではなく「人の心の板に書かれたもの」、教会、本覚、「人はもともと仏である」、「インマヌエル」「2―17　仏あって衆生あり」であることを、わたしたちは手紙ではっきりとあらわしている。ですから、「人の心の板に書かれたもの」なので、「テモテ　I―3―16　諸国民の間に伝えられ」ているのです。

コリント　2―6―16　神の宮（エペソ　1―22　教会、本覚）と偶像となんの一致があるか。わたしたちは、生ける神の宮（人はもともと仏である）（キリスト↓神・被造物）である。神がこう仰せになっている、「わたしは彼らの間に住み（本覚）（教会）、（主の推選において）かつ出入りをするであろう（始覚）（見性）（宗教的体験）。そして、わたしは彼らの神（無から有を呼び出される神）となり、彼らはわたしの民（被造物）となるであろう」。

神と呼ぶところのものと偶像と、なんの一致があるのか。わたしたちは神と共にこの世に存在しているのである。神はこう仰せになっている、わたしは神の宮、教会にいて、彼ら一人一人と同居しており、いつも彼らを見守り、その時期が満ちたなら訪れ、「ロマ書　1―17　福音の中」、「主の場」、「宗教体験の場」でわたしを啓示するであろう。そして、その認識においてわたしは彼らの神となり、彼らはわたしの被造物、神の子であることを知るであろう。

ですから、「わたしは彼らの間に住み、かつ出入りをする」こと、つまり「ロマ書　1―17　神の義は、その福音（コリント　2―10―18　主に推薦）の中に啓示（時間面・無・空間面）され」ることによって、「テモテ　1―3―16　霊（主）（福音）において義とせられ」るのです。↓＊＊＊

そして、「テモテ　1―3―15　真理の柱、真理の基礎」を踏まえて、老若男女を問わず、だれでも福音の賜物、真理を受けとることができると言われています。

（霊→コリント　2―3―17　主は霊である。宗教的体験、始覚。コリント　2―10―18　主（神の召し、福音、心霊）。コリント　2―10―18　主（宗教的体験）に推選される人こそ、確かな人なのである）、主の推選、主の僕。

ロマ書　8―32　ご自身の御子さえ惜しまないで、わたしたちすべての者のために死に渡されたかた（主、福音）が、どうして御子のみならず（8―9　キリストの霊を持っているわたしたちも）万物をも賜らないことがあろうか。8―16（主）みずから、わたしたちの霊と共に、わたしたちが神の子（被造物）（主の僕）（キリスト↓神・被造物）であることをあかししてくださる。8―21　被造物自身にも、滅びのなわめから解放されて、神の子たち（5―2　主の僕　西田）（テモテ　1―5―21　選ばれた御使いたち（選民）」の栄光にはいる望みが残されている。11―29　神の賜物と（ロマ書　10―2

深い知識）神の召し（主、霊性、心霊）とは、変えられることがない（だれにでも訪れます）。
ですから、パウロが次のように言われたのです。
テモテ　1－2－4（無から有を呼び出される）神は、すべての人が救われて、真理（テモテ　1－1－17　見えざる唯一の神、ロマ書　10－2　深い知識、本覚、エペソ　1－22　教会）を悟るに至ることを望んでおられる。

↓＊＊＊　コリント　2－6－17　だから、「彼らの間から出て行き、彼らと分離せよ（キリスト↓神・被造物）（意識界・無・物質界）（超越的内在）、と主（「ロマ書　11－29　神の召し」、心霊、霊性の場）は言われる。そして、汚れたものに触れてはならない。触れなければ、わたしはあなたがたを受けいれよう。

だから、わたしは自我から出て行きそこにはいなくて、わたしは神の宮、教会にいて、主において「御使いたちに見られ」るが、人の理性によって知られることはないし、人とわたしは合一することはない。わたしは「ロマ書　1－17　福音の中」、「主の場」、「宗教的体験の場」においてそのことやわたしを啓示するのである。そして、私がしめした「ロマ書　10－2　深い知識」に基づいた「テモテ　1－6－3　わたしたちの主イエス・キリスト（覚者）（主の僕）の健全な言葉」にしたがって、生活しなさい。

コリント　2－6－18　そしてわたしは、あなたがたの父となり、あなたがたは、わたしのむすこ、むすめとなるであろう。全能の主（森羅万象を統べる、福音、主の場）が、こう言われる」。

そしてわたしは、あなたがたの父となり、あなたがたは、「人はもともと仏、神の子である」わたしのむすこ、むすめとなるであろう。万物を統べる福音の場、主がこのように教えてくださる。

そして、これらのことがパウロの体験世界の「テモテ　1—3—15　真理の柱、真理の基礎」なのです。

テモテへの手紙　一　　聖書　日本聖書協会　1986　1955年改訳

6—12　信仰の（ロマ書　1—17　神の義（事実）は、その福音（主）の中（場）に（1—20　意志作用的有によって）啓示（時間面・無・空間面）され、信仰に始まり信仰に至らせる。これは、「信仰による義人は生きる」と書いてあるとおりである）戦いをりっぱに戦いぬいて、永遠のいのちを獲得しなさい。あなたは、そのために（主に）召され（回心）、多くの証人の前で、りっぱなあかしをしたのである。13　わたしはすべてのものを生かして下さる神のみまえと、またポンテオ・ピラト（主イエス・キリストの処刑を命じた人）の面前でりっぱなあかしをなさったキリスト・イエス（主の推選を受けられた主イエス・キリスト）（ナザレの覚者）のみまえで、あなたに命じる。14　わたしたちの主イエス・キリスト（5—13　内在的超越のキリスト）（第二の主イエス・キリスト）の出現まで、その戒めを汚すことがなく、また、それを非難のないように守りなさい。15

時がくれば、祝福に満ちた、ただひとりの力あるかた、もろもろの王の王、もろもろの主の主（万有、万物、森羅万象を統べる主）が、キリスト（被造物）（5－13 内在的超越のキリスト、覚者）（第二の主イエス・キリスト）（5－2 主の僕）を出現させて下さるであろう。16 神はただひとり不死を保ち、近づきがたい光の中に住み、人間の中でだれも見た者がなく、見ることもできないかた（ロマ書 1－20 神の見えない性質）である。ほまれと永遠の支配とが、神にあるように、アァメン。

テモテ 2－4－6 わたしは、すでに自身を犠牲としてささげている。わたしが世を去るべき時はきた。7 わたしは戦いをりっぱに戦いぬき、走るべき行程を走りつくし、信仰を守りとおした。8 今や、義の冠がわたしを待っているばかりである。かの日には、公平な審判者である主（主の推選における主の僕）が、それを授けて下さるであろう。わたしばかりではなく、主（福音、啓示の場）の出現（主の僕）を心から待ち望んでいたすべての人にも授けて下さるであろう。

わたしは、すでに「本来あるべき姿のキリスト教」の布教に身をていしてきた。しかし、私がこの世を去るべき時が来た。私は、未体験者達、宗教的にまだ生きている者たち（テモテ 2－4－1 生きている者）には神の知恵を説き、体験者達、宗教的に死んだ者たち（テモテ 2－4－1 死んだ者）（主の僕）には信仰のあり方や学ぶべきものを示し、走るべき行程を走りつくし、神への信仰を守りとおした。

今や、「義」の冠が私を待っているばかりである。かの日には、分けへだてなく、救いを求め、道を歩もうとするだれにでも訪れる公平な審判者である、主の来臨の場である主の推選が、福音が、宗教的体験がそれらの人々に訪れ、啓示をうけた人々の中から第二の主イエス・キリスト、内在的超越のキリスト、主の僕が出現され、その方が私に「義の冠」を授けて下さるであろう。私ばかりではなく、第二の主イエス・キリストを心から待ち望んでいたすべての人々にも、それを授けて下さるであろう。

バチカンが、パウロの戴冠式を執り行われることを心から願ってやみません。

パウロはナザレのイエスを「ロマ書　1―3　御子に関するものである。御子は、肉によればダビデの子孫から生れ、4　聖なる霊によれば、死人からの復活（生かせたる　神話友達）により、御力をもって神の御子（主の僕）（覚者）と定められた。これがわたしたちの主イエス・キリスト（覚者）である」と定義していらっしゃいます。

第四章　宗教の本質

一

パスカルは、人は自然のもっとも弱きものたる葦にすぎない、しかし彼は考える葦である。彼を殺すには一滴の毒にて足りる、しかし全宇宙が彼を圧殺する（NKZ6-370-5 環境的限定の意義）（物体界）（主の推選）とも、彼は死ぬること（ロマ書 4－17 無から有を呼び出される神）を知るが故に、彼を殺すもの（宗教的体験）（主の推選）（物体界）よりも貴い、といっている。かく人間の貴いと考えられるゆえんのもの（パスカルと貴いもの）（超越的内在）（マルクスと類）（私欲）（利己）が、すなわち人間の惨《みじ》めなるゆえんである。人世の悲惨は実にここにあるのである。我々（有・無）人間も時間空間（3－12 動・静）の矛盾的自己（質料・無・形相）同一的に作られたもの〔（時間面的自己限定）（自己表現的個）・無・（空間面的自己限定）（自己表現面的限定）〕から作るもの（質料・無・形相）への世界が成立する。我々（私と汝）の自己（私）も、身体的に、物質的である、生物的であるのである。我々の自己も歴史的自然的に生まれるのである。生命の世界というのは、世界（場所的有）（絶対無）が多と一との矛盾的自己同一的に、自己自身（自己表現的個・無・自己表現面的限定）の中に自己（汝）（自己表現的個）を表現し（自己表現面的限定）、自己（私）（4－1 自己表現的個）表現的に自己自身（神が創造している自我）を形成（発生）することから始まる。時間空間（動・静）というのは、その相反する両方向にほかならない。生物といえども、既に世界（場所的有）の個物（質料・形相）的多として、絶対現在的世界（時間面・無・空間面）（意識界・無・物質界）（行為的直観）を自己（自我）（私）に表現する(5)ことによって自己自身（神が相互限定、創造している自我）を形成する。歴史的（八八、百八）世界の自己（自我）形成的にその生命を有するのである。動物も目的的に本能的である。その高等なるものに至っては、既に欲求的（神と呼ぶところのもの、類との疎外ゆえそれを求める心　マルクス）（パスカルと貴いもの）（私と商品）（私欲）（利己的）(12)である。喜と悲とは欲求の世界において現われる。個（我）が自己（私と汝）→（自己表現的個・無・自己表現面的限定）において全（NKZ6-341-∞物体界）（時間面・無・空間面）（意識界・無・物質界）を表現するところに（仏あって衆生あり）、欲求的（2―1　外を内に映す）である。動物も魂を有《も》つ。個がどこまでも全（物体界）（NKZ6-370-5　環境的限定の意義）たろうと欲する。しかし、個（我）が全（物体界）（我と事）（時間面・無・空間面）となる時（仏あって衆生あり）、個は個（私と汝）ではない、自己自身（統一している私と汝）でなくなる。個（一つの世界、私）は個（一つの世界、汝）に対すること（私・NKZ6-386-10　非連続の連続、無媒介的媒介・汝）によって個（我）である。個はどこまでも自己矛盾である。個（我）はいつも絶対否定（無）に面している。個（我）は否定（質料・無・形相）せらるべく生まれる（時間面的自己限定・無・空間面的自己限定）（私と汝）のである。欲求はどこまでも満たされない、満たされ終わるものは欲求ではない。欲求は欲求を生む。我々の自己（自我）は、懸垂の如く、欲求と満足との間に来往しているといわれる。いい旧《ふる》されたる如く、人世は苦悩の世界である。肉体的快楽苦悩というものは、我々の自己（私）が有機的に、そこに表現せられているが故である。しかし、動物はいまだ真の個（個と個）（私と汝）（内在的超越）ではない、空間に即して一般的（滝沢、スピノザ、ヘーゲル、マルクス的）である、物質的である（超越的内在）。人間に至って、時間空間の矛盾的自己同一的に、絶対現在そのものの自己（自己表現的個・無・自己表現面的限定）↓（時間面・無・空間面）限定として、時間空間的なる因果の世界を越えて（絶対無）（場所）、すなわち自己自身（無自身）（場所自身）を表現する世界の自己（私）表現的個（汝）（無）（自己表現的個）として、自己（私）表現的（自己表現的個・無・自己表現面的限定）↓（時間面・無・空間面）に自己自身（時間面的自己限定・無・空間面的自己限定）（私の意識・非連続的連続、無媒介的媒介・汝の意識）（私と汝の統一）を形成する。この故、我々の自己（自我）は思惟的（時間面・無・空間面）であり意志的（時間面・無・空間面）である、概念的（時間面・無・空間面）である（行為的直観）。自己自身（神が創造している自我）の行動を知る、意志的作用である。我々は我々の自己（自我）の存在を述語的（私）（時間面的自己限定）（理性）（1―11　述語的場所）、理性的（汝）（空間面的自己限定）（述語的場所）と考えるゆえんである。

二

人間の世界は単なる苦楽の世界ではなくして、喜憂《きゆう》の世界、煩悶《はんもん》の世界である。我々（私と汝）の自己（自我）の貴きゆえんのもの（パスカル）（接触　滝沢）は、すなわちその悲惨なるゆえんのものである（疎外　マルクス）（私欲）（自己疎外的精神　ヘーゲル）。我々の自己（私と汝）が絶対者の自己（無）否定的個（汝）として、（心霊の場、自覚、見性、反省する時）どこまでも（私）表現的に自己（2―12　自己射影点）（個と個）形成的なればなるほど、すなわち意志的（場所自身）（無自身）なればなるほど、人格的（時間面的自己限定・無・空間面的自己限定）（私と汝）（NKZ6-400-4　個人的自己の意識・非連続的連続・無媒介的媒介・個人的自己の意識）（自分ともう一人の自分）なればなるほど、我々の自己（自我）は矛盾的自己（動・静）同一的に絶対否定（無）に面する、絶対的一者（場所）に対する、すなわち逆対応的に（NKZ6-368-9　物質即精神なる）神に接するのである（1―17　場所が場所自身を限定する）（直接経験）（私と汝）。この故に、我々の自己（自我）はその生命の根源において、いつも絶対的一者との、すなわち神との対決（動・静）（2―7　自己が自己矛盾的に自己に対立するということは、無が無自身に対して立つということである）に立っているのである、永遠の死か生かを決すべき立場に立っているのである。バルトは、信仰は決断であるという。しかも、それは人間の決断ではない。信仰は客観的（対象界）（アブラハム）である。神の呼声に対する答えである。啓示（時間面・無・空間面）（作用界・無・対象界）は神より人間（自我）への賜物《たまもの》である。人間（キリスト↓神・被造物）は彼（自我）の決断をもって神の決断（時間面・無・空間面）（無即有）に従うのが信仰であるといっている（K. Barth, Credo）（超越的内在）。パウロが我が生きるにあらずキリスト（神）我において生きる（神・被造物）というように、

ロマ書　6―8　もしもわたしたちが、キリスト（神）と共に死んだ（ロマ書　7―10　わたしは死んだ）（主が生起した）なら、また彼（神、キリスト）と共に生きることを信じる。

ガラテヤ人への手紙　2―20　生きているのは、もはや、わたしではない。キリスト（神）が、わたしたちのうちに生きておられるのである（パウロにおいては、キリストは神・被造物です）（バチカンの言われる主イエス・キリストではありません）。

ロマ書　1―17（無から有を呼び出される）神の義（事実）は、その福音（主、霊性、宗教的体験）の中（場）（環境）に（「ロマ書　1―20　神の見えない性質」に於いて）啓示（時間面・無・空間面）され、信仰に始まり信仰に至らせる（超越的内在）。

ロマ書　4－17　彼（アブラハム）はこの神、すなわち、死人を生かし（ロマ書　7－10　わたしは死んだ）、無（ロマ書　1－20　神の見えない性質）から有（事）を呼び出される神（無即有）を信じたのである。

（主によって）一転して信に入るもの（主の僕）は、永遠の生命を得、しかざるものは、永遠に地獄の火に投ぜられるのである。そこには、どこまでも神の意志（当為）と人間の意志（煩悩）との対立がなければならない。故に、どこまでも意志的（当為）なるもの、唯一的に個（凡夫）（ego）なるものにして、はじめて宗教的ということができる。宗教（行為的自己）について論ずるものは、深く思いをここに致さなければならない。

三

いかなる宗教においても、それが真の宗教であるかぎり、入信は研ぎ澄ましたる意志の尖端からでなければならない。宗教は単なる感情からではない。自己（自我）を尽くしきって、はじめて信に入るのである。真宗においての二河白道《にかびゃくどう》の喩（たと）えの如く、いずれにしても二者択一の途《みち》を通らなければならない。芸術的宗教という如きもののあり得るはずがない。直観という語によって、両者を混同する人もあるかもしれないが、芸術と宗教とは相反する方向（知的直観、行為的直観）であるのである。また、大乗仏教を万有神教の如く考えるものがあるならば、それは（知的自己からの）大なる誤解である。ギリシャ宗教は芸術的であったといわれる。しかし、ギリシャ宗教は実は真の宗教とまでに至ったのではないのである。同じアリアン文化であったが、ギリシャ人は宗教（行為的自己）の方に行かないで（知的自己の）哲学の方へ行った。これに反し、インド人は宗教（行為的自己）の方向へ発展した。ギリシャにおいては、真の個人（絶対無）（場所的有）の自覚というものはない。プラトンの哲学には、個（一つの世界・一つの世界）（私と汝）（有・無）というものはない。アリストテレスの個も、意志的（行為的直観）（私と汝）（自己表現的個・無・自己表現面的限定）（時間面的自己限定・無・空間面的自己限定）→（時間面・無・空間面）ではない。無論、印度においてはなお一層個人の自覚というものはない。印度哲学においては、なお一層個（私と汝）というものが無視せられているではないかというでもあろう。しかし、私は印度哲学においては、真の個（絶対無）（場所的有）の否定というものがあると考えるものである。背理のようだが、個（自我）が否定せられるべく自覚（反省）（行為的直観）せられているのである。印度宗教においては、意志（私と汝）（自己表現的個・無・自己表現面的限定）→（時間面・無・空間面）というものが絶対に否定せられるべく自覚せられているのである。印度宗教においては、意志（私と汝）（無即有）というものが絶対に否定せられるのである。そこに、イスラエル宗教（回心する以前のパウロ、ユダヤ教）と正反対（エレミヤ、エゼキエル、パウロ）（宗教的体験）（主の推選）（ロマ書　1―20神の見えない性質）（ロマ書　4―17　無から有を呼び出される神）（禅）（親鸞）の立場において、宗教なるものがあるのである。印度文化は近代ヨーロッパ文化とは正反対の文化である。しかも、この故に、逆に今日の世界に貢献し得るものがあるでもあろう（追試して、この辺りのことを是非ご理解してください）。

四

我々の世界（一つの世界・一つの世界）（場所的有）は時間空間（3―12　動・静）の矛盾的自己（時間面・無・空間面）同一として、絶対現在（時間面的自己限定・無・空間面的自己限定）（自己表現的個・無・自己表現面的限定）→（時間面・無・空間面）の自己（質料・無・形相）限定的に、作られたもの（私・汝）から作るもの（場所）へと、限りなき因果の世界である。しかし、我々（有・無）の自己はかかる世界の個（自我）でありながら、パスカルのいう如く、これ（自我）を越えて（私と対象界）これ（当為）を知る故に、我々を圧殺する全宇宙よりも貴い。かくいいい得るゆえんのものは、我々の自己（自我）が矛盾的自己（質料・形相）同一的に、自己（私）表現的に自己自身（時間面的自己限定・無・空間面的自己限定）を限定する絶対者の自己（無）否定として、すなわち絶対的一者（絶対無）（場所）の個物（質料・形相）的多として成立するものなるが故である。この故、我々（私と汝）は自己（自我）否定的に、逆対応的に、いつも絶対的一者（絶対無）（1―5　場所的自己）（場所的有）に接している（直接経験）（純粋経験）。しかして、生即死、死即生的に、永遠の生命に入るということができる。宗教的であるのである。私は宗教的問題とは、どこまでも我々の意志的自己（自我）（問所「デカルト哲学について」）の問題、個（個と個）（私の意識・汝の意識）の問題であるという。しかし、かくいうのは、普通に考えられる如く、宗教は個人的安心の問題であるというのではない。欲求的自己の安心の問題は、宗教的問題ではない。それは宗教的問題（利他）（悲願）と逆の立場（利己）（私欲）に立つものである。もしそれならば、それは道徳的問題にも至らないものである。苦を怖れ楽を願う欲求的自己（煩悩）（凡夫）というものは、真の個人ではない（痛ッ）、生物的（マルクスと類、事）（我と商品）（パスカルと貴いもの）である。かかる立場においては、宗教は（我との疎外ゆえにそれを求める心）麻酔剤〔1〕ともいわれても致し方ない。我々の自己（自我）は絶対的一者の自己（無）否定として、どこまでも逆対応的にこれに接するのであり、個（時間面的自己限定・無・空間面的自己限定）になれば個（私と汝）になるほど、絶対的一者に対する、すなわち神に対するということができる。我々の自己（自我）が神に対するというのは、個（自我）の極限（無）としてである。どこまでも矛盾的自己同一的に、歴史（八八、百八）的世界の個物（質料・形相）的自己限定の極限（無自身）（直接経験）（絶対無の場所）（NKZ6-348-5 共同意識）において、全体的一（NKZ6-341-8 物体界）の極限（私と汝）（時間面的自己限定・無・空間面的自己限定）→（時間面・無・空間面）に対するのである（NKZ6-400-4 個人的自己の意識の統一）。故に、我々（私と汝）の自己（人間）の一々（誰でも）が、永遠の過去から永遠の未来にわたる人間の代表者として（ひとへに親鸞一人がためなりけり　滝沢克己『「歎異抄」と現代』26頁にも載っている）（ロマ書　8－33　神の選ばれた者、選民として、神に対（逢着、見性、体験）するのである（「4－6　宗教は個人的である」、故に知ることができる）。絶対現在の瞬間的限定（自己表現的個・無・自己表現面的限定）→（時間面・無・空間面）として絶対現在（5－8　いまだ時間的干渉に入らない絶対現在の世界）そのものに対するのである。ここに我々の自己（自我）は、周辺なくして、至るところが中心である無限球の無数の中心とも考えることができる（僕は死んではいません、ご自分で確かめてください）。

五

多と一との絶対矛盾的自己（質料・形相）同一として、絶対者が自己自身（質料・無・形相）を限定する（時間面的自己限定・無・空間面的自己限定）（自己表現的個・無・自己表現面的限定）という時（場所自身）（無自身）（直接経験）、無基底的に、絶対無の自己（質料・無・形相）（無）限定として、世界（場所的有）は意志（時間面的自己限定・無・空間面的自己限定）的である。全一的（物体界↓時間面・無・空間面）に絶対意志（定言）（当為）たるとともに、個（汝）多的に無数の個人的意志（空間面）がこれ（私）（時間面）に対立する。かくの如くにして、般若即非の世界から人間世界というものが出て来るのである。ここに応《おう》無《む》所住《しょじゅう》而《に》生《しょう》其《ご》心《しん》である。馬祖門下の盤山宝積という禅者がいう、空中で剣を振り回すようなものである。向こうへ届くか否やは問題ではない、振り回した空輪になんの跡もなく、刃も虧《か》けない、心が是《かく》の如くであれば、心心《しんしん》無知すなわち無念無想であって、全心即仏、全仏即人、人仏無異、始為道矣と。空中に剣を揮《ふる》う如く、空に跡なし、剣また全し、自己（自分）（私）（場所的有）と世界（場所的有）（質料・無・形相）（もう一人の自分）（汝）と、個（私）と全（NKZ6-370-5 環境的限定の意義↓時間面・無・空間面）との矛盾的自己同一的に、全心即仏、全仏即人であるのである。かかる語も、対象論理（デカルト、カント）的には、万有神教的とも考えられるであろう。しかし、禅者の語は、爾《しか》解してはならない。それはどこまでも即非的に、矛盾的自己（時間面的自己限定・無・空間面的自己限定）同一的でなければならない。全仏（自己表現面的限定）（汝の表現）（自己表現的個の表現）と個人（私）とは即非的に一である（多分、僕の神話友達が言った、死なんて云うものはない、死は今この世に存在する自分が、亡くなった方を見て自分が死を作るのだ、はこの辺りの消息だと思います）。真の個人（場所的有）（我）（私・無媒介的媒介・非連続的連続・汝）は絶対現在の瞬間的自己（時間面・無・空間面）（只今）限定として成立するのである。応無所住而生其心というも、かく解せられなければならない（僕は死んではいませんが、神話友達なら「読めば……わかる」と思います）。

六

無の自己限定として現われるものは、意志（有）である。我々の個人的自己（自我）（一つの世界）すなわち意志的自己（私と汝）は、主語的有でもない、述語的有でもない。主語的方向と述語的方向との矛盾的自己同一的に、場所の自己（絶対無）（場所的有）限定（無が無自身に対して立つ）として、生起するのである。故に、瞬間が永遠であるといわれる如く、我々の自己（自我）は、どこまでも唯一の個（人間）として、一歩一歩逆限定的に、絶対（対を絶するものではない）（4—13　絶対者とは、対を絶するものでなければならない）に接するのである。臨済は赤肉団上有一無位真人、常従汝等諸人面門出入という(30)。「どこまでも個人として」ということは、人間の極限（絶対無、神の創造物）として、人間の代表者（ひとへに親鸞一人がためなりけり、ロマ書8—33　神の選ばれた者）としてということでなければならない。「弥陀の五劫《ごこう》思惟《しゆい》の願いをよくよく案ずれば、ひとえに親鸞一人がためなりけり」というのも、かかる意義に解せられなければならない（どなたでも見性、反省出来ます、主に選ばれます）。いわゆる個人という意味ではない（僕達は神の創造物です）。この故に道義は一般的であり、宗教は個人的である（同意します）（故に、2—19「自己否定的努力」が役立ちます）。キエルケゴールのいう如く、道徳的騎士と信仰の騎士とはかくのごとき意味において相反する立場に立つのである。アガメムノンがイフィゲニアを犠牲（いけにえ）にしたのと、アブラハムがイサクを犠牲にしようとしたのとは全く相反した意義においてである。“Kierkegaard, Furcht und Zittern”（キルケゴール『おそれとおののき』）は、もっともよくこれを明らかにしているのである。アブラハム（キリスト↓神・被造物　パウロ）（インマヌエル）が朝早くイサク（神・被造物）を携えてモリヤの地へ立った時、彼は唯一なる個（我）として、すなわち人間の極限（主の場）（物体界）（時間面・無・空間面）として神（キリスト）に対していたのである。神（キリスト）はアブラハム（被造物）よと呼び、見よ我ここにあり（時間面・無・空間面）と答えた彼（キリスト、神）であった。しかも、彼（アブラハム）（神・被造物）は人類の代表者（ひとへに親鸞一人がためなりけり、ロマ書 8―33 神の選ばれた者、選民）（創造物）として立ったのである。神（キリスト）は我々（歴史）は汝（アブラハム）（被造物）を祝《めぐ》み、また大いに汝の子孫を増やし、汝の子孫により天下の民皆福祉《さいわい》を得べし、汝（アブラハム）わが言に遵《したが》いたるによりてなり（神・被造物）、といっている。宗教において、自己（自我）が自己（自我）を脱して神に帰するということは、個人的安心のためにということではない。人間が人間（凡夫）を脱すること（主の僕）（回心）であるのである。それは神の創造の事実（無即有）（無から有を呼び出される神）に接することであるのである。そこに、神が自己自身（統一している私と汝）を示現する（時間面・無・空間面）とともに、我々（被造物）が啓示（時間面・無・空間面）（意識界・無・物質界）（質料・無・形相）に接するのである。故に、信仰（親鸞）に入ることは、人間（創造物）が人間（無）の決断（時間面・無・空間面）（仏あって衆生あり）（意識界・無・物質界）をもって神（衆生あって仏がある）の決断（時間面・無・空間面）（無即有）（意識界・無・物質界）に聴従（応答）するというのである。

4―2　人間（神・被造物↓キリスト）は彼（被造物）の決断をもって神の決断（無即有）（時間面・無・空間面）に従うのが信仰であるといっている（K. Barth, Credo）（超越的内在）（アブラハム）。

七

（主、体験による）信仰（親鸞　内在的超越）（パウロ　超越的内在）とは、主観的信念ではなくして歴史的世界（人間）成立の真理に触れることである。神に背《そむ》いて知識の樹の果《み》を喰《く》ったアダムの堕罪（だざい）とは、神の自己否定として人間の成立を示すものにほかならない。仏教的には、忽然念起《こつねんねんき》(31)である。人間はその成立の根源において自己（物質・無・精神）（心と身体）矛盾的である。知的（時間面・無・空間面）なればなるほど、意的（個と個）（一つの世界・一つの世界）（私と汝）なればなるほど、爾《しか》いうことができる。人間は原罪的である。道徳的には、親の罪が子に伝わるとは、不合理であろう。しかし、そこに人間そのものの存在があるのである。原罪を脱することは、人間を脱することである。それは人間からは不可能である。ただ神の愛の啓示（福音、主、反省、主の推薦、始覚）（時間面・無・空間面）としてのキリスト（神　パウロの言われるキリスト）の事実（無から有を呼び出される神）を信ずること（アブラハム）によってのみ救われるという。そこに、我々の自己（私と汝）の根源（エペソ　1−22　教会）（理性）に帰するのである。アダム（被造物）（凡夫）に死し（わたしは死んだ）、キリスト（神）（パウロのキリスト↓無から有を呼び出される神）に生きるという（パウロの言われるキリスト↓神・被造物）（西田博士は私と汝）（パウロは超越的内在）。

ロマ書　6−8　もしもわたしたちが、キリスト（神）と共に死んだ（主が生起した）（わたしは死んだ）なら、また彼（神）と共に生きることを信じる。

ガラテヤ人への手紙　2−20　生きているのは、もはや、わたしではない。キリスト（神）が、わたしたちのうちに生きておられるのである。

真宗においては、この世界はどこまでも業《ごう》の世界である。無明生死《むみょうしょうじ》の世界(32)である。ただ仏の悲願（仏・菩薩のいつくしみの心から発する、衆生を救うための誓願　電子辞書）によって、名号《みょうごう》不思議(33)を信ずることによって救われるという。それは絶対者の呼声に応ずるということにほかならない（妙好人《みょうこうにん》讃岐の庄松《しょうま》翁、浅原才市翁）(34)。かかる立場の徹底においては、生死即不生《ふしょう》である（盤珪《ばんけい》禅師）。矛盾的自己（私と汝）同一的に全仏即人、人仏無異である。空中剣を振り回す如くである。また、急水上に毬子《きゅうす》（まり、球）を打す、念々（一瞬一瞬、刹那刹那　電子辞書）不停流《ふじょうる》である（趙州《じょうしゅう》）。

八

宗教的関係というのは、右に述べた如く、どこまでも我々（私と汝）の自己（自我）を越えて（私・汝）、しかも我々の自己（自我）を成立せしめるもの、すなわちどこまでも超越的なるとともに、我々の自己（我）の根源（教会）（理性）と考えられるもの（時間面・無・空間面）（仏あって衆生あり）と、逆にどこまでも唯一的に、個（我）的に、意志的なる自己（時間面的自己限定・無・空間面的自己限定）（自己表現的個・無・2―1　自己表現面的限定）（衆生あって仏がある）との矛盾的自己同一にあるのである。どこまでも超越的（時間面・無・空間面）なるものと、どこまでも内在的（私と汝）（自己表現的個・無・自己表現面的限定）↓（時間面・無・空間面）なるものとの矛盾的自己同一（西田の心霊、上田の限りない開け、大拙の霊性、宗教的体験の場）にあるのである。

NKZ6-399-8 我々の記憶（本覚、コリント　2－6－16　神の宮、阿頼耶識、教会）と考へられるものに於ても、各瞬間の（映す意識）（汝）意識と意識（見る意識）（私）とが話し合ふ（私・NKZ6-386-10 無媒介的媒介・非連続の連続・汝）（NKZ6-348-5 共同意識）

NKZ6-399-9 といふ如き意味がなければならぬ。意識（もう一人の自分）（汝）（他人）が志向的（作用、1－3　働くもの）（4－1　自己表現的個）であるといふことが既に意識（意志作用的有）（世界的世界）は存在として自己（時間面的空間的世界）（時間面的自己限定・無・空間面的自己限定）（場所）否定

NKZ6-399-10 を含んで居るといふことができるであらう（僕も経験上そのように思います。向こうが勝手に起動したと思っています）（臨死体験がここから説明できるかも）。西田幾多郎全集・第6巻　西田幾多郎データベース　西田幾多郎［著］私と汝（1932年7月）

かかる関係は、単に外から客観的に考えられるのでもなく、単に内から主観的に考えられるのでもない。絶対現在（意識界・無・物質界）（行為的直観）の自己（自我）（無）限定として歴史的世界（八八、百八）（人間）の立場からでなければならない。いかなる歴史的世界（部族）（民族）（人類）も、その成立の根柢には宗教（神話）的なものがあるのである。歴史的世界（八八、百八）というのは、時間空間（1－12　動・静）（時間面・無・空間面）の矛盾的自己同一的に、作られたもの（時間面的自己限定・無・空間面的自己限定）から作るもの（質料・無・形相）へと、自己（私）表現的に自己（自我）形成的世界である。我々（私と汝）の自己（自我）は、かかる世界の個物（質料・形相）的多として、どこまでも作られたもの（時間面的自己限定・無・空間面的自己限定）（自

己表現的個・無・自己表現面的限定）たるとともに、どこまでも作るもの（場所的有）である。世界の自己（私）表現的形成要素である。かかる世界（場所的有）において、我々の自己（自我）が絶対者に対する態度に両方向があるということができる。一つは絶対現在（自己表現的個・無・自己表現面的限定）→（時間面・無・空間面）（意識界・無・物質界）の空間面的自己限定（空間面）（静）としてこれ（私）（時間面）（動）に対するということであり、一つはその時間面的自己限定（私）（動）（自分）としてこれ（汝）（動）（もう一人の自分）に対するということである(5)。普通には歴史的世界（創造）というものが、単に空間的自己限定の世界と考えられている。しかし、単に空間的自己限定の世界（時間面・無・空間面）とは、自然界（マルクスの唯物論）（我と対象、類）（スピノザと実体）たるにすぎない（超越的内在）。それは歴史的世界（八八、百八）（人間）とはいわれない（私と対象界）。歴史的世界（創造）は人間（私と汝）（心・身体）を含んだ世界でなければならない。旧《ふる》き言表をもってするならば、主観（私）客観（汝）の相互限定、その矛盾的自己同一（絶対無）の世界（私と汝）（時間面的自己限定・無・空間面的自己限定）（質料・無・形相）でなければならない。故に、歴史的世界（人間）は、どこまでも生命の世界として、自己（私と汝）の中に自己（汝）を表現し、自己（私）表現的に自己自身（神が統一している自我）を形成（発生）する世界であるのである。かかる世界においては、我々の自己（自我）は、外に空間的に、すなわちいわゆる客観的方向（空間面）に、どこまでも我々（有・無）の自己（自我）を越えて自己自身（私と統一している汝）を表現するもの、絶対者（場所的有）の自己（無）表現（時間面・無・空間面）（意識界・無・物質界）に接するのである。キリスト教（パウロ、真正のキリスト教　滝沢克己『佛教とキリスト教』法蔵館　152頁）はこの（2−16　客観的自己）方向に徹したもの（超越的内在）ということができる。ヤーヴェも（ヤハウェ）、固《もと》イスラエル民族の神であったが、イスラエル民族の発展に、とくにその歴史的苦難によって鈍化せられて、（神が知的自己の、思惟的対象の神となって、今日では自己を、私と汝を考慮に入れない、心霊、主、霊性、反省のない「2―9　主語的超越的に君主的Dominus（主　電子辞書）なる神」）絶対者の世界宗教（キリスト教）にまで発展した。予言者（体験者、シャーマン、主の僕）というものは、神の意志を語るもの、「神の口」と考えられた。国王を失ってバビロンの俘虜《ふりょ》となった時代に、エレミヤ、エゼキエルによって内在（宗教的体験、心霊、霊性、限りない開け）的に深められ、超越的（5―13　超越的内在）（時間面・無・空間面）（我と対象、マルクスは物質）（貴いものとパスカル）に高められた。これに反し、仏教はどこまでもその時間面的自己限定の方向に、すなわちいわゆる主観的方向（自我）（1―11　述語的場所）に、我々（私と汝）の自己（自我）を越えて（個と個）（私と汝）、超越的なる絶対者に接する（私と汝）（時間面的自己限定・無・空間面的自己限定）のである。仏教の特色は、その内的超越（5―13　内在的超越）の方向（私と汝）にあるのである。

僕は、『ヤーヴェも、固《もと》イスラエル民族の神であったが、イスラエル民族の発展に、とくにその歴史的苦難によって鈍化せられて（神が知的自己の、思惟的対象の神となって、今日では自己（私と汝）を考慮に入れない、反省のない「2―9　主語的超越的に君主的な主なる神」）絶対者の世界宗教にまで発展した。予言者というものは、神の意志を語るもの、「神の口」と考えられた。国王を失ってバビロンの俘虜《ふりょ》となった時代に、エレミヤ、エゼキエルによって内在的（体験、心霊、霊性、コリント　2―10―18　主の推薦）に深められ、超越的に高められた」を読みまして、「その歴史的苦難によって鈍化せられ」たの意味は知っていましたが、西田博士が、ユダヤ教の予言者「エレミヤ、エゼキエルによって内在的（西田の心霊、大拙の霊性）（主の推薦）に深められ、超越的（5―13　超越的内在）に高められた』と、どうしてこのような事を言われているのか、エレミヤ、エゼキエルを知りませんでしたのでサッパリ意味が解りませんでした。

仕方がないので、「エペソ　3－4　読めば……わかる」だろう、何とかなるだろう、と思って読書の苦手な僕が「エレミヤ、エゼキエル」をそれなりに急いで読んでみました。そしたら、

エレミヤ書

2－8　祭司たちは、『主はどこにおられるか』と言わなかった。／律法を扱う者たちはわたしを知
らず、／つかさたちはわたしにそむき、／預言者たちはバアルによって預言し、／益なき者に従って
行った。　9　それゆえ、わたしはなお、あなたがたと争う、／またあなたがたの子孫と争う」と主
は言われる。　10「あなたがたはクプロの島々に渡ってみよ、／また人をケダルにつかわして、／この
ようなことがかつてあったかを／つまびらかに、しらべてみよ。
11　その神を神ではない者に取り替えた国があろうか。／ところが、わたしの民はその栄光を／益
なきものと取り替えた。
12　天よ、この事を知って驚け、／おののけ、いたく恐れよ」と主は言われる。　13「それは、わた
しの民が／二つの悪しき事を行ったからである。／すなわち生ける水の源であるわたしを捨てて、／
自分で水ためを掘った。／それは、こわれた水ためで、／水を入れておくことのできないものだ。　14
イスラエルは奴隷であるか、／家に生れたしもべであるか。／それならなぜ捕われの身となったのか。
15　ししは彼に向かってほえ、／その声を高くあげて、彼の地を荒した。／その町々は滅びて住む

人もない。16　メンピスとタパネスの人々もまた、／あなたのかしらの冠を砕いた。17　あなたの神、主があなたを道に導かれた時、／あなたは主を捨てたので、／この事があなたに及んだのではないか。

エゼキエル書

2―1　彼はわたしに言われた、「人の子よ、立ち上がれ、わたしはあなたに語ろう」。2　そして彼がわたしに語られた時、霊がわたしのうちに入り、わたしを立ちあがらせた。そして彼のわたしに語られるのを聞いた。3　彼はわたしに言われた、「人の子よ、わたしはあなたをイスラエルの民、すなわちわたしにそむいた反逆の民につかわす。彼らもその先祖も、わたしにそむいて今日に及んでいる。4　彼らは厚顔で強情な者たちである。わたしはあなたを彼らにつかわす。あなたは彼らに『主なる神はこう言われる』と言いなさい。5　彼らは聞いても、拒んでも、(彼らは反逆の家だから) 彼らの中に預言者がいたことを知るだろう。6　人の子よ、彼らを恐れてはならない。彼らの言葉を恐れてはならない。たといあざみといばらがあなたと一緒にあっても、またあなたが、さそりの中に住んでも、彼らの言葉を恐れてはならない。彼らの顔をはばかってはならない。彼らは反逆の家である。7　彼らが聞いても、拒んでも、あなたはただわたしの言葉を彼らに語らなければならない。彼らは反逆の家だから。

と言われていましたので、なるほど、と納得。西田博士の言われている意味が解りました。

また、パウロに於いても、「ローマ人への手紙」の中で、

ロマ書　9－31　しかし、義の律法（神の律法）を追い求めていたイスラエルは、その律法に達しなかった。32　なぜであるか。信仰によらないで、行いによって得られるかのように、追い求めたからである。彼らは、つまずきの石につまずいたのである。

と言われています。パウロの信仰とは、

「ロマ書　1－17　神の義（事実）は、その福音（主、主の推薦、霊性、心霊）の中（場）に（「ロマ書　1－20　神の見えない性質」によって）啓示（時間面・無・空間面）され、信仰に始まり信仰に至らせる」ということで、つまり、パウロが、「ロマ書　4－17　彼（アブラハム）はこの神、すなわち、死人を生かし（ロマ書　7－10　わたしは死んだ）、無（ロマ書　1－20　神の見えない性質）から有（事）を呼び出される神（無即有）を信じたのである」と言われているように、イスラエルの信仰は、福音、宗教的体験、主の推薦、心霊に於けるアブラハムが信じた神ではなかったのです。

イスラエルは、「信仰によらないで」と言われているように、「福音」、「コリント　2－10－18　主の推薦」によらないで「行いによって」「義の律法」を、「ロマ書　7－20　神の律法」を追い求めたのです。だから、「ユダヤ教の預言者」、「主の推薦　パウロ」を受けられた、「主の僕　西田」である「エレミヤ、エゼキエルによって内在（宗教的体験、心霊、霊性、コリント　2－10－18　主の推薦）的に深めら

れ、超越的に高められた」と、博士が言われたのです。イスラエルは「つまずきの石につまずいた」のです、「エレミヤ書　2－17　主を捨てた」、「主の推薦を捨てた」、「心霊（西田）を、霊性（大拙）を捨てた」のです。

また、パウロは、

ロマ書　11－15　もし彼ら（イスラエル）の捨てられたこと（不信仰）が世の和解となったとすれば、彼らの受けいれられることは、死人（ロマ書　7－10　わたしは死んだ）（主の推薦）（西田の心霊、大拙の霊性）の中から生き返ること（主の僕）（回心）（死即生　西田）（生かせたる　神話友達）ではないか。

11－28　福音（コリント　2－10－18　主の推薦、西田の心霊、大拙の霊性）（ロマ書　11－29　神の召し）について言えば、彼ら（イスラエル）は、（エレミヤ書　2－17　主を捨てた）あなたがたのゆえに、神の敵とされているが、選び（ロマ書　8－33　神に選ばれた者、選民↓主の僕）（主）（神の召し）（心霊、霊性、体験）について言えば、父祖たちのゆえに、神に愛せられる者（キリスト↓神・被造物）（自己↓私と汝）（インマヌエル）（神の創造物）である。29　神の賜物（知恵）（義の律法）と召し（主の推薦）とは、変えられることがない（誰にでも訪れる）。

コリント　2－7－10　神のみこころに添うた悲しみ（人としての問い）（3－1　良心の呵責）（公案）（悲哀）は、悔いのない救いを得させる悔改め（回心）（主の僕）に導き、この世の悲しみ（人生の悲哀、問い）（公案）は死（主の推薦、ロマ書　11－29　神の召し）をきたらせる。

と言われています。僕は、ロマ書　11―15、11―28、コリント　2―7―10を支持します。

5―12　今や新たなる文化（神話）（宗教）（学問）（5―7　歴史的社会）（ロマ書　11―15　世の和解）の方向が求められなければならない、（神話を語り得る）新たなる人間（預言者、シャーマン、体験者、第二の西田幾多郎、鈴木大拙、上田閑照、5―2　主の僕）（5―13　内在的超越のキリスト↓被造物、覚者）が生まれなければならない（異議ありません、心から同意します。ここが僕の目的地）。

じゃあ、何故にイスラエルをこのように批判することが「内在的に深められ、超越的に高められた」と言えるのか。西田博士の言われているように幾つかの公案を解かなければ、「主の僕」にならなければわかりません。「彼ら（イスラエル）の捨てられたこと（不信仰）」や「エレミヤ書　2―17　主を捨てた」や「ロマ書　11―28　神の敵」、「エゼキエル書　反逆の家」、「反逆の民」なんて、また、イスラエルを「エレミヤ書　2―11　その神を神ではない者に取り替えた国があろうか。／ところが、わたしの民はその栄光を／益なきものと取り替えた」と批判したエレミヤが、「5―7　エレミヤはどこまでも愛国者であった」と、どうして博士が言われたのか、「今のあなた」がたとえ――パウロの書簡や、エレミヤ、エゼキエルが二千年以上もの間ほったらかし、雨ざらしのままにされていますので――二千年の齢を得ても絶対にわかりません。

西田博士が「禅宗にて公案というものは、これを会得せしむる手段にほかならない」と言われているように、「知的自己」、「今のあなた」ではなく、「行為的自己」、「公案を解かれたあなた」、「追試されたあなた」、「主の僕」、「回心されたあなた」で神話を、パウロを、聖書を読んでみてください。唖然とされると思います。

このような事は、国内外の体験者を問わず、少しでも勉強した体験者なら誰でも知っています。西田博士の言葉で言えば「2―14　体験者（パスカル、ドストエーフスキイ、ニイチェ）（マイスター・エックハルト、トマス・アクィナスも多分入ると思います）には、それは自明の事であろう」です。パウロの言葉で言えば「エペソ　3―4　読めば……わか」ります。ただ、体験なのでピタゴラスの定理を証明するように証明出来ないのがもどかしいところです。博士の自己が「私と汝」とに分かれ、パウロのキリストが「神・被造物」に分かれるなんて、インマヌエル、神我らとともに在す、と言ったたって、それをピタゴラスの定理を証明するように証明できません。

しかし、公案や、僕の神話友達や、滝沢克己博士のように人生の問い、人としての問いを解けば、追試すれば、神と呼ぶところのものに気づけば、自分の心の中で証明できます。ピタゴラスの定理は学校で習いました、追試しました。数学、科学は必ず追試をします。どんなことでも追試は必要だと思います。ピタゴラスの定理を知らない、追試していない先生は、テストの問題を作ることはおろか、生徒の答案を採点できません。だから西田博士が、

4―19　禅宗にて公案というものは、これを会得せしむる手段にほかならない。
5―12　今や新たなる文化（神話）（5―7　歴史的社会）（ロマ書　11―15　世の和解）の方向が求められなければならない、（神話を語り得る）新たなる人間（預言者、シャーマン、体験者、第二の西田幾多郎、鈴木大拙、上田

閑照、5－2　主の僕）（5－13　内在的超越のキリスト↓被造物、覚者）が生まれなければならない（異議ありません、心から同意します。ここが僕の目的地）、と言われたのです。

九

我々（私と汝）の自覚的自己（自我）は単に主語的有として、すなわち単に空間面的自己限定として、本能（NKZ6-396-13 動物）（マルクス）的なのでもない。また、単に述語的有として、すなわち単に時間面的自己限定（自我）として、理性的（カント）なのでもない。主語的・述語的に、述語的・主語的に、個物（質料・形相）的限定即一般的限定、一般的限定即個物的限定的（場所自身）（無自身）に、時間空間の矛盾的自己（私と汝）同一に、作られたもの〔（時間面的自己限定）（私）と（空間面的自己限定）（汝）〕から作るもの（質料・無・形相）（共同意識）へと歴史（八八、百八）的形成的に、意志存在（自己表現的個）（時間面的自己限定）（自我）であるのである。我々の自己（自我）はどこまでも唯一個（一つの世界）（我）的に、意志的自己（自己表現的個・無・自己表現面的限定）↓（時間面・無・空間面）として、逆対応的に、外にどこまでも我々の自己（自我）を越えて我々の自己（私）に対する絶対者（時間面・無・空間面）（意識界・無・物質界）（共同意識）に対するとともに、内にもまた逆対応的に、どこまでも我々の自己（自我）を越えて我々の自己（時間面的自己限定）（私）（時間面）に対する絶対者（私）（場所）（共同意識）（自己表現的個・無・自己表現面的限定）↓（時間面・無・空間面）に対するのである（5）。前者の方向においては、絶対者（質料・無・形相）（共同意識）（自我）の自己（無）表現として、我々（私と汝）の自己（自我）は絶対的命令（法、知恵）（定言）に接する、我々はどこまでも自己自身（神が相互限定している自我）（凡夫）を否定してこれに従う（聴従、応答）（アブラハム）のほかはない。これに従うものは生き、これに背くものは永遠の火に投ぜられる。後者の方向においては、これに反し、絶対者（絶対無）（物体界）はどこまでも我々の自己（時間面的自己限定・無・空間面的自己限定）を包むものであるのである、どこまでも背く（時間面・無・空間面）我々（私と汝）の自己（時間面・無・空間面）を、逃げる（動・静）我々の自己（私と汝）を、どこまでも追い、これ（質料・無・形相）を包むもの（時間面的自己限定）（1－11　述語的場所）（私）であるのである、すなわち無限の慈悲（生かせたる　神話友達）であるのである。私はここ（時間面的自己限定）でも、我々の自己（自我）が唯一的個（我）的に、意志的自己（我）として絶対者（絶対無）に対するという。何となれば、愛というものも、どこまでも相対する人格（質料）と人格（形相）との矛盾的自己（質料・無・形相）同一的関係でなければならない。どこまでも自己自身（質料・無・形相）に反するもの（形相）を包む（時間面的自己限定）の が絶対の愛（慈悲）（利他）（共生）（生かす力、生かさざるを得ない力、生かせたる　神話友達）である。どこまでも自己矛盾的存在たる意志的自己（自我）は、自己（自我）成立の根柢において、矛盾的自己同一的に自己（自我）を成立せしめるもの（NKZ6-341-8　物体界）（絶対無の場所）（NKZ6-348-5　共同意識）（1－3　働くもの）（私と汝）に撞着するのである。そこに、我々の自己（自我）は自己自身（時間面的自己限定・無・空間面的自己限定）を包む絶対の愛（質料・無・形相）（利他）（共生）（慈悲）（生かす力、生かさざるを得ない力、生かせたる　神話友達）に接せなければならない。単なる意志的対立（私と空間面）（時間面・無・空間面）（疎外　マルクス）（自己疎外的精神　ヘーゲル）（接触　滝沢）から人格的自己（私と汝）（時間面的自己限定・無・空間面的自己限定）が成立するのではない。この故に、いかなる宗教においても、何らかの意味において神は愛（悲願）（共生）（利他）（慈悲）（生かす力、生かさざるを得ない力、生かせたる　神話友達）であるのである（4－11　絶対的当為（ロマ書　7－20　神の律法、定言命令）の裏面には、絶対の愛

（慈悲）がなければならない。しからざれば、当為は法律的たるにすぎない」。（5—2　絶対自由）。

十

私は、上に、絶対者とは対を絶するものではない、相対に対するものは真に絶対ではない、といった。真の絶対者は悪魔的（法に背く者、1—16　定言命令に従わない者）（2—14　絶対の悪人まで）（2—14　最低の質料）なるものにまで自己自身（神が創造している自我）を否定するもの（2—14　形相化、救うもの）でなければならない。そこに宗教的方便の意義がある。しかして、それはまた絶対者（絶対無）（NKZ6-368-9　物質即精神なる神）（1—7　時間面的空間的世界）↓（自我）（被造物）が悪魔的なるもの（法に従わない者）（2—14　絶対の悪人↓被造物↓神・被造物↓キリスト）（私と汝）においても、自己自身（私と汝）（時間面と相互限定している空間面）を見るということでもなければならない。

4—6　信仰（親鸞）に入ることは、人間（創造物）が人間（無）の決断（時間面・無・空間面）（無即有）（意識界・無・物質界）をもって神の決断（時間面・無・空間面）（私と汝）（無即有）に聴従（応答）するというのである（内在的超越）。

ここに、浄土真宗のごとき悪人正因（悪人とて神の創造物）（人はもともと仏である）（インマヌエル）（仏あって衆生あり、衆生あって仏がある）の宗教があるのである。絶対愛の宗教が成立するのである。親鸞一人がためなりけりという、唯一的個（我）的に意志的（私と汝）（時間面・無・空間面）なればなるほど、かくいわなければならないのである。絶対者はどこまでも自己自身（質料・無・形相）（無自身）（場所自身）を否定する（直接経験）ことによって、真に人をして人たらしめる（2－8　仏あって衆生あり、衆生あって仏がある）のである、真に人を救うということができるのである。宗教家の方便とか奇跡とかいうことも、かくの如く絶対者の絶対的自己（我）（質料・無・形相）否定の立場（時間面的自己限定・無・空間面的自己限定）↓（時間面・無・空間面）から理解せられるであろう。仏はみずから悪魔にも堕《だ》して人を救うといわれる（仏様も階層があるようです）。キリスト教においてでも、受肉ということは、かかる神の自己否定の意義を見いだすことができるであろう。仏教的には、この世界（場所的有）（我）は仏の悲願（仏・菩薩のいつくしみの心から発する、衆生を救うための誓願　電子辞書）の世界、方便の世界ということができる。仏は種々なる形（お地蔵さんにまで）に現じて、人を救うということができる。

十一

右に述べた如くにして、私は我々（私と汝）の自己（我）を絶対者との関係において、相反する両方向を認めることができるという。そこに、キリスト教的（パウロ）（真正のキリスト教　滝沢）なものと、仏教的なもの（禅、親鸞）との二種（私と対象界、私と汝）の宗教が成立するのである。しかし、抽象的に単にその一方の立場（我と有）にのみ立つものは、真の宗教ではない。単に超越的なる神は真の神ではない（パウロ、滝沢、スピノザ、ヘーゲル、マルクス、フォイエルバッハ）(1)。神は愛（利他）（共生）（慈悲）（悲願）（生かす力、生かさざるを得ない力、生かせたる　神話友達）の神でなければならない。キリスト教でも、神は愛から世界を創造したと考えられるが、それは絶対者の自己否定（無）ということであり、すなわち神の愛ということでなければならない。これに反し、我々の自己（時間面的自己限定）が絶対愛に包まれるということから、真に我々の自己（私と汝）の心の底から当為というものが出て来るのである。人は愛ということについて、真に理解していない。愛というのは、本能（動物）ということではない。本能的なるものは、愛ではない、私欲（疎外　マルクス）（阿片）（私と商品）（私と類）（あこがれ、尊いもの　パスカル）（利己的）（2－1　外を内に映す）である。真の愛（利他的）（共生）（慈悲）（悲願）（生かせたる　神話友達）というのは、人格（時間面的自己限定）と人格（空間面的自己限定）との、私と汝との矛盾的自己同一的関係でなければならない。絶対的当為（ロマ書　7－20　神の律法、定言命令）（空間面的自己限定）の裏面（時間面的自己限定）には、絶対の愛（利他的）（共生）（慈悲）（悲願）（生かせたる　神話友達）がなければならない。しからざれば、当為は法律的たるにすぎない。キェルケゴールも、キリスト教的愛を当為といっている。カントの目的の王国には、その基礎に、純なる愛がなければならない。この故に、そこから人格（共同意識）（私と汝）（時間面的自己限定・無・空間面的自己限定）（世界的世界）（時間面的空間的世界）というものが成立するのである。愛といえば、すぐに本能的に、非人格的（煩悩）（悪とか罪とか悪魔）に考えるのは（11）、人間的存在を対象論理的に、単に主語（空間面）的存在と考えるによるのである。私は、これに反し、仏教的に、仏の悲願の世界から、我々の自己（自我）の真の当為が出て来ると考えるものである。

僕なんかよりもはるかに素晴らしい体験をした、頓悟した、一発でそれを体験した僕の神話友達が言うには、死なんていうものはない、死は今この世に存在する自分が、亡くなった方を見て自分が死を作るのだ、と言っていました。「生より死に移ると心うるはこれ誤りなり　生も一時の位なり　死も一時の位なり」と道元禅師や、「不生で一切がととのいまするわいのう」と盤珪禅師が言われていますが、僕は、体験的には分かる様な、分からない様な、なんとなく分かったようなつもりですが、僕の神話友達なら、僕が説明を求めれば、その場の状況をきちんと説明してくれると思います。彼の説明は公案の解から理解できると思っています。

しかし、その説明が本当に正しいのか、そうでないのかは自分が確かめなくては判断がつきません。公案を解いていないと彼の話は理解できません。インマヌエル、神我らとともに在す、人はもともと仏である、が一般的に言われていることですが、これは他人が言ったのであって、本当かどうか判りません。自分が確かめて「自分の言葉」で言ったのではありません。

一番いいのは、先輩禅師達と同じように体験することです（僕の体験は全く比べものになりません）。道元禅師、盤珪禅師、西田博士と同じ土俵に立つことです。そうすればあなたが彼らと同じ立場に立って、僕が西田哲学をそれなりに読んだように、西田哲学を、先輩、先人達の著書を、僕より深く正確に読むことができます。勿論、パウロの書簡も読めます。

パウロも、体験者に宛てた手紙で同じようなことを述べていらっしゃいます。

エペソ　3－3　すなわち、すでに簡単に書きおくったように、わたしは啓示（主の推薦）（ロマ書11－29　神の召し）によって奥義（無即有）（本覚、始覚）を知らされたのである。4　あなたがたはそれを読めば、キリスト（神・被造物）（西田博士は自己、私と汝）の奥義（本覚、始覚）（無から有をよびだされる神）をわたしがどう理解しているかがわかる。

十二

絶対愛（利他的）（共生）（慈悲）（生かせたる　神話友達）の世界は互いに鞫《さば》く（罪を問う）世界ではない(20)。互いに相敬愛し、自他一となって創造する世界である。この立場においては、すべての価値は創造的立場から考えられるのである。創造はいつも愛（慈悲）（悲願）（生かせたる　神話友達）からでなければならない。愛（慈悲）なくして創造というものはないのである。念仏の行者は非行非善的である、ひとえに他力にして自力を離れたる故にという。

『歎異抄』第八章　念仏は行者のために、非行悲善なり。わがはからい（分別）にて行ずるにあらざれば、非行（無分別　大拙）という。わがはからい（分別）にてつくる善にもあらざれば、非善（無分別）という。ひとえに他力（無分別）にして、自力（分別）をはなれたるゆえに、行者のためには非行非善なり（私のいない一心不乱がよく似ています）。瑞興寺ＨＰより

4―6　弥陀の五劫思惟《ごこうしゆい》の願いをよくよく案ずれば、ひとえに親鸞一人がためなりけり（五劫→五蘊。色→身体、受→感覚、想→思い、行→行い、識→判断）。

4－16　念仏の申さるる（分別）も如来の御はからひ（無分別）なり。

4－6　信仰（親鸞）に入ることは、人間（創造物）が人間（無）の決断（無即有）をもって神の決断（行為的直観）（私と汝）（時間面・無・空間面）に聴従（応答）するというのである（内在的超越）。

4－17　親鸞は、念仏には無義をもて義とす、といっている。そこに我々の自己（自我）は無意識となるというのではない、無分別（汝）の分別（私）が働くのである。知と行との矛盾的自己同一として、絶対現在の自己（時間面・無・空間面）（私と汝）限定的に、創造的なるものが働くのである（私のいない一心不乱がよく似ています）（我のいない心、無我の境地だと思います）（オリンピックのフィギュアスケートで、金を取られた方が自分の演技内容を憶えていない、と言われた辺りの消息だと思います）。

4－12　真に無私なる行為は行為的直観的でなければならない。

自然法爾《じねんほうに》ということは、創造的でなければならない。我々の自己（私と汝）が創造的世界（無）（場所）の創造的要素（質料・形相）（個物）として、絶対現在の自己（時間面・無・空間面）（行為的直観）限定として働く（1－3　働くもの）（只今）ということでなければならない。キリスト教的（パウロ）（真正のキリスト教　滝沢）にいえば、神の決断（無即有）（時間面・無・空間面）すなわち人間（自我）の決断的に、終末論（主の推薦）（見性）的ということである〔ロマ書　1－17　神の義（事実）は、その福音（主、主の推薦、霊性、心霊）の中（場）に「ロマ書　1－20　神の見えない性質」によって）啓示（時間面・無・空間面）され、信仰に始まり信仰に至らせる」〔ロマ書　4－17　彼（アブラハム）はこの神、すなわち、死人を生かし（ロマ書　7－10　わたしは死んだ）、無（ロマ書　1－20　神の見えない性質）から有（事）を呼び出される神（無即有）を信じたのである」（超越的内在）。無難禅師は、生きながら死人となりてなり果てて心のままにする業ぞよき、という（4―12　真に無私なる行為は行為的直観的でなければならない）。かかる立場において、我々の自己（自我）は絶対現在の自己（時間面・無・空間面）（行為的直観）限定として、真に歴史（八八、百八）的世界創造的である。その源泉を印度に発した仏教は、宗教的真理としては、深遠なるものがあるが、出離的（俗世間をのがれ捨てること　電子辞書）たるを免れない。大乗仏教といえども、真に現実的に至らなかった。日本仏教においては、親鸞聖人の義なきを義とすとか、自然法爾とかいうところに、日本精神的〔5―3　世界（場所的有）史的立場（5―7　歴史的社会）に立つ日本精神〕に現実即絶対として、絶対の否定即肯定なるもの（絶対無）（場所）があると思うが、従来は、それが積極的に把握せられていない。単に絶対的受動とか、単に非合理に無分別（大拙博士の無分別ではありません）とかのみ解せられている。私は、これに反し、真の絶対的受動（福音、体験、西田の心霊、コリント　2―10―18　主の推薦）からは、真の絶対的能動（応答）（良寛さん）（親鸞）（パウロ）（無難禅師）（神話）（宗教）（学問）（5―7　歴史的社会）（ロマ書　11―15　世の和解）が出て来なければならないと考えるのである。また、抽象的意識（デカルト）（カント）的判断を越えて、これ（デカルトの我）を内に含み（時間面的自己限定・無・空間面的自己限定）、その当否を決するもの、すなわち判断（汝）の判断（私）、私のいわゆる行為的直観（一つの世界・一つの世界）（時間面・無・空間面）（私・汝）として、無分別（汝）（質料・無・形相）の分別（私）（質料・無・形相）（共同意識）というのは、科学成立の根本的条件でもあると思うのである。科学的知識の根柢には、我々（私と汝）が物（質料・無・形相）（共同意識）となって見（時間面・無・空間面）、物（時間面的自己限定・無・空間面的自己限定）（絶対無）となって聞く（自己表現的個・無・自己表現面的限定）→（時間面・無・空間面）（絶対無）ということがなければならない、万法すすみて自己（私と汝）を修証するという立場がなければならない。そこにも、絶対現在（行為的直観）の自己（時間面・無・空間面）（意識界・無・

物質界）限定として、我々の自己（自我）（私）が自己（無）の決断（時間面・無・空間面）（無即有）をもって神の決断（自己表現的個・無・自己表現面的限定）（2－7　無が無自身に対して立つ）（時間面・無・空間面）（無即有）に従う（統一）ということがなければならない（仏あって衆生あり、衆生あって仏がある）。無分別の分別ということは、我々の自己（自我）が単に主語的に外に従うということではない。どこまでも主語と述語との矛盾的自己同一的に、すなわち意志的（4－1　自己表現的個）に、自己（自我）を越えて（2－1　自己表現面的限定）、自己（自我）を成立せしめるもの（質料・無・形相）（時間面・無・空間面）（絶対無）に従う（私と汝の統一）ということである。故に、それは行為的直観的であるのである。真に無私なる行為（無自身）（場所自身）（直接経験）は行為的直観的（時間面・無・空間面）→（時間面的自己限定・無・空間面的自己限定）（一つの世界・一つの世界）（自己表現的個・無・自己表現面的限定）（私・無媒介的媒介・非連続的連続・汝）（共同意識）でなければならない。道徳的行為も、ここに基づくのである。故に、道徳的行為も、その根柢において宗教的（1－16　定言命令↓方便）である。ただカント哲学（心の外）に囚《とら》われているものは（単なる5－9　世界的世界、ego）（デカルト、カント的思惟）（知的直観）、これを理解することができない（追試して確かめてください。パウロみたいに「主の推薦」で、「主の僕」にならなければ、回心、翻らなくては出来ません）。

　真の他力宗（NKZ6-399-8　意識と意識が話し合ふ、私と汝が話し合う）は、場所的論理的にのみ把握することができるのである。しかして、それによって悲願の他力宗は、今日の科学的文化（時間面・無・空間面）（動・静）（非連続的連続）とも結合するのである。しかのみならず、今日の時代精神は、万軍の主の宗教（物体界）（時間面・無・空間面）（我と対象界）（超越的内在）よりも、絶対悲願（絶対無）（私と汝）（西田の心霊、大拙の霊性、上田の限りない開け）（5－13　内在的超越）の宗教を求めるものがあるのではなかろうか。仏教者の反省を求めたいと思うのである。世界戦争は（2－15　我々の心は、本来、神と悪魔との戦場である）、世界戦争を否定するための、永遠の平和のための、世界戦争でなければならない（説明が、僕にとっては荷が重すぎて非常に難しいから、僕の頭では不可能ですので読むのをやめます）（追試して考えてください、僕が言えるのは、世界は、国と国、国と国民、私と対象界、私と汝、超越的内在と内在的超越、知的自己と行為的自己です）（親鸞さんを勉強すれば良いのではないかと思っています）（思うことは、パウロの言われた「世の和解」が成就すればよいなーと思っています）。

4－19　矛盾的自己同一の根柢に徹することを、見性というのである。そこには、深く背理の理というものが把握せられなければならない。禅宗にて公案というものは、これを会得せしむる手段にほかならない。

十三

神と人間との関係は、力の関係でないことはいうまでもないが、また普通に考えられる如く目的（心の内容）的でもない。絶対に相反するものの相互関係は、表現的でなければならない。絶対者とは、対を絶するもの（NKZ6-347-4　場所的切断）でなければならない（NKZ6-386-7　主と客とを含む一般者はない）。絶対的自己（絶対無）（我）否定において自己（時間面・無・空間面）を有《も》つもの（私と対象界）、絶対的自己（絶対無）否定においておいて自己（空間面的自己限定）（汝）（自己表現面的限定）を見るもの（時間面的自己限定）（私）（自己表現的個）でなければならない。それにおいて、絶対的自己（絶対無）否定として自己（自我）に対するものは、自己自身（私と非連続的連続、無媒介的媒介している汝）（時間面的自己限定・無・空間面的自己限定）の表現（時間面・無・空間面）（質料・無・形相）でなければならない。神と人間との関係はどこまでも自己（無）否定的に自己自身（汝と統一している私）を表現するもの（汝）と、表現せられて（有）自己（私）表現的にこれ（汝）に対するもの（私）との関係（5）において理解せられなければならない。それは機械的でもない、目的（ノエマ）的（私と対象界、物質界）でもない。どこまでも自己（私）表現的に自己自身（神が相互限定している自我）を形成するもの（自己表現的個と自己表現面的限定）（時間面的自己限定・無・空間面的自己限定）、すなわちどこまでも創造的なるもの（絶対無）（場所自身）（無自身）と、創造せられて（自己表現的個と自己表現面的限定）（時間面的自己限定・無・空間面的自己限定）（時間面的空間的世界）創造するもの（絶対無）（場所自身）、すなわち作られて〔（時間面的自己限定）（有即無）と（無即有）（空間面的自己限定）〕作るもの（質料・無・形相）との絶対矛盾的自己（絶対無）同一的関係でなければならない。表現するもの（汝）と（私が）表現せられて（有）表現するもの（汝）との関係、すなわち独立的（空間面的自己限定）なるものと独立的（時間面的自己限定）なるものとの矛盾的自己（絶対無）同一的関係には、作る作られる（1―17　場所が場所自身を限定する）（直接経験、純粋経験）→（自己表現的個・無・自己表現面的限定）（述語面的自己限定・無・主語面的自己限定）（時間面的自己限定・無・空間面的自己限定）（共同意識）（質料・無・形相）（時間面・無・空間面）（論理から自己へである「デカルト哲学について」）ということが入って来なければならない。我々（私と汝）が他（汝と私）を理解するということは一つの働きである。しかし、それは外から動かされることでもなく、内から動かされることでもない。自己（汝）表現的に自己（私）を作ることである。自己（私）表現的に他（汝）を動かすということも同様である。自己（私）が他（汝）となるのではない、他（汝）が自己（私）となるのでもない、他（汝）が自己（私）表現的に他（汝）の自己を作ることである。人と人（私と汝）との相互理解ということは、かかる関係において成立するのである（時間面的形相限定・無・空間面的質料限定）。

十四

自己（私）（我）表現的世界は自己（自我）（私・無媒介的媒介・非連続的連続・汝）形成的世界、自己（自我）形成的世界は自己（私）表現的世界でなければならない。多と一との絶対矛盾的自己（時間面・無・空間面）同一的世界（上田の限りない開け、「コリント 2－10－18 主の推薦」の場）において、その自己（我）（無）否定的に、どこまでも個（一つの世界）（私）と個（一つの世界）（汝）と相対する立場（私の意識・非連続的連続・無媒介的媒介・汝の意識）（自己表現的個・無・自己表現面的限定）において表現的であり、自己（私）肯定的に、どこまでも全一的（環境）（NKZ6-341-8 物体界）（主の場）なる立場（時間面・無・空間面）（質料・無・形相）において形成的であるのである。何らかの意味において自己（自我）形成的ならざる自己（私）表現的世界はなく、何らかの意味において自己（私）表現的ならざる自己（自我）形成的世界はないのである（仏あって衆生あり、衆生あって仏がある）。歴史（八八、百八）的形成的世界（創造）において、表現とは力であるのである。形成作用的可能性（無即有）（動・静）をいうのである。それは現象学者や解釈学者のいうごとき、単に「意味」というごときものではない。これらの学者は、表現ということをその形成的方向から抽出して考えているのである。いわゆる意味というのは、自己（私）表現的に自己自身（神が相互限定している自我）を形成する世界の、自己（我）否定的立場の極限（時間面・無・空間面）（意識界・無・物質界）（主の場）（5－4 自在的立場）において、どこまでも非形成的（非宗教的）（非神話的）（単なる世界的世界）（カントの立場は、理性が成した「素材と援助」）（単なる自在的立場）に考えられた世界（心）内容（5—4　単なる自伝）（思い込み）（5—5　常識はドクサ）にすぎない。歴史（八八、百八）的形成的世界（創造）（内在的超越）においては、単なる事実とか作用とかいうものがないとともに、単なる意味というものもない。具体的にあるものは、すべて自己（無）（私）表現的に自己自身（統一している私と汝）を形成するもの（質料・無・形相）（場所的有）（直接経験）（場所自身）であるのである。我々の意志（2—7　無が無自身に対して立つ）（私と統一している汝の表現）（自己表現的個・無・自己表現面的限定）→（時間面・無・空間面）というものは、勝義（最もすぐれた道理　電子辞書）においてかくのごとき性質を有《も》ったものである。従来は、意志というものを、抽象的（デカルト的）に単に意識作用的にのみ考えているのであるが、自己（私と汝）において世界（場所的有）を表現する（時間面的自己限定・無・空間面的自己限定）→（時間面・無・空間面）ということなくして、意志作用というものはない。意志とは、我々（私と汝）の自己（我）が世界の自己（我）形成点として、世界（汝）（場所的有）を自己（自我）（私）（場所的有）に表現する（時間面・無・空間面）ことによって、世界（質料・無・形相）の自己（私）表現的に世界（自我）を形成する働きにほかならない。象徴というものも、歴史的世界（八八、百八）においては、非実在的ではない。それは世界の自己（汝）表現としては、歴史的世界形成（創造）の力を有ったものでなければならない。宗教家の「神の言葉」というものは、かかる立場から把握せられなければならない。

十五

絶対者（NKZ6-368-9　物質即精神なる神）（場所自身）（無自身）（意識）（我）がどこまでも自己（我）否定的に、自己（私）（4－1　自己表現的個）において自己（汝）（無）（自己表現面的限定）を見るという立場（時間面・無・空間面）（意識界・無・物質界）（自己表現的個・無・自己表現面的限定）から、人間の世界が成立する、歴史的世界が成立する。故に、神は愛から世界（心）を創造したといわれる。どこまでも自己自身（統一している私と汝）を表現するものとの関係は、表現的関係において把握せられなければならない。すなわち言葉においてでなければならない。言葉が神と人間との媒介となるのである。神と人間との関係は、機械的でもない、目的的でもない、否、理性的でもない。神は絶対的自己同一的に、絶対的意志（私と汝）（自己表現的個・無・自己表現面的限定）→（時間面・無・空間面）として、我々（私と汝）の自己（自我）に臨んで来るのである。形成的言葉として自己自身（私と統一している汝）を表現し来るのである。これが啓示（時間面・無・空間面）（始覚、見性）（主、主の推薦、福音、心霊、霊感、限りない開け）である。猶太《ユダヤ》教において予言者（体験者、主の僕、シャーマン、テモテ2－4－1　死んだ者）とは、神に代わってその意志をイスラエル人に語るものであった。予言者（主の僕）は万軍の主エホバ（ヤハウェ）、イスラエルの神かくいいたまうという。予言者は「神の口」とも称せられた。私はかつて歴史的世界（八八、百八）はいつも課題（主旋律）を有《も》つ。そこの世界がそれ自身（質料・無・形相）（場所的有）の自己同一（無自身）（場所自身）（直接経験）を有つといった。真の歴史的課題とは、それぞれ（歴史）の時代において、神の言葉という性質（ロマ書　神の律法）を有ったものでなければならない。猶太の昔では、それは、エホバ（ヤハウェ）の言我《ことば》にのぞみていうというように超越的（超越的内在）であった。しかし、今日、それはどこまでも内在的（私と汝）でなければならない、自己自身（神が創造している自我）を形成する歴史的世界の底からの自己（無）表現でなければならない。しかも、それは単に内在的というのではない。歴史的世界は、絶対現在（体験の場）（1－5　場所的自己）（私と汝）の自己（時間面・無・空間面）

限定として、いつも内在即超越、超越即内在的（衆生あって仏がある、仏あって衆生あり）であるのである。（公案、人生の問いを解いて、追試して）かかる世界（場所的有）（我）（問所）に沈心《ちんしん》して、その歴史的課題（主旋律）（問所「デカルト哲学について」）（私と汝）（心・身体）（意識・物質）（NKZ6-347-10 難問）を把握するのが、真の哲学者の任であろう。

（門外漢の僕がこのように申し上げては恐縮しますが、いまさら西田哲学でもあるまい、と思っていらっしゃる方は、宗教、哲学、学問を放棄された方であると思います）（僕のような半端な体験でも、どんぶり勘定が好きな僕が、つまりそれしかできない僕が、全てを理解した、正しく読んだとは思いませんが、ここまで読みました。勿論、西田博士に提出して満点を取るつもりで読みました）

（是非、追試してみてください。私と汝、意識と物質、問所を、歴史的課題、主旋律を把握されますように祈っています）

十六

仏教においても、真宗（浄土真宗　親鸞）においての如く、仏は名号《みょうごう》によって表現せられる。名号不思議を信ずることによって救われるという。絶対者すなわち仏と人間との非連続の連続、すなわち矛盾的自己（私と汝）同一的媒介は、表現によるほかない。仏の絶対悲願を表すものは、名号のほかないのである。『歎異抄』に、誓願の不思議によりて、易《やす》くたもち、称《とな》へ易き名号を案じ出したまひて、「この名字を称へん者を迎へとらん」と御約束あることなれば、まづ「弥陀の大悲大願の不思議にたすけられまゐらせて生死を出づべし」と信じて（横超）、「念仏の申さるる（分別）も如来の御はからひ（無分別）なり」と思えば、少しも自《みずから》の計《はからい》（分別　大拙）まじはざるが故に、本願に相応して真実報土《しんじつほうど》に往生するなり、これは誓願の不思議のむねと信じたてまつれば、名号の不思議も具足して、誓願名号の不思議ひとつにして、さらに異なることなきなりといっている。絶対者と人間とのどこまでも逆対応的なる関係は、ただ名号的表現によるのほかない。それは感覚的ならざることはいうまでもなく、理性的ということでもない。理性はどこまでも内在的である、人間（我）（純粋理性　カント）の立場である。それは絶対者との交渉（NKZ6-399-8　意識と意識が話し合う）（私の意識と汝の意識）の途《みち》ではない。先にいった如く、我々（私と汝）の自己（自我）（質料・無・形相）は個人的意志（自分）の尖端《せんたん》（時間面・無・空間面）（私と汝）において絶対者（絶対無）に対するのである（仏あって衆生あり）。神もまた絶対意志（自己表現的個・無・自己表現面的限定）↓（時間面・無・空間面）的に我々の自己（私）（自我、自分）に臨《のぞ》むのである（故に、どこまでも逆対応的であるのである）（衆生あって仏がある）。かかる意志（もう一人の自分、汝）と意志（自分、私）との媒介は言葉によるのほかはない（絶対矛盾的自己同一的関係として）。言葉はロゴスとして理性的でもあるが、また超理性的なるもの、否、非理性的なるものは、ただ言葉によってのみ表現せられる。意志（1－20　意志作用的有）は理性（教会）（本覚）をも越えるもの（私と汝）、否、これ（動）（時間面）をも破るもの（静）（空間面）である。どこまでも我々（私と汝）の自己（自我）を越えて、しかもどこまでも我々の自己（私）に臨むものは、どこまでも客観的に自己自身（私と統一している汝）を表現するもの（時間面・無・空間面）（時間面的自己限定・無・空間面的自己限定）（自己表現的個・無・自己表現面的限定）（絶対無）（場所自身）（動・静）でなければならない。芸術も客観的表現であるが、それは感覚的（知的直観）（静）である、意志（動・静）（時間面・無・空間面）（自己表現的個・無・自己表現面的限定）（時間面的自己限定・無・空間面的自己限定）的ではない。宗教（行為的自己）的表現とは、絶対意志的（2－7　無が無自身に対して立つ）（無即有）（私の意識・非連続的連続・無媒介的媒介・汝の意識）でなければならない。我々（私と汝）の人格的自己（絶対無）（共同意識）（我）（私）そのものに対するもの（絶対無の場所）（場所的有）（共同意識）（汝）（自己表現的個）であるのである。仏は我々（私と汝）の自己（自我）にどこまでも超越的（時間面・無・空間面）（動・静）（仏あって衆生あり）なるとともに、しかもこれ（空間面的自己限定）を包むもの（衆生あって仏がある）（述語的場所）（時間面的自己限定）（我）である。「念仏の申さるる（分別）も如来の御はからひなり（無分別　大拙）」というに至りて極まる(5)。ここに親鸞の横超の意義があるのである。横超は名号不思議によらなければならない。

十七

いかなる宗教といえども、それが真の宗教であるかぎり、入信とか救済とかいうには、絶対者と人間との間には、絶対矛盾的自己同一的なる背理の理というものがあるのである。それは感覚的でもなく、理性的でもない。絶対者の自己（無）表現としての言葉というものでなければならない。創造的言葉であるのである。キリスト教では、太始《はじめ》に言葉ありという。しかして、キリスト（ガラテヤ　2－20　キリスト↓神）（バチカンの言われる主イエス・キリストではありません）について「言葉肉体となりて我らの中に宿り給えり」という。

ロマ書　6－8　もしもわたしたちが、キリスト（神）と共に死んだ（わたしは死んだ）（主が生起した）なら、また彼（神）（キリスト）と共に生きることを信じる（キリスト↓神・被造物）。

ガラテヤ人への手紙　2－20　生きているのは、もはや、わたしではない。キリスト（ロマ書

4―17　無から有を呼び出される神）が、わたしたちのうちに生きておられるのである。

仏教においても、名号すなわち仏であるのである。右のごとき意味において、創造的にして救済的なる啓示（宗教的体験、始覚、パウロの主の推薦、西田の終末論）的言葉、背理の理というべきものは、単に超理的とか非合理的とかいうのではない。絶対者の自己（場所的有）表現として、我々の自己（質料・無・形相）（心）をして真の自己（私と汝）たらしめるもの、理性（主語面的自己限定）（汝）をして真の理性（述語面的自己限定）（私）たらしめるものであるのである。

2―7　自己（場所的有）の中に絶対的自己（絶対無）否定を含むということは、自己（自我）が絶対の無（場所）（時間面的自己限定・無・空間面的自己限定）（個人的自己の意識・無・個人的自己の意識）（NKZ6-348-5　共同意識）（質料・無・形相）↓（無）となるということでなければならない。自己（自我）が絶対的無（絶対無）とならざるかぎり、自己（自我）を否定するもの（無）が自己（質料・無・形相）（絶対無）（直接経験）（場所）（意識）に対して立つ（個・非連続的連続、無媒介的媒介・個）（私・非連続的連続・無媒介的媒介・汝）（NKZ6-348-5　共同意識）（私の意識と汝の意識の統一）（自我）、自己（自我）が自己（私と汝）の中に絶対的否定（絶対無）を含むとはいわれない。故に、自己（自我）（私）が自己（私と汝）矛盾的に自己（自己表現的個↓汝↓自己表現面的限定↓空間面的自己限定）に対立する（意識界・無・物質界）（時間面・無・空間面）ということは、無が無自身（精神・無・物質）（動・無・静）（質料・無・形相）（絶対無）（直接経験）（場所自身）（時間面的自己限定・無・空間面的自己限定）（意識）（NKZ6-348-5　共同意識）に対して立つ（時間面・無・空間面）（理性↓理性的）（私の意識・無媒介的媒介・非連続的連続・汝の意識）（自我）ということである。

親鸞は、念仏には無義をもて義とす、といっている。そこに我々の自己（自我）は無意識となるというのではない、無分別（汝）の分別（私）が働くのである。知と行との矛盾的自己同一として、絶対現在の自己（自己表現的個・無・自己表現面的限定）→（時間面・無・空間面）限定的に、創造的なるものが働くのである。キリスト教（パウロ、真正のキリスト教　滝沢）の神の言葉においては、それが超越的人格神（2―16　客観的自己）（超越的内在）（知的直観）の啓示（時間面・無・空間面）（私と対象界）として、絶対意志（当為）的に、鞫《さば》く意義（自問）を含んでいる。我々は信仰によって義とせられるといわれる（パウロ）。

ロマ書　4―17　彼（アブラハム）はこの神、すなわち、死人を生かし（ロマ書　7―10　わたしは死んだ）、無（ロマ書　1―20　神の見えない性質）から有（事）を呼び出される神を信じたのである。

ロマ書　1―17　神の義（事実）は、その福音（主、霊感、宗教的体験）の中（場）に啓示（時間面・無・空間面）され、信仰に始まり信仰に至らせる。

これに反し、名号においては、仏の大悲大慈の表現（時間面・無・空間面）（時間面的自己限定・無・空間面的自己限定）（私と汝）として、我々（私と汝）の自己（自我）はこれによって救われる、包まれる（1―11　述語的場所）（悲願）（慈悲）（利他）という意義を有《も》っている。その極、自然法爾というにも至るのである。この語は人の考える如く、いわゆる自然（Nature）（青い地球）の意義に解せられてはならない。

十八

宗教的体験（心霊、霊性、福音、限りない開け、西田、パウロの終末論、主、主の推薦）は対象論理的（知的直観）（カント）（私と対象界）に考えられるものではない。それはどこまでも絶対悲願に包まれるということでなければならない。しかも、それは単に情的に無差別となるということではない。大智は、固《もと》、大悲大慈（利他）より起こるのである。しからざれば、それは利己的に独断的か（我の立場）（超越的内在）（マルクス）、さなくば論理的遊戯にすぎない。真理は、我々（私と汝）が物（質料・無・形相）（絶対無）となって考え（時間面的自己限定・無・空間面的自己限定）、物（質料・無・形相）（絶対無）となって見る（時間面・無・空間面）ところ（五劫思惟 親鸞）にあるのである。しかして、慈悲とは、我々の自己（私と汝）が、徹底的にかかる立場に立つことである。絶対者の自己（無）否定的肯定として働く（1－3 働くもの）ことである。真に人（私と汝）を知るには、真に無念無想の立場（無）（場所）からでなければならない。科学的真理（瞬間・非連続的連続・時間（意識界・無・物質界）というものも、我々の自己（私と汝）が、自己自身（私と統一している汝）を表現する（有）世界（場所的有）の自己（私）表現的に、絶対現在（自己表現的個・無・自己表現面的限定）の自己限定（時間面・無・空間面）として知るのである。そこにも、自然法爾ということができる。慈悲とは、意志を否定するものではない。そこから真の意志（2－9 無が無自身に対することによって、無限に自己自身を限定する）（無が無自身に対して立つ）が成立するのである。我々の自己（我）は、主語的有（空間面）（静）でもない、述語的有（時間面）（動）でもない。我々（私と汝）の自己は、主語的・述語的（仏あって衆生あり）、述語的・主語的（衆生あって仏がある）に、場所的有（NKZ6-348-5 共同意識）（絶対無の場所）↓（場所自身）としてあるのである。故に、我々の自己（私）は、その根柢において慈悲的であるのである。慈悲（利他）とは、どこまでも相反（質料・形相）するものが、矛盾的自己（場所的有）同一的に一（場所）（時間面的自己限定・無・空間面的自己限定）となることである。意志（意志作用的有）（自己表現的個・無・自己表現面的限定）とは、かかる場所的有の自己限定（時間面・無・空間面）（時間面的自己限定・無・空間面的自己限定）（私の意識・非連続的連続・無媒介的媒介・汝の意識）（NKZ6-400-4 個人的自己の意識の統一）として生ずるのである。意志は、主語（空間面）的に本能的（マルクス）（静）であり、述語（時間面）的に理性的（動）であるが、場所的自己限定（場所自身）（無自身）（直接経験）として、歴史（八八、百八）的形成的であるのである。（物体界）（限りない開け、心霊、霊性、テモテ　2－4－8　公平な審判者である主、始覚、見性に於ける）純なる場所的自己限定として、一毫《いちごう》（一本の毛）の私（我）なきところ（時間面・無・空間面）（時間面的自己限定・無・空間面的自己限定）（私と汝）（仏あって衆生あり、衆生あって仏がある）（質料・無・形相）（無）（場所）（純粋経験）、私はこれを誠と考える。しかして、至誠は大悲大慈（利他）（愛）に基礎づけられていなければならない。私は実践理性（我）の根柢を、ここに置きたいと思う（YouTubeのNishida Kitaroを見ましたが、難問を解明するのに、探究するのに、また私生活においても、大変なご苦労をされたと思いました。勉強させてもらいました、拍手、拍手、拍手、心から拍手）。カントの道徳は、市民的である。歴史的形成的道徳（ロマ書　7－20　神の律法）は、悲願（利他）（愛）的でなければならない。西洋文化〔2－9　主語的超越的に君主的Dominus（主　電子辞書）なる神〕の根柢には悲願（仏・菩薩のいつくしみの心から発する、衆生を救うための誓願　電子辞書）（利他）（愛）（体験世界）というものがなかった（鈴木大拙）。そこに、東洋文化（主）（私と汝）と西洋文化（バチカン）（ego）（デカルト、カント）との根柢的相異があると思う。

（是非、公案を解いて、追試して、掴むものを掴んで「根柢的相異」をご自分で確かめてください。僕でも、西田哲学を勉強する以前から、博士には遠く及びませんが、それなりに理解していました。博士の言葉で言えば「2－14　体験者には、それは自明の事であろう」なのです。ただ、そのことを誰にでも分かるように説明できないのが、もどかしい所です）（西田哲学は追試しなければ自己が連なっているだけです）（次の十九で禅、公案について論じていらっしゃいます）

十九

我国文化〔5－3　世界史的立場（5－7　歴史的社会）に立つ日本精神〕（武士道など）が多大の影響を受けたと思われる禅については、その道の人に譲りたい。私は、ただ禅に対する世人の誤解について一言しておきたいと思う。禅というのは、多くの人の考えるごとき神秘主義（神人合一）ではない。見性《けんしょう》（時間面・無・空間面）（行為的直観）ということは、深く我々（私と汝）の自己（私と汝）（インマヌエル）の根柢（場所）に徹することである。我々の自己は絶対者の自己否定として成立するのである。絶対的一者の自己否定的に、すなわち個物（質料・形相）的多として、我々の自己（私）（人間、被造物）が成立するのである。故に、我々（私と汝）の自己（自我）は根柢的には自己矛盾的存在である。自己（自我）が自己自身（自我を創造している神）を知る自覚（反省、見性）（動・静）ということそのことが、自己（私と汝）矛盾である。故に、我々の自己（自我）は、どこまでも自己（自我）の底に自己（自我）を越えたもの（個と個）（私の意識・汝の意識）に於いて自己（自我）を有つ、自己（自我）（無）否定に於いて自己自身（時間面・無・空間面）（時間面的自己限定・無・空間面的自己限定）（質料・無・形相）（共同意識）を肯定する（私・無媒介的媒介・非連続的連続・汝）のである。かかる矛盾的自己（場所）同一の根柢に徹することを、見性（時間面・無・空間面）（行為的直観）というのである。そこには、深く背理の理というものが把握せられなければならない。禅宗にて公案というものは、これを会得せしむる手段にほかならない。

コリント　2－7－10　神のみこころに添うた悲しみ（人としての問い）（3－1　良心の呵責）（公案）（悲哀）は、悔いのない救いを得させる悔改め（回心）（主の僕）に導き、この世の悲しみ（2－19　自己否定的努力）は死（主の推薦、ロマ書　11－29　神の召し、わたしは死んだ）をきたらせる。

首山《しゅざん》、一日（ある日）、竹篦《しっぺい》（禅家で、師家が修行者を打って指導するのに用いる竹製の杖　電子辞書）を挙《こ》して曰く、喚《よ》（名づけて）んで竹篦となさば触れる、喚んで竹篦となさざれば背く、喚んで何となすかと。背理の理というのは、非合理ということではない、親鸞のいわゆる義なきを義とするのである。理と事と、知と行との矛盾的自己同一ということである。科学的知識も、実はここに成立するのである。私が作られたもの〔（時間面的自己限定）（自己表現的個）と（空間面的自己限定）（自己表現面的限定）〕から作るもの（場所）（絶対無）へというのも、かかる立場においていい得るのである。それは歴史的世界（八八、百八）の自己（質料・無・形相）（意識界・無・物質界）限定の立場であるのである。しかも、それは絶対現在の自己（自己表現的個・無・自己表現面的限定）→（時間面・無・空間面）（質料・無・形相）（動・静）限定としてきわめて平常底《びょうじょうてい》なる立場であるのである。臨済は仏法無用功処、祗是平常無事、屙尿送尿、困来即臥、愚人笑我、智乃智焉(35)という。しかし、かかる語も誤解してはならない。終末論（見性、反省、主、宗教的体験）的なる所、すなわち平常底であるのである。心即是仏、仏即是心というごとき語も、世界（心）（場所的有）を主観的（我的）（私）に考えることではない。諸心皆為非心、是為心(36)という。般若即非の論理的に、心と仏（衆生あって仏がある）との（個〔個と個〕〔私と汝〕と全体との〔環境的限定の意義〕）矛盾的自己同一の義（仏あって衆生あり）に解せられなければならない。禅についての誤解は、すべて対象論理（デカルト、カント、今のあなた）的思惟に基づくのである。西洋哲学において、プロティノス以来、神秘主義（体験世界）と称せられるものは、東洋の禅ときわめて接近せるものではあるが、私はその根柢において対象論理的立場（スピノザ、ヘーゲル、マルクス、滝沢）（我と有）（マルクスは対象、類との疎外）（超越的内在）（知的直観）を脱したものではないと考える。否、プロティノスの一者(37)は東洋的無（流出、私は死なない　久松真一）(17)と対蹠的《たいしょてき》（正反対のこと　電子辞書）極限に立つものである。この故に、それは平常底という立場にまで達したものではない。我々の心（我考える故に我あり）があって世界（心）があるのではない、我々（私の意識・汝の意識）は単に自己（デカルト的我）（単なる5―9　世界的世界、ego）から世界（心）を見るのではない。我々（有・無）の自己（心）（自己表現的個・無・自己表現面的限定）とは、この歴史的世界（人間）において考えられるものであるのである。我々（有・無）の意識的自己（自我）の世界というは、私が「生命」において論じた如く、歴史的世界の時間面的自己限定（我）（場所）（人）として成立するのである。すべて抽象的（デカルト、カント、今のあなた）（スピノザ、ヘーゲル、マルクス、滝沢）意識的自己（我）からの主観主義的立場（我の立場）（私と有）（超越的内在）（知的直観）が、我々（有・無）（今のあなた）の眼を暗ましているのである。

〔哲学とか宗教になんの興味もなかった、また、その教養や能力のない僕のような門外漢が、たまたま公案を解いておいたことで、西田哲学に出会い、学ぶことができて本当に良かった（「善の研究」や滝沢博士の「西田哲学の根本問題」は、何年も前に読んだがほとんど理解出来なかったので、途中でやめた）。しかし、どこまで理解したのか分かりません。多分当たらずとも遠からずや、思い違いがあると思います。一番困るのは、何度読んでも、数え切れないほど読んでも加筆や訂正があることです。いったい、僕の頭ってどうなっているのでしょうか。どんぶり勘定が好きな僕のようなものが、畏敬の念を抱く恐ろしいほどの洞察と、緻密で明晰な頭脳に対すれば仕方がないかも。博士に提出して満点がもらえるといいのですが〕

（我思う故に我あり、を西田哲学で言えば、自己表現的個、自己表現的個・無・自己表現面的限定ゆえに自己表現的個・自己表現面的限定あり、になります）（博士はこれらの底を論じていらっしゃいます）

5−12　晩近《ばんきん》（最近　電子辞書）に至って、ヨーロッパ文化の前途を憂える人は、往々中世への復帰を説く（Dawsonの如く）。しかし、大まかに歴史は繰り返すといわれるが、その実は歴史は繰り返すものではない、歴史は一歩一歩に新《あら》たなる創造である。近世文化は、歴史的必然によって、中世文化から進展し来ったのである。中世文化の立場に還ることの不可能なるのみならず、またそれは近世文化を救うゆえんのものでもない。

5−12　我々（私と汝）（人間）はどこまでも内へ超越して行かねばならない。内在的超越（統一している私と汝）（2−8　仏あって衆生あり、衆生あって仏がある、インマヌエル、絶対無、場所）こそ新しい文化（神話）（宗教）（学問）（5−7　歴史的社会）（ロマ書　11−15　世の和解）の途《みち》であるのである。

5−12　今や新たなる文化（神話）（宗教）（学問）（5−7　歴史的社会）（ロマ書　11−15　世の和解）の方向が（再び）求められなければならない、（神話を語り得る）新たなる人間（シャーマン、体験者、新たなる第二の西田幾多郎、鈴木大拙、上田閑照、5−2　主の僕、第二の主イエス・キリスト、5−13　内在的超越のキリスト↓被造物、覚者）が生まれなければならない（異議ありません、心から同意します。ここが僕の目的地）。

4―19　矛盾的自己同一の根柢に徹することを、見性というのである。そこには、深く背理の理というものが把握せられなければならない。禅宗にて公案というものは、これを会得せしむる手段にほかならない。

第五章　平常底と終末論

一

何らかの立場において宗教的体験（コリント　2－10－18　主の推薦）（ロマ書　11－29　神の召し）（心霊）（霊性）を有《も》ち、真に入信の人というのは少ない。しかし、宗教というのが、ある特殊な人の特殊な心理状態というのではない（僕の神話友達は素晴らしい体験をしました。彼と比べものになりませんが、僕でもそれなりの体験をしました。神話友達は禅とか公案にはまったく関係なく、ただ、美について考えていただけです。僕も、生まれたときにどのように思ったのか、を考えていただけです。ですから、その気になれば老若男女を問わず誰でも体験できます）。我々（私と汝）が歴史的世界（八八、百八）から生まれ、歴史的世界において働き、歴史的世界へ死に行く、歴史的実在（創造物）であるかぎり、我々は宗教的実在でなければならない。我々の自己（私と汝）の成立の根柢において、爾《しか》いうことができる。それ自身（場所自身）によってあり、それ自身（時間面的自己限定・無・空間面的自己限定）（場所的有・無・場所的有）（世界的世界）（私の意識と汝の意識）（共同意識）によって動く絶対者（絶対無）（場所自身）は、対を絶したものではない（私と汝）（質料・無・形相）。対を絶したものは、絶対ではない。自己自身（私・統一・汝）（時間面的自己限定・無・空間面的自己限定）の中に絶対的否定を含む真の絶対者の自己（絶対無）（場所）否定即肯定として、どこまでも多と一との矛盾的自己同一的に、絶対現在（自己表現的個・無・自己表現面的限定）（時間面的自己限定・無・空間面的自己限定）（NKZ6-348-5 共同意識）（場所的有・無・場所的有）（内在的超越）の自己限定（時間面・無・空間面）（超越的内在）として、この歴史（八八、百八）的世界（人間）が成立するのである。我々（私と汝）の自己（自我）は、かかる世界の個物（質料・形相）的多として、その一々がこの世界（場所的有）を表現するとともに、この世界の自己（無）（場所）表現として、この世界（自我）（私と汝の統一）を形成して行くのである。そこに我々（私と汝）の自己（自我）の存在があるのである。すなわち絶対的一者（質料・無・形相）（無）（場所）の自己否定的肯定として、我々の自己（自我）が成立するのである。故に、我々の自己（自我）は、自己（自我）（無）（場所）否定において自己（時間面・無・空間面）を有つ。我々はどこまでも宗教的である。しかして、またこの故に、我々の行動の一々が歴史的であり、絶対現在（私と汝）（主）の自己（自我）（無）限定として終末論（主の推薦、反省、見性、宗教的体験）的eschatologischということができるのである〔ロマ書 1－17 神の義（事実）は、その福音（心霊、主の推薦）の中に啓示（時間面・無・空間面）され、信仰に始まり信仰に至らせる〕。ここに、我々（私と汝）は自己（私）（我）（物質即精神）の決断（時間面・無・空間面）（無即有）（超越的内在）をもって神（物質即精神）（私と汝）の決断（私と汝）（自己表現的個・無・自己表現面的限定）（時間面的自己限定・無・空間面的自己限定）↓（時間面・無・空間面）（無即有）（内在的超越）（共同意識）に従うということができる（2－8 仏あって衆生あり、衆生あって仏がある）（親鸞）。

4－2 人間は彼（我）の決断をもって神の決断（時間面・無・空間面）に従うのが信仰であるといっている（K. Barth, Credo）（超越的内在）（アブラハム）。

真理は啓示（時間面・無・空間面）である。真理は絶対現在（自己表現的個・無・自己表現面的限定）（私と汝）の自己（時間面・無・空間面）（意識界・無・物質界）限定として、カイロス（逢着、体験、遭遇）的に知られるのである。しかも、この故に、真理は絶対現在（体験の場）（NKZ6-341-8 物体界）（3）の自己（ノエシス）限定的内容（ノエマ）として、特殊なる時間空間を越えて一般的に、永遠的であるのである。瞬間は永遠である。ここに、カイロス（逢着、主、体験）即ロゴス（言葉）、ロゴス即カイロスである。永遠の真理（理性）（物質）（静）（自律）と事実の真理（理性的）（動）（自律的）（人間）との間の種々なる難問（物質と精神）（心と身体）は、時というものの抽象的理解に基づくのである。時は絶対現在（行為的直観）（自己表現的個・無・自己表現面的限定）の自己（意識界・無・物質界）（心・無・身体）（精神・無・物質）（時間面・無・空間面）限定（非連続的連続）として理解せられねばならない（瞬時に生まれ、瞬時に死す　神話友達）（超越的内在・内在的超越）。

二

絶対現在（行為的直観）の自己（時間面・無・空間面）（意識界・無・物質界）限定として我々の行動の一々が終末論（反省、見性）（主の推薦）的ということは、臨済のいわゆる全体作用的（物体界、NKZ6-370-5 環境的限定の意義）ということであり、逆にそれは仏法無用功処ということであり、道は平常底ということである。故に、私（西田、大拙、上田閑照）（パウロ、滝沢、スピノザ、ヘーゲル、マルクス、パスカル、ドストエーフスキイ、ニイチェ）の終末論（反省、見性）（主の推薦、限りない開け）（宗教的体験）的というのは、キリスト教のそれと異なっている。（今日のキリスト教の言う）対象的超越的の方向〔2－9　主語的超越的に君主的 Dominus（主　電子辞書）なる神〕（人格神）に考

えられたものではなくして、

（教皇フランシスコ、２０１３年10月1日、イタリア紙『ラ・レプッブリカ』の取材）NATIONAL GEOGRAPHIC website

私は神を信じていますが、カトリックの神ではありません。なぜなら、カトリックの神などいないからです。おられるのは神だけで、私が信じるのはイエス・キリスト、つまり、人間の姿を借りて、この世に現れた神です(18)（マルクスは唯物論、西田博士は、物質即精神なる神、です）。

絶対現在（NKZ6-341-8 物体界）（私と汝）（自己表現的個・無・自己表現面的限定）（衆生あって仏がある）の自己（時間面・無・空間面）（仏あって衆生あり）限定として内在的超越（個と個）（一つの世界・一つの世界）（私・汝）の方向に考えられた（反省）（見性、行為的直観）（西田、大拙）（知的直観 滝沢、パウロ）ものである。我々の自己自身（私・統一・汝）の底に、何ものも有するところなく、どこまでも無（場所）にして、逆対応的に絶対的一者に応ずる（NKZ6-399-8 意識と意識が話し合う）のである。我々の自己がどこまでも自己自身（私・統一・汝）の底に、個（一つの世界）（自分）（私）の尖端（一つの世界・一つの世界）（私と汝）において、自己自身（神が相互限定している自我）を越えて（一つの世界・一つの世界）絶対的一者（絶対無）（場所）に応ずる（意識と意識が話し合う）（絶対無↓私の意識・非連続的連続、無媒介的媒介・汝の意識↑絶対無）（時間面的自己限定・無・空間面的自己限定）（質料・無・形相）（共同意識）ということは、そこに我々の自己（我、自分）がすべてを超越するということである、絶対現在（私と汝）の自己（時間面・無・空間面）限定としての、この歴史的世界（自我）を超越（私と汝）（時間面・無・空間面）（物体界）（行為的直観）することである。過去（α）（創造）（物質）未来（ω）（創造物）（意識）を超越（絶対無の場所）（場所自身）（共同意識）（直接経験）（純粋経験）することである。そこに、我々の自己（自我）は絶対自由（物質から精神）（只今）（生かせたる　神話友達）である。そこに、盤山宝積の如擲剣揮空(38)である。ドストエーフスキイの求めた自由の立場も、かかる立場でなければならない。自己（自我）の底に自己（自我）を限定する何ものもない。主語的（空間面）に本能的なもの（物質）もなければ、述語的（時間面的）に理性的なもの（我）もない。どこまでも無基底的である。故に、祇是平常無事、すなわち平常底という。しかして、随所作主、立所皆真(39)というのである。ここに、どこまでも西洋的なるものの極限（デカルト的我の立場）においてのカントの人格的自由と、東洋的なるものの深奥においての臨済の絶対自由との対照を見ることができる。至るところに、自己（私と汝）（私と自己表現的個）が絶対者（絶対無）（自我）の自己（無）表現（時間面的自己限定・無・空間面的自己限定）（自己表現的個・無・自己表現面的限定）（私と汝）→（時間面・無・空間面）（質料・無・形相）となるのである。

（僕は死んではいませんが、追試して理解できたことや、西田哲学で学んだことを総動員して読んでみました）（是非とも追試してご自身で読んでください）（神話友達なら「エペソ　3－4　読めば……わかる」と思います）

2－7　自己（自我）が自己（時間面・無・空間面）矛盾的に自己（空間面）に対立する（我・事）（私と有）ということは、無が無自身（質料・無・形相）（場所自身）（直接経験）（論理）に対して立つ（理性的）（自由、只今、刹那）（意志）ということである（論理から自己へである「デカルト哲学について」）。

我々はニーチェの人神（超人）ではなくして、神の人（人間）（内在的超越）（キリスト↓神・被造物　パウロ）（超越的内在）、どこまでも主の僕《しもべ》（被造物）↓（覚者）（コリント　2－10－18　主に推薦される人こそ、確かな人なのである）となるのである〔ロマ書　4－25　主（神の召し）（宗教的体験）は、わたしたちの罪過（公案、人生の問い）（良心の呵責）（2－3人生の悲哀）のために死に渡され、わたしたちが義とされるために、よみがえらされたのである（死即生）（生かせたる　神話友達）。（宗教的体験者）（覚者）（ここの主は「2－9　Dominusなる神」ではありません）（ロマ書　1－1　キリスト・イエスの僕、とは意味が違います）（超越的内在）〕。

対象論理（カント）的に考える人は、右のごとき語を、単に自己（自我）が無になるとか、無差別的となるとか考えるであろう。しかし、自己（自我）が自己自身（私・統一・汝）の底に自己（自我）を越える（個と個）（私と汝）ということは、単に自己（自我）が無になるということではない。自己（汝、もう一人の自分、他人）が世界（場所的有）の自己表現点（自己表現的個・無・自己表現面的限定）（3－10　射影点）↓（時間面・無・空間面）となることである。真の個（場所）↓（個と個）（一つの世界・一つの世界）となることである、真の自己（絶対無）（場所的有）（質料・無・形相）（述語面的自己限定・無・主語面的自己限定）（時間面的自己限定・無・空間面的自己限定）（世界的世界）（私・無媒介的媒介・非連続的連続・汝）（NKZ6-399-8　意識と意識が話し合う）となることである。真の知識（金剛界）も道徳（方便）も、かかる立場（主客の対立、相互関係も、そこから考えられる立場「デカルト哲学について」）から出て来るのである（衆生あって仏がある）。そこから絶対者（自我）の自己（無）否定の極限（時間面・無・空間面）（仏あって衆生あり）として人間の世界が出て来る、我々（私と汝）の自己（自我）は絶対的一者（質料・無・形相）（場所的有）の自己（無）（場所）否定的多として成立するのである（2－7　自己が自己矛盾的に自己に対立するということは、無が無自身に対して立つ）。故に、我々の自己は一者に逆対応である、「ひとえに親鸞一人がためなりけり」という、個（述語面的自己限定・無・主語面的自己限定）なればなるほど（私と汝）、かくいうことができる。しかして、この故に、我々の自己（自我）は、逆対応的に一者において自己（統一している私と汝）（我）を有《も》つということができるのである。

三

絶対否定即肯定的に、かかる逆対応的立場において、どこまでも無基底的に、我々の自己（自我）に平常底という立場がなければならない。しかして、それが絶対現在（自己表現的個・無・自己表現面的限定）そのものの自己（時間面・無・空間面）限定の立場（無自身）（場所自身）として、絶対自由（物質から精神）（心）（私と汝）の立場（只今）（刹那）ということができる。そこに、一々の点がアルキメデスのプー・ストウ(40)として、立所皆真ということができるのである。我々の自己が個（場所的有・場所的有）なれば個（私と汝）（意志作用的有）なるほど、絶対自由的に、かかる平常底の立場に立つものでなければならない。本能的に外（空間面）（超越的内在）から支配せられるかぎり、我々の自己（自我）に自由はなく（物質　マルクス、まことの神・まことの人　滝沢）、理性的に内（悟性概念）（イデア）からということにも我々に真の自由（物質から心）（心・身体）はないのである。ここに私のいうところの自由は、西洋の近代文化においての自由の概念と対蹠的《たいしょてき》立場に立つものがあるのである。ユークリッド的(24)（3－4　スピノザの実体）（自己疎外的精神　ヘーゲル）（マルクスの唯物論）（超越的内在）なるところに、人間の自由（私と汝）（只今）（刹那）（意識）があるのではない。絶対否定

（3—12　対を絶したものではない）（5—13　絶対者とは、対を絶するものでなければならない）から個（個と個）（私と汝）が成立するというところに、私の場所的論理（内在的超越）と神秘哲学（神人合一）（超越的内在）とが逆の立場に立つのである。私の哲学を神秘的と考える人は、対象論理の立場（今のあなた）（カント）（1—2　単なる理性）（マルクスと類）（パスカルと貴いもの）（知的直観）から考える故である。私の場所的論理の立場においては、絶対否定即平常底であるのである。いまだ論理化せられていないが、私は日本精神（5—7　歴史的社会）において、かかる両極端（5—13　超越的内在・内在的超越）の結合があると思う。万葉精神と親鸞の絶対他力宗（4—16　念仏の申さるるも如来の御はからひなり）において日本精神を見るともいわれる（務台理作《むたいりさく》）。両者は絶対に相反するものの如くにして、しかも自然法爾的に一であるのである。しかして、それがまた源氏の神秘的美にも、芭蕉（夏草や兵どもが夢の跡）の枯淡《こたん》（さっぱりしている中に深いおもむきのあること　電子辞書）にも通ずるものがあるのであろう。しかし、従来の日本精神は、島国的に、膚浅《ふせん》（あさはか　電子辞書）なる平常底に偏して、いたずらに自負しているにすぎない。今日、世界（場所的有）史的立場（5—7　歴史的社会）に立つ日本精神（日本古来の神話、禅、浄土真宗、真言宗、神道などの影響を受けた民度）（体験世界）としては、どこまでも終末論（始覚、啓示、主の推薦、神の召し、福音、見性、宗教的体験）的に、深刻に、ドストエーフスキイ的（自由）（慈悲）（自律）（所与）（イスラエル批判）（エレミヤ、エゼキエル）（つまずきの石につまずいた、不信仰　パウロ）（ニイチェ、マルクス）（神の忘却）なるものを含んで来なければならない。そこから新《あら》たなる世界（一つの世界・一つの世界）文化（神話）（宗教）（学問）（5—7　歴史的社会）（ロマ書　11—15　世の和解）の出発点（5—12　新たなる人間→覚者）（5—13　内在的超越のキリスト→被造物、覚者）（5—2　主の僕）となるのである（心から同意します）。ドストエーフスキイはその消失点 vanishing point において見たといわれる。しかし、ドストエーフスキイ的精神は平常底と結合していない（超越的内在）。そこに、ロシア的なるものと日本的なるものとの相違がある。それが平常底なるもの（他力宗、親鸞）（私と汝が話し合う）（NKZ6-399-8 意識と意識が話し合う）（行為的直観）と結合せなければ、現実的（創造物）とならない。しかのみならず、なお主語的（3－4 スピノザの実体、ヘーゲルの有）（マルクスの対象、類との疎外、唯物論）（滝沢博士の「まことの神・まことの人」↓客観的理性、有との接触）（超越的内在）なるものに囚《とら》われているのである（ドストエーフスキイが求めていらっしゃったのは何でしょうか）（僕はドストエーフスキイを知りませんので、webで調べましたが、彼は反ユダヤ主義者ではなく、パウロのように批判されただけであり、イスラエルを迎え入れようと、批判されたと思います。博士も同じ趣旨でユダヤ教、キリスト教を論じられていると、僕は思います）。

四

私がここに平常底というのは、常識と混同せられてはならない。常識というのは歴史（八八、百八）的に作られた社会的な知識体系にすぎない。素質（インマヌエル）（キリスト↓神・被造物　パウロ）的に形作られた習慣である。私の平常底というのは、我々の自己（自我）に本質的な一つの立場をいうのである。我々（私と汝）の人格的自己（我）（私）に必然的（意識・物質）にして、人格的自己（本覚）（インマヌエル）（教会）（理性）をして人格的自己（理性的）たらしめる立場（仏あって衆生あり、衆生あって仏がある）をいうのである。すなわち真の自由意志の立場（行為的直観）（物質から心）（物質から精神）（時間面・無・空間面）（個と個）（私と汝）（只今）をいうのである（前にもいった如く、カントの自由意志とは対蹠《たいしょ》的であるが）。絶対的一者（絶対無）の自己否定的に個物（質料・形相）的多として成立する我々の自己（私と汝）の、自己（我）否定即肯定的に、（主による）自己（自我）転換（回心）の自在的立場（時間面・無・空間面）（私と汝）（行為的直観）をいうのである。我々の自己（自我）はこの点において世界（個と個）（一つの世界・一つの世界）の始めに触れるとともに常に終わりに触れているのである。逆にまたそこが我々の自己（自我）のアルファ（始め）（創造）（心の内容）であると同時に、オメガ（終り）（創造物）（心の作用）であるということができる。一言でいえば、そこに我々（私と汝）の自己（我）の絶対現在的意識（行為的直観）（1－17　場所が場所自身を限定する）（心）（2－9　無が無自身に対することによって、無限に自己自身を限定する）（無が無自身に対して立つ）（非連続的連続）（自由）（只今）（刹那）（直接経験）があるのである。故に、これを深いといえばどこまでも深い、そこに世界（個と個）の底の底までも徹するということができる。これを浅いといえば無基底的にどこまでも浅い、表面的にすべてを離れている、あるいはすべてを包んでいるということができる。故に、私は終末論（自覚、始覚、見性、主、心霊、霊性）的に平常底というのである。我々の歴史的意識（絶対無の場所）（意識）（精神）（心）というのは、いつもかかる立場において成立するのである。それは絶対現在的意識（2－9　無が無自身に対することによって、無限に自己自身を限定する）（只今）（刹那）（自由）（1－17　場所が場所自身を限定する）（純粋経験）（心）であるのである。故に、我々は、その立場において、無限に過去の過去を考え得るとともに、無限に未来の未来までを考え得るのである〔5－4　世界の始め（物質）に触れるとともに常に終わり（心）に触れているのである〕（2－7　自己が自己矛盾的に自己に対立するということは、無が無自身に対して立つ）。単なる抽象的意識的自己（デカルト、カント的）（1－2　単なる理性）（今のあなた）の立場から、歴史（八八、百八）が考えられるのではない。単なる意識的自己（我考える故に我あり）（単なる理性）（日常の私）から考えられるものは、単なる自伝（カント）（理性がなした素材と援助）（ドクサ）にすぎない（超越的内在、我と事、意識界・物質界、では我の立場で接触と疎外に分かれるようです、西田博士の言われる独我論。西田博士は内在的超越、「論理から……」自由、意識、自己です）。

五

平常底的立場において、いつも終末論（自覚、始覚、見性、コリント　2－10－18　主の推薦）的なるが故に、時間即空間的、空間即時間的に、内が外、外が内に、内外（動・静）矛盾的自己同一的に、作られたもの（私と汝）（我）から作るもの（絶対無）へということができるのである。抽象的なる西洋哲学においては、抽象（デカルト、カント）的なる意志自由の立場（我考える故に我あり）というものはあるが、私のいうごとき意味において平常底という立場はないのである。いわゆる常識というのは右にいった如く、平常底と峻別《しゅんべつ》すべきではあるが、また自ら一脈通ずるところがないでもない。我々の自己（私と汝）に平常底という立場がある故に、常識というものも形作られるのであろう。かかる意味において、私はフランスのボン・サンス（良識　本185頁）に興味を有するものである（モンテーニュは《De la Physiognomie》, Essais. III. 12. においてソクラテスの態度を論じている）。我々の自己（私）にもっとも具体的な立場というのは、もっとも深くしてもっとも浅い立場、もっとも大にしてもっとも小なる立場である、すなわち私のいわゆる平常底の立場であるのである。パスカル（4－1）のロゾー・パンサン（考える葦　本185頁）の立場も、これにほかならない。カント哲学の立場に立つ人は、直覚的（知的直観）に与えられたもの（悟性概念）（イデア）（単なる自伝）を、抽象論理的（我）に媒介することによって、我々の知識が形成されると考える、科学は常識の否定から始まるという。しかし、単に所与（神の宮、教会、本覚）（自己↓私と汝）（キリスト↓神・被造物）（思惟によって加工されない直接的な意識内容　電子辞書）を否定して、抽象論理（我と悟性概念）（我の立場）（5－4　単なる自伝）（ドクサ）的に（私と汝の）知識（時間面・無・空間面）の直観性（行為的直観）を離れて行くことが、真理に達する途《みち》ではない。客観的知識（法、ロマ書　7－20　神の律法）の成立には、いつでも始め（α）（有）と終わり（ω）（有）が結合（無）（場所）していなければならない。カント自身は、その末流と異なって、なお直観性への結合を重んじた。もっとも遠くして、しかももっとも近きものが、もっとも真なるものであるのである。どこまでいっても、その出立点を失わない、逆にこれ（純粋理性）（教会）（本覚）（所与）に返るという立場（主の推薦）（心霊）（時間面・無・空間面）において、真理が成立するのである。私の行為的直観（始覚）（見性）（私と汝）（一つの世界・一つの世界）（個・個）（独立性）というのは、これにほかならない。常識はドクサ（思い込み　電子辞書）である。ドクサはどこまでも否定すべきである。しかし、常識の中にまた平常底的立場が含まれているのである。故に、知識も、道徳も、常識より出て、また常識に返ると考えられる（勿論、常識というものは、きわめて〔物体界、（NKZ6-370-5　環境的限定の意義）から見れば〕不純ではあるが）。非常識なるものは、真でもなければ、善（神と呼ぶところのもの）でもない。故に、否定すべきものはドクサ（思い込み　電子辞書）であって、直観ではない。偉大なる物理的発展の基礎となったニュートンの物理学も、作り（空間面的自己限定）作られたる（時間面的自己限定）人間の平常底の立場（非連続的連続）（意識界・無・物質界）から見れば、今日の相対性理論や量子力学が示すが如く、一種のドクサ（思い込み　電子辞書）であったということができる。時間空間の絶対性も考えられたものであった。それは測定作用的に相対的であったのである。ランジュバンは、量子物理学は決定論を否定するものではなくして、かえってこれを一層人間的に、具体的に精密にするものであるといっている（4－1　概念的）。

物理学の長年の夢だった標準理論と一般相対性理論とが超弦理論によって統一されたそうです。多分因数分解をしたのでしょうね……？？？　そうしたら標準理論と一般相対性理論が出てきたそうです。でも超弦理論が言うには10の500乗個の宇宙があるそうです。↓「神の数式　宇宙はなぜ生まれたのか」しかし、素人の思い付きですが、西田博士の論じていらっしゃる数学を――僕は読んでいないし、読んでも僕の頭ではチンプンカンプンだと思う、今のところ読む気にはなれない――手にされたなら10の500乗個の宇宙が整理されるかもしれません。西田博士は、「物質即精神なる神」の創造、主客未分、行為、自由、瞬間、只今、刹那、時間面・空間面、世界的世界、意識、人間、劫、心と身体を、精神と物質を論じていらっしゃるので、追試して、西田哲学を学ばれたなら色々な学問に応用できると思います。

僕は、ブロック宇宙論、成長ブロック宇宙論(41)を構築するのにぴったりの論理だと思います。ぜひ、追試してみてください。量子論と相対性理論をつなぐ、ホイーラー・ドウィット方程式が役立つと思います。方程式のなかにある時間を表す「t」が方程式の解からなくなるそうです。それでも、方程式が成立するそうです。しかし、追試しないと、物質即精神なる神、物質即精神なる人間、愛、慈悲、利他は理解出来ないと思いますし、これらを知らないと$E=mc^2$が暴走したように、理論が暴走すると思います。僕たち、生き物、人間は三次元の住人だと思います。

モーガン・フリーマンが語る宇宙2「時間の存在(2)」

六

宗教的立場というのは、ただ右のごとき歴史（八八、百八）的世界（人間）の永遠の過去と未来と、すなわち人間の始めと終わりとの結合の立場（物質・無・精神）（神の創造）、最深にして最浅、最遠にして最近、最大にして最小の立場（物質・無・精神）（只今）（自由）、すなわち私のいわゆる平常底の立場に徹するにあるのである。宗教心とは、どこまでも人間が人間成立の立場（私と汝）（インマヌエル）（2−8　仏あって衆生あり、衆生あって仏がある）を失わないことである。宗教的立場そのものは、何らの固定せる内容を与えるものではない。何となれば、それは立場（無）の立場（有）なるが故である。固定せる内容を有するならば、それは迷信である。故に、宗教的教義は、どこまでも象徴的でなければならない。しかして、それは我々の歴史的生命（自我）の直接的な自己（場所）（心）表現であるのである。そのかぎり、象徴が宗教的意義を有するのである。どこまでも無基底的に、永遠の生命（劫）そのものを把握するところに、真の宗教の目的があるのである。故に、どこまでも平常底に、元是真壁平四郎という。そこにはすべての立場が否定（無）せられるとともに、そこから、すべての立場が成立（有）するのである。立場なき（論理）（場所）立場（意識）（自己）である（論理から自己へである「デカルト哲学について」）。しかも、そこから無限の大智大行が現われ来るのである。曹源一滴水《そうげんいってきすい》、受用不尽《じゅゆうふじん》という(42)。真善美の立場も、ここから出て来るのである。

七

人は往々宗教を神秘的という。しかし、宗教的といっても、我々に特別の意識があるのではない。正法に不思議なしといわれる。神秘的なるものは、我々の実践的生活に何の用をなすものではない。宗教がある特殊な人間の特殊な意識であるというならば、それは閑人の閑事業たるにすぎない（終末論が言うように老若男女を問わず、誰でも、「2−14　最低の質料、絶対の悪人」でも見性、反省、「主の推薦」が受けられますし、「主の僕」

になることができます。人類は「2－8　仏あって衆生あり、衆生あって仏がある」、インマヌエル「コリント　2－3－3　人の心の板に書かれたもの」「テモテ　I－3－16　諸国民の間に伝えられ」ている、キリスト↓神・被造物、私と汝なのです）。

道也者不可須臾離也可離非道也といい(43)、造次必於是顛沛必於是という(44)、宗教は平常心を離れるのではない。南泉は平常心是道という。ただどこまでもこの平常心の底に徹するのである。そこに、我々の自己は、絶対現在（衆生あって仏がある）の自己（時間面・無・空間面）（意識界・無・物質界）（仏あって衆生あり）限定として、逆対応的にいつも絶対的一者（質料・無・形相）（NKZ6-368-9 物質即精神なる神）に触れている（直接経験、純粋経験）（私の意識と汝の意識が話し合う）（時間面・無・空間面）のである。我々の自己（自我）は一歩一歩終末論（限りない開け、心霊、霊性、始覚、宗教的体験、主の推薦）的に世界（一つの世界と一つの世界）の始め（創造）（物質）と終わり（創造物）（意識）に繫《つな》がっている（直接経験、純粋経験）（私と汝が話し合う）（時間面・無・空間面）のである。故に、南泉は向かわんと擬《ぎ》すればすなわち乖《そむ》くといい、擬せざる時、いかにして道を知るといえば、道不属知不知という(45)。そこに、宗教があるのである。故に、宗教は個人の意識上のことではない。それは歴史的生命（我）（人間）の自覚にほかならない。故に、いかなる宗教も歴史（八八、百八）的社会（宗教）的に民族信仰（神話）より始まる。教祖（シャーマン、預言者）（パウロ、親鸞）（イエス、釈迦）というのは、かかる民族信仰を徹底的に表現せるものにほかならない。イスラエルの予言者（シャーマン）（テモテ　1－5－21　選ばれた御使いたち）（体験者）の如く、神の口というべきものである。自己自身（神が創造している自我）を形成する歴史（八八、百八）的世界の自己（絶対無）（場所）表現というものなくして、歴史的社会（一族・族人）（国家・国民）というものは成立せない。故に、いかなる歴史的社会（国家・国民）も宗教（行為的自己）的に始まる。その初めにサクレ（神聖　電子辞書）というものがあるといわれる（Durkheim）。しかし、民族信仰（神話）は、その民族（一族・族人）と盛衰（せいすい）を共にするのである。国民宗教は、ギリシャ、ローマのそれの如く、その国民とともに亡びた。しかし、真の宗教（行為的自己）は、固《もと》、ある特殊の国家のためにあるのではなく、かえって歴史的生命（人間）の自己表現として宗教的なるところに、国家の国家（国家・国民）たるゆえんのものがあるのである。民族（一族・族人）が自己（一族）の中に世界的原理（場所的有）を宿し、歴史（八八、百八）的世界的（一つの世界と一つの世界）に自己（一族）形成なるところに真の国家（国家・国民）（一族・族人）があるのである。ヤーヴェ（ヤハウェ）の宗教も、固、イスラエル人の民族宗教であったが、イスラエル人は単なる民族宗教を越えて、彼らの民族宗教を世界宗教にまで深め高めた。バビロンの俘虜《ふりょ》として国土を失っていた中にも、彼らは彼らの宗教を失わなかった。彼らはどこまでも彼らの精神的自信を失わなかった。選民として彼らの自信は、武力と栄華にあるのではなかった。かえってエレミヤ、エゼキエル、第二イザヤのごとき予言者（体験者）（シャーマン）（主の僕）によって、彼らの宗教は深められ、高められた。エレミヤ（エレミヤ　2－11　その神を神ではない者に取り替えた国があろうか）はどこまでも愛国者であった。しかも、彼はネブカドネザルをヤーヴェ（ヤハウェ）の僕《しもべ》（体験者）として国民を戒めた。

4－8　ヤーヴェ（ヤハウェ）も、固《もと》イスラエル民族の神であったが、イスラエル民族の発展に、とくにその歴史的苦難によって鈍化（エレミヤ　2－11　その神を神ではない者に取り替えた国があろうか。／ところが、わたしの民はその栄光を／益なきものと取り替えた）せられて、（対象論理的→無反省）（非個性的）（非宗教的）（非神話的）絶対者〔２―９　主語的超越的に君主的Dominus（主　電子辞書）なる神〕の世界宗教にまで発展した。予言者（体験者）（シャーマン）（選民）というものは、神の意志を語るもの、「神の口」と考えられた。国王を失ってバビロンの俘虜《ふりょ》となった時代に、エレミヤ、エゼキエルによって内在（インマヌエル）（体験、西田の心霊、大拙の霊性、上田閑照の限りない開け、コリント　２―10―18　主の推薦、主の僕、反省）的に深められ、超越的（超越的内在）に高められた。

ロマ書　９―31　しかし、義（ロマ書　１―17　神の義↓事実）の律法を追い求めていたイスラエルは、その律法〔ロマ書　７―20　神の律法、ガラテア　６―２　キリスト（神）の律法〕に達しなかった。32　なぜであるか。信仰〔ロマ書　１―17　神の義（事実）は、その福音（心霊、主の推薦）の中に啓示（時間面・無・空間面）され、信仰に始まり信仰に至らせる〕（５―２　主の僕）（主の推薦）（始覚）（宗教的体験）によらないで、行いによって得られるかのように、追い求めたからである。彼らは、つまずきの石につまずいたのである（エレミヤ２―11　その神を神ではない者に取り替えた国があろうか。／ところが、わたしの民はその栄光を／益なきものと取り替えた）（ロマ書　11―28　神の敵）。

ロマ書　11―15　もし彼ら（イスラエル）の捨てられたこと（不信仰）が世の和解となったとすれば、彼ら（イスラエル）の受けいれられることは、（主に於いて）死人（ロマ書　７―10　わたしは死んだ）の中から生き返ること（主の推薦）（始覚）（福音）（５―２　主の僕）（死即生）（生かせたる　神話友達）〔ロマ書　１―17　神の義（事実）は、その福音（心霊、主の推薦）の中に啓示され、信仰に始まり信仰に至らせる〕ではないか。

ロマ書　11―28　福音（コリント　２―10―18　主の推薦、西田の心霊、大拙の霊性、宗教的体験）について言えば、彼ら（イスラエル）は、（エレミヤ　２―17　主を捨てた）あなたがたのゆえに、神の敵とされているが、選び（ロマ書　8－33　神の選ばれた者、選民↓主の推薦）（心霊、霊性、体験、神の召し）について言えば、父祖たちのゆえに、神に愛せられる者（キリスト↓神・被造物）（自己↓私と汝）（インマヌエル）（神の創造物）（4－10　浄土真宗のごとき悪人正因）である。29　神の賜物（知恵）と召し（主の推薦）とは、変えられることがない（誰にでも訪れる）。

（このような事は、僕でも理解しているのだから、少し勉強した体験者ならどなたでもご存じです、西田哲学を学んで言えますが、ドストエーフスキイ、ニイチェもよくご存じです。僕はドストエーフスキイやニイチェを知りませんのでWebで調べましたら、ドストエーフスキイは反ユダヤ主義者だそうですが、彼はイスラエルを招き入れようと批判されたのだと思います。博士も同じ思いだと思います。ニイチェは「神は死んだ」と言われたそうです。でも、ピタゴラスの定理を証明するように説明できないのがもどかしいところです、証明するには主の推薦、宗教的体験しかありません）

八

歴史（八八、百八）的世界は、絶対者の自己（無）否定として、絶対現在的（宗教的体験、「主の推薦」の場）（時間面・無・空間面）に成立する。故に、表現するもの（汝）とせられるもの（私）とが一に、自己自身（質料・無・形相）（場所自身）（直接経験）を表現する絶対者の自己（無）表現（時間面・無・空間面）として、どこまでも自己自身（時間面的自己限定・無・空間面的自己限定）（1－11　述語的場所）の中に自己（時間面的自己限定）表現を含み、自己（時間面的自己限定）表現的に自己自身（私と汝）（時間面的空間的世界）↓（我）を形成する。そこに、歴史的世界（人間）（1－7　時間面的空間的世界）は、その根柢において、宗教的であり、また形而上学的であるのである。いかなる民族（一族・族人）（国家・国民）も、それは歴史（八八、百八）的世界的存在（一族・族人）（国家・国民）として、かかる形において成立するのである。そこに、単なる生物的種（一族）と歴史的種（族人）としての民族（一族と族人）（国家・国民）との区別があるのである。民族は単なる種（勉強していませんが、田辺元博士と思われます）ではない。すべて生命の世界というのは、たとい、生物的（超越的内在）であっても、その根柢に世界（場所的有）の自己表現（時間面・無・空間面）（私と汝）というものが含まれているのであるが、民族（族人）の血が自己（時間面的自己限定）表現的に自己自身（神が相互限定している自我）（統一している私と汝）を形成するに至って、歴史的種（族人）（国民）として民族（一族・族人）（国家・国民）となるのである（「生命」論、参照）。しかして、ランケもいっているように、ただ一つの民族というものはない。そういうものは、抽象的に考えられたものにすぎない。しかし、世界（個と個）は最初には空間的（物体界）である、種々なる民族（歴史）があっても並列的である、いまだ時間的干渉に入らない絶対現在の世界は、なおそれ自身（無自身）（場所自身）において自己（一つの世界・一つの世界）（私と汝）形成的とはならない、世界（場所的有）はいまだ世界史的（創造的）（歴史的）とはならない。しかし、作られたもの（「私）（時間面的自己限定）と（汝）（空間面的自己限定）」から作るもの（質料・無・形相）へと、世界（環境）（無）（場所）が自己（私と汝）形成的となるに従って、世界（物体界、環境）そのものが具体的に（死すなわち生になるに従って）（生かせたる　神話友達）、世界（私と汝）（場所的有）そのものが自己自身（時間面的自己限定・無・空間面的自己限定）の中心（私の意識・無媒介的媒介、非連続的連続・汝の意識）（NKZ6-348-5　共同意識）を有って来る。平面的から立体的となる。そこに、はじめて世界（場所的有）というものが自覚（時間面・無・空間面）（行為的直観）せられる、世界（一つの世界）（自我）（自分）が世界自身（世界的世界）（私の意識・無媒介的媒介、非連続的連続・汝の意識）（一つの世界・一つの世界）（自分と他人）を自覚（時間面・無・空間面）（行為的直観）するのである。

（僕は死んではいませんが、死んだつもりで、勉強したことや、追試して僕の知っている事を総動員して読んでみました、でも、どこまで理解したのか分かりません）（僕の神話友達なら、この場をよく知っていると思いますので、「エペソ　3－4　読めば……わかる」と思います）

4－19　矛盾的自己同一の根柢に徹することを、見性というのである。そこには、深く背理の理というものが把握せられなければならない。禅宗にて公案というものは、これを会得せしむる手段にほかならない。

しかして、歴史（八八、百八）的世界（自己）（私と汝）のかかる絶対現在（刹那）（只今）的自己形成の内容が文化（宗教）（学問）（歴史的社会）というものであるが、その根柢には、いつも宗教的なるものが働いているのである。世界的世界（意識）（知的自己・行為的自己）（凡夫と覚者）↓（我考える故に我あり、ego、単なる世界的世界）（知的自己）は、単なる民族（一族の神話）なるものを越えて（5－11「忘れ」て）、世界宗教（キリスト教）的なるものにおいて、その自己同一（単なる自覚）（単なる私と汝）（単なる時間面・無・空間面）（単なる5－4　自在的立場）を有ったのである（我考える故に我あり、を西田哲学で言い表せば、時間面的自己限定↓自己表現的個↓無↓自己表現面的限定↓空間面的自己限定↓有、故に無即有あり、になります）。

イスラエルの民族宗教から発展して世界宗教となった〔5－11　抽象論理的（デカルト的）立場の〕キリスト教が、ヨーロッパの中世においてかかる役目を演じた。東洋においては、西洋においてのごとき意味において世界的世界（単なる世界的世界、デカルト的我）というものが形成されるに至らなかった。しかし、仏教はいうまでもなく、支那の礼教（孔子）（儒教ではありません、孔子は○で儒教は×です。石平教授に教えてもらいました）というものでも、世界（場所的有）的宗教的性質（慈悲）（悲願）（教授の説明は愛）を有ち得るものであろう。春秋時代（孔子がいらっしゃった時代）においては、中国と夷狄《いてき》（異民族　電子辞書）とは、礼によって区別せられたといわれる。

九

絶対現在（NKZ6-370-5 環境的限定の意義）の自己（時間面・無・空間面）限定としての歴史（八八、百八）的世界（被造物）が、民族的なるもの（神話）（宗教）を越えて（5—11「忘れ」て）（非個性的）（非共同意識的）（非宗教的）、世界的世界（意識）が形成せられるという時（今のあなた）（以前の僕）、世界（人間）（被造物）がすべての種々なる伝統（土着の神話）（エレミヤ、エゼキエル、パウロ）を失って、非個性的（個と個に非ず）（非独立的）（非神話的）（非宗教的）（知的自己）に、抽象的一般的（我的）（我考える故に我あり）に、反宗教的（非個性的）（非宗教的）（非神話的）に科学的となると考えられるでもあろう。これが近代ヨーロッパの進展の方向であった。絶対者の自己（無）否定即肯定として、世界的世界（（テモテ　2—4—1　生きている者↓未体験者、凡夫、単なる理性、単なる世界的世界）（今のあなた）（知的自己）と（個と個）（自覚した自我、覚者、主の僕、テモテ　2—4—1　死んだ者↓体験者、歴史を踏まえた世界的世界）（行為的自己））の自己（意識）（世界的世界）形成の方向には、固《もと》、かかる否定的方向（神の召しの喪失）（宗教の喪失）（エレミヤ、エゼキエル）（ロマ書　9—32　つまずきの石につまずいた）（1—1　特に宗教に至っては、多くの人は自己は宗教というものを理解せないという。自己には宗教心というものはないともいうであろう。特に学者たちはこれをもって誇りとなすものもある）（いまさら西田哲学でもあるまい）（単なる世界的世界、凡夫、デカルト的我、ego、テモテ　2―4―1　生きている、者↓未体験者）が含まれていなければならない。歴史（八八、百八）的世界（知的自己・行為的自己）には人間（私と汝）（インマヌエル）（2―8　仏あって衆生あり、衆生あって仏がある）（神の創造）否定の一面（知的自己）（ego）（非神話）（反宗教的）も含まれているのである。

（人は生まれてこの方、好むと好まざるとにかかわらず、知らず知らずのうちに「日常の私」、個、一つの世界、非個性的、非宗教的、我、ego、1―2　単なる理性、知的自己から出立しています、それが「今のあなた」なのです）（僕もそうでした）

ロマ書　9―31　しかし、義（ロマ書　1―17　神の義↑事実）の律法を追い求めていたイスラエルは、その律法（ロマ書　7―20　神の律法、ガラテア　6―2　キリスト（神）の律法）に達しなかった。32　なぜであるか。信仰（ロマ書　1―17　神の義（事実）は、その福音（心霊、主の推薦）の中に啓示され、信仰に始まり信仰に至らせる）（5―2　主の僕）（主の推薦）によらないで、行いによって得られるかのように、追い求めたからである。彼らは、つまずきの石につまずいた（エレミヤ　2―11　その神を神ではない者に取り替えた国があろうか。／ところが、わたしの民はその栄光を／益なきものと取り替えた）のである。

ロマ書　1―25　彼ら（知者）（神・被造物↓キリスト）は神の真理（ロマ書　1―20　神の見えない性質）（ロマ書　4―17　無から有を呼び出される神）を変えて虚偽とし、創造者（神）の代りに被造物（ナザレの覚者、主の推薦を受けられたイエス・キリスト）を拝み、これに仕えたのである。創造者（ロマ書　4―17　無から有を呼び出される神）こそ永遠にほむべきものである、アァメン。

ローマ・カトリックは、

私は神を信じていますが、カトリックの神ではありません。なぜなら、カトリックの神などいないからです。おられるのは神だけで、私が信じるのはイエス・キリスト、つまり、人間の姿を借りて、この世に現れた神です。

（教皇フランシスコ、２０１３年10月1日、イタリア紙『ラ・レプッブリカ』の取材）NATIONAL GEOGRAPHIC website

世界、Worldは、青い地球は、今日でもイスラエルと同じ状況で、西田博士も言われているように、そこから脱してはいません。このような事は体験者なら誰でも知っています。西田博士の言葉で言えば「2－14　体験者（スピノザ、ヘーゲル、マルクス、フォイエルバッハ、パスカル、ドストエーフスキイ、ニイチェ）（多分、マイスター・エックハルト、トマス・アクィナス）には、それは自明の事であろう」なのです。体験、経験だから博士の「自己」を、パウロの「キリスト」を、「インマヌエル」をピタゴラスの定理を証明するように論証できないのが、もどかしいところですが、体験すれば心の中で証明できます。失礼と思いますが、僕に言わせれば、難解だ、難解だ、難解だと言われている西田哲学を難解にしているのは、追試をしていない「今のあなた」です。

だから西田博士が「4－19　矛盾的自己同一の根柢に徹することを、見性というのである。そこには、深く背理の理というものが把握せられなければならない。禅宗にて公案というものは、これを会得せしむる手段にほかならない」と言われているように、追試して、公案を解いて――博士は、「5－12　今や新たなる文化（神話）（宗教）（歴史的社会）（世の和解）の方向が求められなければならない、（神話、宗教を語り得る）新たなる人間（預言者、シャーマン、体験者、第二の西田幾多郎、鈴木大拙、上田閑照、内在的超越のキリスト）が生まれなければならない」と言われています。――「新たなる人間」、「5－13　内在的超越のキリスト↓被造物、覚者」、「主の僕」になられたなら、僕の西田哲学の解説の思い違いを指摘することが出来るし、人類には、宗教的な垣根はない、垣根を作っているのは対象論理的立場の、我考える故に我あり、の知的自己、自我のドクサ、思い込みであり、「主の推薦」、「心霊」から見れば、人類は宗教的には何等の垣根も相違もない、異教徒など何処にもいない、神話的、宗教的には兄妹であると叫んでいらっしゃる、宣言される、と思います。

パウロも「5－12　新たなる人間」、「5－13　内在的超越のキリスト↓被造物、覚者」の「出現」を待望していらっしゃいます。

テモテ　1－6－14　わたしたちの主イエス・キリスト（主の推薦が生起した第二のイエス・キリスト）（体験者、覚者、主の僕）の出現まで、その戒めを汚すことがなく、また、それを非難のないように守りなさい。15時がくれば、祝福に満ちた、ただひとりの力あるかた、もろもろの王の王、もろもろの主の主（コリント　2－10－18　主の推薦）（森羅万象を統べる主）（場所的有）が、キリスト（被造物）（預言者、体験者、第二の主イエス・キリスト）（主の僕）（5－13　内在的超越のキリスト↓被造物、覚者）を出現させて下さるであろう。

ロマ書　11－28　福音（ロマ書　11－29　神の召し）について言えば、彼ら（イスラエル）は、（エレミヤ　2－17　主を捨てた）あなたがたのゆえに、神の敵とされているが、選び（神の召し）（心霊、霊性、体験）について言えば、父祖たちのゆえに、神に愛せられる者（キリスト↓神・被造物）（自己↓私と汝）（インマヌエル）（神の創造物）である。29　神の賜物（知恵）（義の律法）と召し（主の推薦）とは、変えられることがない（誰にでも訪れる）。（パウロに於いては「キリスト」は「神・被造物」、西田博士の「自己」は「私と汝」です）。

人生の問い、公案を解いて、追試されて——数学、科学でも必ず追試はします——掴むものを掴んで、K・バルトの「ローマ書講解　上」（八十頁）、「ロマ書　1－16　わたしは福音を恥としない」の見解を、神話を、聖書を、パウロの書簡を読んでみてください。啞然とされると思います。僕はパウロの書簡を読んでから、パウロ（パウロ式浄土真宗）が今日のキリスト教の聖人として祀られているということを知った時に、頭がぐらぐらしました。「主の推薦」を受けていない、「5－2　主の僕」となっていない「今のあなた」、『1－2「単なる理性」blosse Vernunftの中には宗教は入って来ないのである』なのです。「単なる理性」、「今のあなた」のままでは宗教は理解できないのです。何故かと言いますと、西田哲学によれば、「単なる理性」の「今のあなた」が色々と思いめぐらすことが、「あなた→時間面的自己限定」が「思いめぐらす事→空間面的自己限定」、私の意識と汝の意識、が統一された「今のあなた」「時間面的空間的世界」が、「我（時間面的自己限定）（自己表現的個）考える（自己表現的個・無・自己表現面的限定）故に我（時間面的空間的世界）あり」の「我」、「時間面的空間的世界」が思いをめぐらすことが、考えることが「物質即精神なる神」の創造、働きなのです。つまり、「人は自覚を内からという時、自己（個）（我）は既に外に（私と汝）出ているのである。『デカルト哲学について』」と言われているように、「今のあなた」が、時間面的自己限定・無・空間面的自己限定、時間面的空間的世界、私と汝、私・無媒介的媒介・非連続的連続・汝になるということです（西田博士はそれらの根柢を論じていらっしゃいます）。だから、「主の僕」ではない、「主の推薦」を受けていないデカルト的我、非神話、非宗教の方、「今のあなた」や、「いまさら西田哲学でもあるまい」と思っていらっしゃる方や、「バチカン」が読まれる聖書に、パウロの書簡やエレミヤ、エゼキエルが二千年以上もの長きにわたってほったらかし、雨ざらしのまま載っているのです。

「今のあなた」は、そのままでは「我考える故に我あり」の「我」を越えることが出来ません。見性、行為的直観が出来ません。西田博士が、「1－9　自己（我）というものがあるが、それは考えられないものだというかもしれない。しかし、考えられないものがあるとは、いかにしていい得るか。考えられないものがあるという時、既に考えているのではないか。自己というものが考えられないということは、自己（我）が自己（我）の対象とならないということであろう。それはそのとおりである。しかし、ただ、否定的に爾定められただけでは、自己というものを明らかにすることはできない。対象とならないもの（我）が対象となる（個と個）（私と汝）（自分ともう一人の自分）（自分と他人）ところに、自己（時間面的自己限定、私、自分と汝、他人、空間面的自己限定）というものが考えられる（反省される）のである。あるいはそれは高次的にというかもしれない。しかし、自己というものは、どこまでも高次的に、無限に高次的にといっても、その尖端に、その行先に、自己というものが考えられるのでもない。そこから絶対（対を絶したものではない）に（西田の心霊、大拙の霊性、パウロの福音、主の推薦、上田の『限りない開け』、宗教的体験、見性、反省に於いて）翻らなければならない」

と言われていますが、では、どうやって翻ることが出来るのか、「自己」、「我」を越えられるのか、「対象とならないものが対象となる」のか、「私と汝」と言える状況になるのか、博士が「4－19 禅宗にて公案というものは、これを会得せしむる手段にほかならない」と言われているように、「2－19 自己否定的努力」、人としての問い、公案を、参禅して、それらを拈提（ねんてい よくよく考える）して、主に選ばれるしか、主の推薦を受けるしかありません。（僕の場合は、それなりの体験があった後で、工夫して解いたものもあります。また、公案によらずに解いたものもあります。あとで、あれ、これは公案にあるじゃん、と思いました）。神話友達や僕のような一匹狼より、参禅した方が早道だと思いますし、「対象とならないものが対象となる」、「私と汝」ということに気づきやすいと思います。宗教はアヘンになりやすいので、必ず、臨済宗、曹洞宗の看板を掲げたお寺に赴かれんことを望みます。また、あなたが一匹狼で体験者になられても、禅宗、浄土真宗、真言宗、神道など昔からあるお寺や神社を頭に置くべきだと思います。それらから離れて独立するのはもっての外だ、と思います。多くの体験者が「出現」すれば、お寺や神社は、うかうかして居られないはずです。もちろん、僕の知る限りのお寺や神社は勉強を怠ってはいらっしゃいません。

また、色々な公案がありますので参禅されていない滝沢克己博士や、禅には全く無縁のヘーゲル、マルクスのように「物質即精神」や「歴史」、「NKZ6-347-4 場所的切断」「慈悲」を考慮に入れない論理にはならないと、また、超越的内在にならないと思います。宗教はアヘンになりやすいので、僕の神話友達や僕みたいな一匹狼はお勧めしませんが、もしも、一匹狼で挑戦されて「新たなる人間」になられ、西田哲学を読まれた時、理解できないところが出てきたら、そこの公案を解いていらっしゃらないということです。そのことに気づかないと、西田哲学は読めないと思いますし、批判してしまう事になりかねません。でも、こんなことを言う僕も何処まで理解したのか分かりません。しかし、西田博士に提出して満点をとるつもりで読みました。それから、『井筒俊彦全集第九巻』（慶應義塾大学出版会）に、「いま、なぜ『西田哲学』か」という論文が載っているということを知りましたので、拙著の助け船になると思って勇んで買い求め、それや、「事事無礙・理理無礙――存在解体のあと」、「コスモスとアンチコスモス――東洋哲学の立場から」を、読書嫌いを返上して読みましたが、滝沢博士やそのほかの方々と同じで「物質即精神」が、「歴史」が、「NKZ6-347-4　場所的切断」や「慈悲」が考慮されていませんでした。

絶対とは対を絶するものではない。真の絶対とは、どこまでも自己（無）（場所）否定を含んだものでなければならない。したがって、相対とは単に絶対の抽象形というのではない、その否定の意義を含んだものでなければならない、一に対するの多であるのである。故に、歴史的世界（人間）の自己（自我）形成的発展の一面には、世界（人間↓知的自己・行為的自己）が自己自身（自我を創造している神）（行為的自己）（宗教）（神話）（歴史）（コリント　2―10―18　主の推薦）（超越的内在）（内在的超越）（2―8　仏あって衆生あり、衆生あって仏がある）を失うという方向（知的自己）（非神話）（非宗教）（単なる理性）（無反省）（ロマ書　9―32　つまずきの石につまずいた）（〈エレミヤ　2―11　その神を神ではない者に取り替えた国があろうか。／ところが、わたしの民はその栄光を／益なきものと取り替えた）のである」（1―1　特に宗教に至っては、多くの人は自己は宗教というものを理解せないという。自己には宗教心というものはないともいうであろう。特に学者たちはこれをもって誇りとなすものもある↓いまさら西田哲学でもあるまい）が含まれていなければならない。どこまでもかかる自己否定（反宗教、反神話）（主の推薦の排除）（無反省）を含む（知的自己・行為的自己）ということが、かえって世界（個と個）がそれ自身（質料・無・形相）によってあり、それ自身（1―17

場所が場所自身を限定する）（２－９　無が無自身に対することによって、無限に自己自身を限定する）（時間面的自己限定・無・空間面的自己限定）（２－７　自己が自己矛盾的に自己に対立するということは、無が無自身に対して立つ）（私と汝）によって動く、絶対的実在（心・身体）（精神・物質）（内在的超越）（私と汝）と考えられるゆえんであるのである。無論、単なる自己否定（スピノザの実体）（ヘーゲルの有）（Ｋ・マルクスの対象、類、物質）は、それ自身（無自身）（質料・無・形相）によってある実在（私と汝）ではない。物質的世界とは、抽象的（我の立場）（我と有）（超越的内在）（NKZ6-344-12　合理的関係）に考えられた（反省された）ものである。科学的世界というのも、歴史的世界（八八、百八）の自己（無）否定的一面として、人間的（我と有）（マルクスと有、類、物質）（超越的内在）（NKZ6-344-12　合理的）に考えられるのである。故に、科学も一種の文化（宗教）である。（物質即精神なる）人間が自己（無）（我）否定において自己（有、物質）を有つという立場（超越的内在）（動・静）（意識界・無・物質界）において、人間が科学的であるのである。宗教的にいえば、（NKZ6-368-9　物質即精神なる人間）神が自己（無）否定において自己（物質）（神）を見るということである。かかる意味において、科学的世界も宗教的ということができる。ケプラーの天文学というのは、宗教的なものであったといわれる。神（物質即精神→場所自身→時間面的空間的世界→自我）は自己（無）（我）否定において、自己自身（私と有）（時間面・無・空間面）（超越的内在）を有つのである。ヘーゲル的にいえば、自己疎外的精神（我と有）（ヘーゲルと有）（連続的発展）（マルクスは類、物質との疎外、唯物論）（滝沢博士は「まことの神・まことの人」→客観的理性、有との接触）（独我論）の世界ということができる。

（我、自己の立場で接触と疎外に分かれるようです、超越的内在、独我論。西田博士は主客未分、「論理から……」→意識→内在的超越→自己です）

NKZ6-346-3　ヘーゲルの弁証法はノエマ（対象、有、事）的、であつたと云ひ得る。従つて弁証法が唯、過程的に考へられたと云ひ得るであらう。併し真の弁証法はかゝる意味に於て考へられるものでない。かゝる意味に於て弁証法といふものが考へられるならば、それは何処までも連続的発展の意義を脱することはできない。

十

わたしは、ここにおいて、私の立場から、宗教（行為的自己）と文化との関係を明らかにしておきたいと思う。宗教と文化とは、一面に反対の立場に立つと考えられる。今日の弁証法神学というのは、反動的に、この点を強調する。しかし、私は、どこまでも自己（我）（無）否定に入ることのできない神、真の自己（無）否定を含まない神は、真の絶対者ではないと考える。それは鞫《さば》く神（罪を問う）（人格神）（キリスト教）〔2－9　主語的超越的に君主的Dominus（主　電子辞書）なる神〕であって、絶対的救済の神ではない〔2－14　最低の質料（極悪人までなり下がった被造物）を形相化する（救う）ものでなければならない〕。それは超越的君主的神（心の外）（我々の外）にして、どこまでも内在的（インマヌエル）（仏あって衆生あり、衆生あって仏がある）なる絶対愛の神（慈悲、悲願）（共生）（利他）（述語的場所）ではない。絶対者の自己（場所）否定即肯定（ノエシス）的内容（ノエマ）（有）として、真の文化（宗教）（学問）（5－7　歴史的社会）というものが成立するのである。我々（私と汝）人間（被造物）の立場からいえば、我々の自己（私と汝）が自己（私）否定的に、自己の中に自己（自我）を越えるもの（私と汝）（自分ともう一人の自分）において自己（私・汝）を有《も》ち、歴史（八八、百八）的世界の自己（場所が場所自身を限定する）（時間面的自己限定・無・空間面的自己限定）形成作用として働くところ（2－7　無が無自身に対して立つ）に、真に客観的にして永遠なる文化内容（宗教）（学問）（歴史的社会）を見るのである。絶対現在（主の場）の自己（絶対無）限定として、自己自身（神が創造している自我）を形成する形の内容が、文化（宗教）（学問）（歴史的社会）であるのである(46)。故に、私は弁証法神学の人々とは反対に、真の文化は宗教（行為的自己）的に成立するとともに、真の宗教は文化（宗教）（学問）（歴史的社会）（西田哲学）的でなければならない、と主張するものである（同意します）。単に文化（宗教）（学問）（西田哲学）（コリント 2－10－18 主の推薦、ロマ書1－16 わたしは福音を恥としない）を否定するものは、真の宗教ではない。それは単に人間（私と汝）（インマヌエル）否定（無反省）（非宗教）的に、単に超越的（心の外）（我々の外）に、無内容なる宗教といわざるを得ない。君主的神〔2－9 主語的超越的に君主的Dominus（主 電子辞書）なる神〕の宗教は、往々かかる傾向に陥りやすいのである。私は、今日のこの種（君主的なる神）（人格神）の神学が従来の単に内在的なる（超越的内在）（NKZ6-344-12 合理的）合理的宗教観（スピノザ、ヘーゲル）（滝沢博士、「まことの神・まことの人」は客観的理性↓対象、有との接触）（マルクスは対象、類からの疎外、唯物論）に反して、宗教の超越性を主張するにはどこまでも同意を表すものではあるが、しかもその一面反動性（福音、「主の推薦」の排除 物質即精神なる神の喪失、宗教の喪失 人間否定、自然の征服 排他的な宗教）（宗教的対立）（ego）（私欲）（利己的）を認めざるを得ないのである。

NKZ6-344-10 物（1－14 意識界）がその環境（意識界・無・物質界）から（「NKZ6-344-12 合理的関係」に於いて）限定せられると考へられるかぎり、それは有の一

NKZ6-344-11 般者の限定（スピノザの実体）（マルクスと対象界、物質界）と考へられるものであり、何処までも真の個物（質料）といふものは考へられない。唯、例といふ

NKZ6-344-12　如きものがあるのみである。物（マルクス）（時間面）と環境（空間面）（物質界）との間に所謂合理的関係といふ如きものが考へられるかぎり、
NKZ6-344-13　個物（質料）といふものは考へられない。個物（質料）は環境（物体界）に包まれ何処までも環境から限定せられるといふ意味（否定の否定）を
NKZ6-344-14　有すると共に何処までも環境から限定せられないもの（時間面）であり、却つて環境（空間面）を限定する意味を有つたも
NKZ6-344-15　の（絶対矛盾的自己同一）でなければならない。

1－17　主語的なるものからいえば、述語的なるものは従属的と考えられる。述語的なるものは、それ自身によって独立的なるものでなく、単に主語的なるものについていわれるものと考えられる。

5－12　今や新たなる文化（神話）（5－7　歴史的社会）（世の和解）の方向が（再び）求められなければならない、（神話を語り得る）新たなる人間（預言者、シャーマン、体験者、第二の西田幾多郎、鈴木大拙、上田閑照、5－13　内在的超越のキリスト、5－2　主の僕、第二の主イエス・キリスト）が生まれなければならない（異議ありません、心から同意します。ここが僕の目的地）。

4－19　矛盾的自己同一の根柢に徹することを、見性というのである。そこには、深く背理の理というものが把握せられなければならない。禅宗にて公案というものは、これを会得せしむる手段にほかならない。

十一

私がここに真の宗教は文化的でなければならないというのは、宗教を文化的に考えようというのではない。宗教を単に合理的に、内在的に考えようというのではない、単に内在的（我と有）（超越的内在）に、宗教というものがあるのではない。宗教（行為的自己）はどこまでも内在的（動）に超越的（静）（仏あって衆生あり）でなければならない、逆に超越的（動）（自己表現的個）に内在的（動）（私）（衆生あって仏がある）でなければならない。内在即超越（時間面・無・空間面）、超越即内在（自己表現的個・無・自己表現面的限定）（時間面的自己限定・無・空間面的自己限定）（私の意識・無媒介的媒介・非連続の連続・汝の意識）↓（時間面・無・空間面）の絶対矛盾的自己（絶対無）同一の立場（無自身）（場所自身）（NKZ6-348-5　共同意識）（1−7　時間面的空間的世界）（個人的自己の意識の統一）において、宗教というものがあるのである。宗教は従来のごとき主観的論理（デカルト）や対象論理的（カント）には把握できないのである。そういう立場から宗教を考える人には、宗教が神秘的とも考えられるゆえんである。宗教に対する誤解や理解の不完全は、すべて抽象論理的（自我）（デカルト、カント的）（1−2　単なる理性）（日常の私）立場から宗教を考えるによるのである（答えは問所にあり「デカルト哲学について」）。宗教的論理は、歴史（八八、百八）的世界（個と個）（一つの世界・一つの世界）（人間）形成的として、絶対弁証法的でなければならない。ヘーゲルの論理といえども、なおそこに至っていない。内在的なる人間的世界（我と対象）（自覚的有・対象的有）から合理的（過程的連続）（NKZ6-344-12　合理的）に宗教を考えるということは（久松の流出、マルクスの唯物論）（3−4　スピノザの実体）（ヘーゲルの有）（独我論）、宗教（行為的自己）を否定することにほかならない。宗教を否定することは、世界（一つの世界・一つの世界）（場所的有・場所的有）（共同意識）が自己自身

（私・統一・汝）（時間面的自己限定・無・空間面的自己限定）（自己表現的個・無・自己表現面的限定）（無自身）（神）を失うことであり、逆に人間が人間自身（神）（無自身）（意識）（個性）（自己表現的個・無・自己表現面的限定）（私と汝）（神が創造している自我）を失うことであり、人間が真の自己（述語面的自己限定・無・主語面的自己限定）（時間面的自己限定・無・空間面的自己限定）（自己表現的個・無・自己表現面的限定）→（時間面・無・空間面）（質料・無・形相）（無自身）（場所自身）（共同意識）（NKZ6-400-4 個人的自己の意識・無媒介的媒介、非連続的連続・個人的自己の意識）（時間面的空間的世界）（私と汝）→（自己）（我）を否定することである。何となれば、人間は、固《もと》、自己（2―8 仏あって衆生あり、衆生あって仏がある）矛盾的存在なるが故である。故に、私は真の文化（宗教）（学問）（西田哲学）（5―7 歴史的社会）は宗教的でなければならないとともに、真の宗教は文化的でなければならないというのである。我々（私と汝）は真の文化の背後に、隠れた神を見るのである。しかし、人間がどこまでも非宗教的に、人間的立場に徹すること（マルクス）（1）（キリスト教）、（その）文化的方向に行くことは、世界（人間）（自我）（一つの世界・一つの世界）が世界自身（NKZ6-400-4 個人的自己の意識・無媒介的媒介、非連続的連続・個人的自己の意識）（私と汝）（自我）を否定することであり、人間（自我）（心・身体）（物質・精神）が人間自身（質料・無・形相）（時間面・無・空間面）（無自身）（直接経験）（述語面的自己限定・無・主語面的自己限定）（時間面的自己限定・無・空間面的自己限定）（自己表現的個・無・自己表現面的限定）（愛）（慈悲）（悲願）（利他）（共生）（意識）（時間面的空間的世界）（私と汝）（自我）を失うことである。これが、文芸復興以来、ヨーロッパ文化の方向であったのである。西洋文化の没落など唱えられるに至ったゆえんである。世界（一つの世界・一つの世界）（場所的有・場所的有）（人間）が自己自身（私・無媒介的媒介、非連続的連続・汝）（共同意識）（質料・無・形相）を喪失し、人間（NKZ6-368-9 物質即精神なる神）が神（NKZ6-368-9 物質即精神なる「人間」）（宗教）を忘れた時、人間はどこまでも個人的（単なる世界的世界、我、ego、凡夫）（今のあなた）（非宗教）に、私欲

（2―1　外を内に映す）（マルクス）（パスカル）（煩悩に作用された世界的世界、凡夫、ego、私欲、利己）的となる。その結果、世界（青い地球）は遊戯的か闘争的かとなる。すべてが乱世的となる。（5―11　人間がどこまでも非宗教的に、人間的立場に徹すること）（ロマ書　9―32　つまずきの石につまずいた）〔エレミヤ　2―11　その神を神ではない者に取り替えた国があろうか。／ところが、わたしの民はその栄光を／益なきものと取り替えた）のである〕（1―1　特に宗教に至っては、多くの人は自己は宗教というものを理解せないという。自己には宗教心というものはないともいうであろう。特に学者たちはこれをもって誇りとなすものもある）（いまさら西田哲学でもあるまい、の）文化（非宗教）的方向は、その極限において、真の文化（神話、宗教、人間、自然）（西田哲学）（学問）（親鸞、内在的超越、パウロ、超越的内在）（釈迦、イエス・キリスト）〔5―3　世界（場所的有）史的立場（歴史的社会）に立つ日本精神〕（歴史的社会）（ロマ書　11―15　世の和解）を失うに至るのである。

十二

晩近《ばんきん》（最近　電子辞書）に至って、ヨーロッパ文化の前途を憂える人は、往々中世への復帰を説く（Dawsonの如く）。しかし、大まかに歴史は繰り返すといわれるが、その実は歴史は繰り返すものではない、歴史は一歩一歩に新《あら》たなる創造である。近世文化は、歴史的必然によって、中世文化から進展し来ったのである。中世文化の立場に還ることの不可能なるのみならず、またそれは近世文化を救うゆえんのものでもない。今や新たなる文化（神話）（宗教）（学問）（5―7　歴史的社会）（ロマ書　11―15　世の和解）の方向が（再び）求められなければならない、（神話、宗教を語り得る）新たなる人間（預言者、シャーマン、体験者、第二の西田幾多郎、第二の主イエス・キリスト、上田閑照、鈴木大拙、5―13　内在的超越のキリスト、5―2　主の僕、覚者）が生まれなければならない。

異議ありません、心から同意します、ここが僕の目的地。

パウロも新たなる救世主、「新たなる人間」の「出現」を待望していらっしゃいます。僕は、パウロの目の前で石で打たれたステファノや、パウロなんかはそれなりの資格があると思います。当時は、預言者、体験者が数多くいらっしゃったと思われますが――パウロの書簡の中で「主にあって」の言葉が冠せられている方々や「主」を使用されているテルテオ、それに手紙の受取人、テモテも体験者です――その多くは、見つけ次第ステファノのように殺されていたようです。だから馬から落ちるほどの体験をされ、回心されたパウロは、それを避けるために、自ら作った体験者業界用語、例えば「キリスト」、「キリスト・イエス」で体験者同士の意志の疎通を図られたのです。業界用語、巨大な素数を用いた暗号なら、難解だ、難解だ、難解だと言われている西田哲学と同じで――西田哲学も業界用語です――パウロと対立する「ロマ書　1―22　知者」、5―12　俗権、知的自己、単なる理性、デカルト的我、「今のあなた」ではサッパリ理解できません。つまり、失礼と思いますが、博士が「禅宗にて公案というものは、これを会得せしむる手段にほかならない」と言われているにもかかわらず、それに挑戦しない、追試しない「今のあなた」が西田哲学を難解にしていると、僕は思います。追試すれば、僕の神話友達と比べものにならない半端な体験しかできなかった僕でも、ここまで読みました。西田博士に提出して満点を取るつもりで読み解きましたが、僕の頭では、多分、当たらずとも遠からずや、思い違いがあると思います。追試してご自身で読んでください。きっと、僕のように宗教、哲学の心得がなくても、夢中になるほどの楽しい時間が持てると思います。

テモテ　1－6－14　わたしたちの主イエス・キリスト（意味は「主の推薦」が生起した被造物、第二のイエス・キリスト、覚者）の出現まで、その戒めを汚すことがなく、また、それを非難のないように守りなさい。15　時がくれば、祝福に満ちた、ただひとりの力あるかた、もろもろの王の王、もろもろの主の主（主の推薦、西田の心霊、大拙の霊性）（森羅万象を統べる主の来臨）が、キリスト（「神・被造物」→ここでは被造物）（預言者、体験者、覚者、第二の主イエス・キリスト、5－13　内在的超越のキリスト）（5－2　主の僕）を出現させて下さるであろう。

中世的世界の自覚的中心となるキリスト教は、対象的（デカルト、カント的）（1－2　単なる理性）に超越的宗教であった。君主的神の宗教であった〔2－9　主語的超越的に君主的Dominus（主　電子辞書）なる神〕。しかして、それは俗権（ロマ書　1－22　知者）（バチカン）と結合した(47)。ペテロ（神）↓（キリスト↓神・被造物）（イエスの弟子）の後継者は、またシーザー（権力）の後継者（ローマ法王）ともなった。かかる（知的自己の、デカルト的な）宗教は宗教自身（知的自己の宗教、私・無媒介的媒介・非連続の連続・汝、行為的自己の宗教）が宗教（知的自己の宗教、5－12　対象的（デカルト的）超越的宗教）を否定（絶対無）（歴史的必然的に移り行かなければならない）していくことでなければならない。シーザー（神・被造物）のもの（神）は、どこまでもシーザー（被造物）に返さなければならない。宗教（神）はシーザー（権力を握った法王）の剣の背後（バチカン）にあるのではない〔神は「2－9　主語的超越的に君主的Dominus（主　電子辞書）なる神」として在すのではない、「主の推薦」が生起した西田博士の言われる自己（私と汝）、パウロの言われるキリスト（神・被造物）に在すのである〕。かかる世界（バチカン）は作られたもの（我）（時間面的自己限定・無・空間面的自己限定）（私と汝）として、作るもの（質料・無・形相）へと、歴史（八八、百八）的必然的に移り行かなければならない。プロテスタント（M・ルター）は自然（物質界、対象界、神律、超越的内在）を決断の場とした、とティリッヒはいう。我々（精神・物質）（私・汝）（時間面的自己限定と空間面的自己限定）（時間面的空間的世界）はどこまでもこの方向を進んで行かなければならない。すなわち自己（我）（無）否定において神を見る（反省、パウロ、西田の終末論、見性、コリント　2—10—18　主の推薦、テモテ　2—4—8　公平な審判者である主、始覚、宗教的体験、主の僕）方向へ進んで行かなければならない。

パウロが、「ロマ書　11—15　もし彼ら（イスラエル）の捨てられたこと（不信仰）が世の和解となったとすれば、彼ら（イスラエル）の受けいれられることは、（主に於いて）死人（ロマ書　7—10　わたしは死んだ）の中から生き返ること（主の推薦）（始覚）（福音）（5—2　主の僕）（生かせたる　神話友達）〔ロマ書　1—17　神の義（事実）は、その福音（心霊、主の推薦）の中に啓示され、信仰に始まり信仰に至らせる」ではないか」と言われています。

しかし、単に内在的方向（超越的内在）（流出、神人合一、唯物論）（パウロ、滝沢、スピノザ、ヘーゲル、マルクス、パスカル、ドストエーフスキイ、ニイチェ）（我と事）（自覚的有・対象的有）（マルクスは類との疎外）へ行くことは、世界（個、人間）が自己自身（私・統一・汝）（個と個）（一つの世界・NKZ6-386-11　非連続的連続、無媒介的媒介・一つの世界）を失い、人間（私と汝）（心・身体）（物質・精神）が人間自身（質料・無・形相）（絶対無）（場所自身）（直接経験）（無自身↓意識↓自己↓自我）を否定する（失う）ことである。我々（私と汝）はどこまでも内へ超越して行かねばならない。内在的超越（私と汝の統一）（2—8　仏あって衆生あり、衆生あって仏がある）（場所自身）（無自身）（質料・無・形相）（時間面的自己限定・無・空間面的自己限定）（私・非連続的連続・無媒介的媒介・汝）（共同意識）（世界的世界）（時間面的空間的世界）こそ新しい文化（神話、宗教、学問、西田哲学、歴史的社会）（世の和解）の途《みち》であるのである。(50)

5―12　今や新たなる文化（神話）（宗教）（歴史的社会）（ロマ書　11―15　世の和解）の方向が（再び）求められなければならない、（神話、宗教を語り得る）新たなる人間（預言者、シャーマン、体験者、第二の西田幾多郎、鈴木大拙、上田閑照、5―13　内在的超越のキリスト、主の僕）（第二の主イエス・キリスト）が生まれなければならない。

4―19　矛盾的自己同一の根柢に徹することを、見性というのである。そこには、深く背理の理というものが把握せられなければならない。禅宗にて公案というものは、これを会得せしむる手段にほかならない。

異議ありません、心から同意します、ここが僕の目的地。

十三

かかる意味において、私はイヴァン・カラマーゾフの劇詩に興味を有するものである。「主なる神よ、我らに姿を現わし給え」と哀願する人類への同情に動かされて、キリストがまた人間の世界へ降《くだ》って来た。場所はスペインのセヴィルヤであり、時は一五世紀時代、神の栄光のために毎日人を焚殺《ふんさつ》（やきころす　電子辞書）する、恐ろしい審問時代であった。大審問官の僧正が、キリストがまた奇跡をなすのを見て、たちまち顔を暗《く》もらせ、護衛に命じキリストを捕えて牢屋に入れた。しかして、彼はキリストを責めていう。お前は何のために出て来たか。お前はもはや何一ついうことがないはずだ、人民の自由ということは、千五百年前からお前に何よりも大切なものであった。「我は汝らを自由にせんと欲す」といったではないか。今、お前は彼らの自由な姿を見た。我々がお前の名によってこの事業を完成したのだ。人民は、今、いつにも増して、彼らが自由になったと信じている。しかし、その自由を、彼らが進んで我々に捧げてくれた、おとなしく我々の足もとに置いてくれたのだ。これを成し遂げたのは、我々だ。お前の望んだのは、こんなことではあるまい、こんな自由ではあるまいと。つまり審問官らが（人民の）自由を征服して人民を幸福にしてやったというのである。人間には、自由ほど、堪えがたいものはないのだ。人はパンのみにて生くるものにあらずといって、キリストは、人間を幸福になし得る唯一の方法を斥けた。しかし、幸いにもキリストがこの世を去る時、その仕事をローマ法王（5―12　俗権）（ロマ書　1―22　知者）に引き渡した。今になってその権利を奪う訳にはゆくまい。「何故、今になって、我々の邪魔をしに来たか、明日はお前を焙《や》き殺してくれる」というのだ。これに対し、キリストは始終一言もいわない。あたかも影の如くである。その翌日、釈放せられる時、無言のまま突然老審問官に近づいて接吻した。老人はぎくりとなった。始終影の如くにして無言なるキリスト（良寛さんでもよい）は、私のいうところの内在的超越（私と汝）のキリスト（パウロの言われるキリスト↓被造物）（覚者）（主の僕）であろう。無論、キリスト教徒は、否、ドストエーフスキー自身（超越的内在）も、かくいわないであろう。これは私一流の解釈である。しかし、新しいキリスト教的世界は、内在的超越（私と汝）のキリスト（被造物、覚者、主の僕）（5―12　新たなる人間）（第二の主イエス・キリスト）によって開かれるかもしれない（異議ありません、心から同意します）。

パウロも、「5―12 新たなる人間」、「5―13 内在的超越のキリスト↓被造物、覚者」の「出現」を待望していらっしゃいます。

テモテ 1―6―14 わたしたちの主イエス・キリスト（主の推薦が生起した第二のイエス・キリスト）（体験者、覚者、主の僕）の出現まで、その戒めを汚すことがなく、また、それを非難のないように守りなさい。

1―6―15 時がくれば、祝福に満ちた、ただひとりの力あるかた、もろもろの王の王、もろもろの主の主（コリント 2―10―18 主の推薦）（主の降臨）が、キリスト（被造物）（預言者、体験者、第二の主イエス・キリスト）（主の僕）（5―13 内在的超越のキリスト↓被造物、覚者）を出現させて下さるであろう。

ロマ書 6―8 もしもわたしたちが、（主の推薦によって）キリスト（神）と共に死んだ（ロマ書 7―10 わたしは死んだ）なら、また彼（神）と共に生きることを信じる。

ガラテヤ人への手紙 2―20 生きているのは、もはや、わたしではない。キリスト（神）が、わたしたちのうちに生きておられるのである。パウロの言われる「キリスト」↓神・被造物。

中世的なものに返ると考えるのは時代錯誤である。自然法爾に、我々（私と汝）（コリント 2―6―16 生ける神の宮）は神なきところに真の神を見るのである。今日の世界（場所的有）史的立場に立って、仏教から新しき時代へ貢献すべきものがないのであろうか。ただし、従来のごとき因襲的仏教にては、過去の遺物たるにすぎない。普遍的宗教といっても、歴史（八八、百八）的に形成せられた既成宗教であるかぎり、それを形成した民族の時と場所とによって、それぞれの特殊性を有《も》っていなければならない。いずれも宗教としての本質を具しながらも、長所と短所とのあることはやむをえない。ただ私は将来の宗教としては、超越的内在（神人合一）（スピノザ、ヘーゲル、マルクス、フォイエルバッハ、久松真一、滝沢克己）（パスカル、ドストエーフスキイ、ニイチェ）（我と有）より内在的超越（私と汝）（私・非連続的連続・無媒介的媒介・汝）（場所が場所自身を限定する、絶対無の場所）（共同意識）（主客の対立、相互関係も、そこから考えられる立場「デカルト哲学について」）（論理から自己↓時間面的空間的世界）の方向にあると考えるものである（僕の体験、経験からいっぱい引き出してくださって、勉強させてもらいました）。

私はベルジャーエフの「歴史の意味」に対し、大体の傾向において同意を表すものであるが、彼の哲学はベーメ的な神秘主義を出ない。新しい時代は、何よりも科学的でなければならない（同意します）。ティリッヒの『カイロス（体験、主、逢着）とロゴス（テモテ　2―4―1　御言）』も、私の認識論に通ずるものがあるが、その論理が明らかでない。これらの新しい傾向は、今やどこまでも論理的に基礎づけられなければならない。

5―9　科学的世界というのも、歴史的世界（八八、百八）の自己（無）否定的一面として、人間的（我と有）に考えられるのである。故に、科学も一種の文化（宗教）である。（物質即精神なる）人間が自己（無）（我）否定において自己（有）（我と類）（意識界・物質界）を有つという立場において、人間が科学的であるのである。

十四

国家（国家・国民）と宗教（行為的自己）との関係については、第四論文集以来、しばしばこれに触れた。国家とは、それぞれ（国家と国民）に自己自身（国家・相互限定・国民）の中に絶対者の自己（無）表現を含んだ一つの世界（国家・国民）である。故に、私は民族（一族・族人）的社会が自己自身（一族・相互限定・族人）においてて世界の自己（無）表現を宿す時、すなわち理性的となる時、国家（国家・国民）となるというのである（世界新秩序の原理）。かくのごときもののみが国家である。かかる意味において、国家は宗教（行為的自己）的である。その成立の根柢において宗教的となる、歴史的世界（八八、百八）の自己（私）（自己）形成の方式が国家的であるのである。歴史的世界は、国家（国家・国民）的に自己自身（国民と相互限定している国家）を表現するのである。しかし、かくいうことは、国家そのものが絶対者であるというのではない。国家は、道徳の根源ではあるが、宗教の根源とはいわれない。国家は絶対者の自己（人間）形成の方式として、我々の道徳的行為は国家的でなければならないが、国家は我々（私と汝）（被造物）の心霊（心）の救済者ではない。真の国家は、その根柢において自ずから宗教的でなければならない。しかして真の宗教的回心の人（主の僕）は、その実践において、歴史（八八、百八）的形成的（覚者）として、自ずから国民的でなければならない。しかも、両者の立場は、どこまでも区別せられなければならない。しからざれば、それは中世的として、かえって両者の純なる発展を妨げるものである。近代国家が信仰の自由を認めて来たゆえんである。君主的神のキリスト教と国家との結合は容易に考えられるが、仏教は、従来、非国家的とも考えられていた。しかし、鈴木大拙は大無量寿経四一の此会四衆、一時悉見、彼見此土、亦復如是(48)という語を引いて、此土《しど》（この世　電子辞書）において釈尊を中心とした会衆《えしゅ》（私）が浄土（彼岸）を見るが如く、彼土《ひど》（彼岸）の会衆（汝）によって此土（此岸）（私）が見られる。娑婆《しゃば》が浄土を映し、浄土が娑婆を映す、明鏡相照す、これが浄土と娑婆との連貫性あるいは一如性を示唆するものである、といっている（鈴木大拙『浄土系思想論』104頁）。私はここから浄土真宗（親鸞）的に国家（5－7　歴史的社会）というものを考え得るかと思う。国家とは、此土において浄土を映すものでなければならない。

注

(1) 麻酔薬　超越的内在の立場、疎外からのマルクスのキリスト教とパウロ批判

133頁　ドイツにとって宗教（キリスト教とパウロ）の批判は本質的にはもう果たされており、そして宗教の批判はあらゆる批判の前提である。……反宗教批判の基礎は、人間（「我考える故に我あり」の我）が宗教（神）をつくるのであって、宗教（神）が人間をつくる（創造する）のではない、ということである（超越的内在及びキリスト教批判）。たしかに宗教は、自己自身をまだかちえていない人間か、それとも再び自己自身を喪失してしまった人間か、いずれかの人間の自己意識および自己感情である。

だが、人間というものは、この世界（心）の外部にうずくまっている（疎外、外化《がいか》されている）（コリント　2ー6ー17　分離せよ）、抽象的（主、心霊に於ける観想、見性された対象的、疎外的、外化的）な存在（類）（ザッヘ、Sache　ヘーゲル）ではない（超越的内在）(12)。人間、それは人間（自我）の世界であり、国家、社会である。この国家、この社会が倒錯した世界であるがゆえに、倒錯した世界（心）意識である宗教を生みだすのである。……宗教は、人間的存在（類）が（疎外、外化され）真の現実性（神の創造）をもたないがゆえに、人間的存在（類）を空想的に現実化（創造）（自己疎外的精神　ヘーゲル）することである。……宗教上の悲惨は現実的な悲惨の表現でもあれば、現実的な悲惨にたいする抗議でもある。宗教は抑圧された人間の嘆息であり、心なき（外化、疎外された）（自己疎外的精神　ヘーゲル）世界の心情であるとともに、精神（神）（神の創造）なき状態

（対象）（疎外）（外化）（分離せよ）の精神（主に於ける観想、見性に於いて、我と対象的に、空間面に、対象界に、疎外された状態で類を見る宗教的自己疎外）（自己疎外的精神　ヘーゲル）である。それは（疎外ゆえにそれを求める）（あこがれ）（キリスト教の場合は、人格神ゆえ、それを求める、希求する）民衆の阿片である（西田哲学を読めば慈悲、悲願、愛が出てきます）（マルクスはそれに気づいてはいらっしゃらないか、又はそれが現れなかった場で、彼の立場は、仏あって衆生あり、です。体験世界には大悟と小悟があります）（パウロは慈悲をご存知です。しかし、仏あって衆生あり、になっています）。

K. Marx: Zur kritik der Hegelschen Rechtsphilosophie. Einleitung. In: K. Marx—F. Engels Werke Dietz, Verke Dietz, Verlag. Berlin Bd. I, S 378

134頁　それゆえ、（心霊、観想に於いて）真理の彼岸（神の創造）が消えうせた（超越的内在↓私と類、神の外化、神との疎外）以上、さらに此岸（この世）（現世）の真理を確立することが、歴史の課題である人間の自己疎外（私に対する類、神）の神聖（彼岸の）な形態が（主に於ける観想に於いて）あばかれた以上（人は非創造物である）、神聖でない（此岸の）諸形態における自己疎外（資本家・労働者）をあばきだすことが、当面、歴史に奉仕する哲学の課題である。こうして天上の批判（疎外）（対象）は地上の批判（疎外）（対象）にかわり、宗教の批判は法の批判に、神学の批判は政治の批判にかわるのである（宗教が、物質即精神なる神が、人間が、自律が、人格が否定されています）。

K. Marx: Zur kritik der Hegelschen Rechtsphilosophie. Einleitung. S. 379

岩淵慶一著「マルクスにおける疎外論の発展(1)」（133、134頁）傍点は省きました。

『立正大学文学部論叢』52, 129–149, 1975-03-20

フォイエルバッハの超越的内在の立場からのキリスト教、パウロ理解

131頁　宗教——少なくともキリスト教（ここではパウロ）——とは、人間の自己自身にたいするふるまい、あるいはいっそう正しくいえば、人間の自己（しかも主観的な）本質（自我）にたいするふるまいであるが、しかしそれは一つの他の本質（類）（ザッヘ、Sache）にたいするふるまいなのである。神的本質とは人間的本質に、あるいはいっそうよくいえば、（宗教は、人間的存在が（外化され）真の現実性（神の創造）をもたないがゆえに　マルクス）個人的人間の制限から浄化され解放された人間的本質、客観化された、すなわち彼から区別（対象、外化、疎外）（コリント　2－6－17　分離せよ）された他の独自な本質（フォイエルバッハは物質でしょうか）（自己疎外的精神　ヘーゲル）として（主、心霊に於いて）直観（観想　マルクス）（見性）（自覚）され崇拝された人間的本質（真正のキリスト教　滝沢）（パウロ）（超越的内在）（意識界・無・物質界）にほかならない——それゆえに、神的本質（当為）のすべての諸規定は人間的諸規定なのである。

Ludwig Feuerbach: Das Wesen des Christentums. In: Ludwig Feuerbach Gesammelte Werke Akademie Verlag. Berlin 1973. Bd5, S. 48–49

岩淵慶一著「マルクスにおける疎外論の発展」（131頁）傍点は省きました。

（2）我々→私と汝→自我

人は自覚を内からという時、自己（個）（我）は既に外（私と汝）（個と個）（個・NKZ6-386-10 非連続的連続、無媒介的媒介・個）（自分ともう一人の自分）（一つの世界・一つの世界）（見る個人的自己の意識・非連続的連続、無媒介的媒介・映す個人的自己の意識）に出ているのである。

1—17　我々が自覚（見性、反省）（行為的直観）するという時、自己（自我）は既に自己（自我）を越えている（時間面・無・空間面）（一つの世界・一つの世界）（私と汝）のである。

1—5　作られたもの〔（時間面的自己限定）（私）↓（場所的有）（質料・無・形相）と（空間面的自己限定）（汝）↓（場所的有）（質料・無・形相）〕から作るもの（質料・無・形相）（意識）へと動き行く世界。

見る意識、私と、映す意識、汝になるということです。自分ともう一人の自分。分かりやすく言うと、西田博士は人の根源、根柢からですが、赤いリンゴを思い出してください、どうなりますか。赤いリンゴが見えますね。その赤いリンゴを見ているあなたと、その赤いリンゴを思い出して、あなたに見せているあなたがそこにいる、ということです。だから赤いリンゴがあなたに分かるのです。神という字を書いてください。神という漢字が心に浮かんで、それをなぞって神と書くと思います。そこには神という字を思い出してあなたに見せているあなたと、神という字を見て書いているあなたがいる、ということです。ですから神という字が書けるのです。

NKZ6-399-8　各瞬間の（見る）意識（私）と（映す）意識（汝）とが話し合ふ。

（3）物体界→物が物自身

NKZ6-341-8　物体界とは如何なるものであるか。物体界といふもの

NKZ6-341-9　も、我々（私と汝）の（宗教的体験）（西田の終末論→心霊、大拙の霊性、上田の限りない開け、パウロの福音、パウロの「コリント　2−10−18　主の推薦」、マルクスの観想においての）経験的内容（反省、見性）と考へるものを時間、空間、因果の如き形式（1−9　形式ある内容→私と汝）（時間面・無・空間面）（NKZ6-370-5　環境的限定の意義）によつて統一したものと考へるこ

NKZ6-341-10　とができる。内界（私）（時間面）（意識界）と外界（汝）（空間面）（物質界）といふものが本来相対立したものでなく、一つの世界（自我）の両面（時間面・無・空間面）（一つの世界・一つの世界）（私と汝）（自分ともう一人の自分）といふ如きもの

NKZ6-341-11　に過ぎない。両界は同じ材料（質料・無・形相）から構成せられて居るのである。

Science without religion is lame, religion without science is blind.—Albert Einstein. Webより

形式（NKZ6-341-8　物体界）（私と汝）なき内容（時間面・無・空間面）は盲目的であるが、内容（時間面・無・空間面）なき形式（私と汝）も空虚である（よく似ている）。

（4）物質的世界に即したもの

ちなみに著者（八木誠一博士）は、カール・バルトが神を人の《gegenüber》（対極）と言うばかりでなく時にはっきりと「対象」と呼ぶという理由で、バルトにはなお著者のいう意味での「対象的」思惟が残っているという（二二九―二三二頁）。ところが、自己ないし絶対者にかんして極力対象的思惟を排除する（主客の対立、相互関係も、そこから考えられる立場「デカルト哲学について」）（内在的超越）西田哲学をとおしてバルト神学に出会った筆者（滝沢克己博士）は、むしろ反対に、カール・バルトがかれ自身の信ずる神にかんして、きっぱりと対象（スピノザ、ヘーゲル、マルクス）（超越的内在）と言うことを憚（はばか）らないということに驚嘆してきた。まさにその点にこそ、この根本の事実（私と対象）（意識界・無・物質界）にかかわるカール・バルトの認識もしくは思惟方法の類（たぐ）いない確かさを見るからである。

しかも筆者（滝沢克己博士）のばあいそれは、人間的主体（類、ザッヘ、身体、物質）を『対象的存在』（我と類）（意識界・無・物質界）（超越的内在）と言い切って動じないマルクス（カール・マルクス）の心眼の鋭さ・明らかさ（『経哲草稿』）に対する驚嘆と、深く通ずるものなのだ。著者（八木誠一博士）と筆者（滝沢克己博士）のあいだになお残る考えのずれは、ここにもまた示されてはいはしないであろうか。

『神はどこで見出されるか』三一書房（154頁）

（5）他が自己に、自己が他にということである。

4―1　自己表現的個　2―1　自己表現面的限定
1―10　参照

NKZ6-391-4　私が汝を知り汝が私を知るとは何を意味するか。私は直観（行為的直観）といふことを自己（私、自我）が自己（汝、他人）を知

NKZ6-391-5　るといふことから考へた、そして自己（私）が自己（汝）を知るといふことは自己（私・汝）に於て絶対の他（汝）（絶対無の場所）を認めることで

NKZ6-391-6　あると云つた。併しかゝる関係は直に之を逆に見ることができる。自己（私）が自己（私・汝）の中に絶対の他（汝）（絶対無の場所）を認め

NKZ6-391-7　ることによつて無媒介的に他（絶対無の場所）（汝）に移り行くと考へる代りに、かゝる過程は絶対の他（絶対無の場所）（汝）の中に私を見、他（汝）が

NKZ6-391-8　他自身（私と無媒介的媒介、非連続の連続している汝）を限定することが私が私自身（汝と無媒介的媒介、非連続の連続している私）を限定することであると考へることができる（共同意識）。私が内的に他（汝）に移

NKZ6-391-9　り行くといふことは逆に他が内的に私に入つて来るといふ意味を有つてゐなければならない。（共同意識）（絶対無の場所）

NKZ6-406-15　私が私の自己（私・汝）の中に絶対の他（絶対無の場所）（汝）（他人）を見ると（時間面・無・空間

面）いふことは、逆に私が絶対の他を見ることによつて私が私自身（絶対無の場所）（共同意識）を見る（時間面・無・空間面）といふことを意味し、かゝる意味に於て我々の個人的自覚（見性、反省、始覚）（行為的直観）といふものが成立するのである（僕の経験からそうでなければおかしいから、心から同意します）。

NKZ6-407-1　我考える故に我あり、の「1―9　対象とならないもの（自我）が対象となる」。

（6）モナドロジー

ライプニッツの単子論。モナドとは「単一なもの」という意味で、物体の構成要素を言う。ライプニッツは、モナドである個物はそれぞれの程度に応じて世界を映す鏡であり、「小宇宙」である、と考えた。（本25頁）

（7）目的の王国

カントが『実践理性批判』の中で説いた道徳の理想界（叡智界）である。ここでは、すべての成員が自律的に自由であって、自らが課した法則に自らがしたがうとされる。（本25頁）

（8）悟性概念

この認識は悟性を要求するが、悟性の規則は、対象がまだ私に与えられてない前に、私が自分自身のうちにこれをア・プリオリに前提しなければならない。そしてかかる悟性規則はア・プリオリな悟性概念によって表現せられるものであるから、経験の一切の対象は、必然的にかかる悟性概念（カテゴリー）に従って規定せられ、またこれらの概念と一致せねばならない。（34頁）

我々の悟性概念に対応する直観（知的直観）が与えられ得ないとすれば、我々はいかなる悟性概念も持ち得ないし、従ってまた物を認識するに必要な要素を一つも持たないことになる、ということである。つまり我々が認識し得るのは、物自体としての対象ではなくて、感性的直観の対象としての物――換言すれば、現象としての物だけである。するとこのことから、およそ理性の可能的な思弁的認識は、すべて経験の対象のみに限られるという結論が当然生じてくる。（40頁）

カント著『純粋理性批判上』篠田英雄訳　岩波文庫

悟性概念→人が生得的、ア・プリオリ的に備わっている「物を認識するに必要な要素」。1―13　表象、物自体。西田哲学の「所与」とは似て非なるものです。

「西田幾多郎の場所論とカントの『物自体』――西田の『反省的判断の対象界』を手がかりにして　木村美子」を少し読みました。そこで、カントはコペルニクス的転回をされた、と言われていましたが、なるほど、と思いました。

また、博士が「私の立場はカントの認識論の対蹠である、その裏返しである、コペルニクス的転回の転回である」（10－56）と言われたそうですが、これもまた、なるほど、と思いました。カントの立場、知的直観、私、自我と対象、単なる理性がなした「素材と援助」、「自伝」と、博士の立場、行為的直観、私と汝とでは同じとは言えません。だから博士が、次のように言われたのだな、と思いました。

1－16　カントは人間を自己の人格においても、他人の人格においても、目的（心の内容）（悟性概念）そのものとして取り扱え、手段として用いてはならないという。道徳の世界は「目的の王国」と考えられるのである。単なる意識的自己（自我）（単なる世界的世界）の立場から客観的行為（道徳）（純粋な知識）の世界を考える時、この外にないのである。これは純我（純粋理性）の世界、純なる当為（目的の王国）の世界である。カントの哲学の精髄は、ここにあるのである。かかる純我（単なる理性）（純粋理性）の世界が主語面的に空間（空間面的自己限定）（汝）に沿うて考えられた時（心霊、主に於いて観想された時）（私と汝）（行為的直観）、それが純粋知識（当為）の世界である。意識一般とは、かかる世界の自己焦点（場所的有、絶対無の場所）と考うべきものである。カントは、彼の末派の人々よりも、直観を重んじた。直観面に沿うて世界を考えた。

1－13　アリストテレスのどこまでも主語となって述語とならない主語的有に対して、どこまでも述語となって主語とならない述語的有（時間面的自己限定・無・述語面的自己限定）ということができる。カントが、すべて私の表象（悟性概念）に伴うといった「私が考える」という自己は、かくのごとき存在（時間面的自己限定・無・空間面的自己限定）（自己表現的個・無・自己表現面的限定）（時間面・無・空間面）→（述語的有）（1－11　述語的場所）（カント）であろう。かつて「デカルト哲学について」においていったように、カント哲学はかかる立場から把握できると思う（西田博士の立場は、行為的直観。カントの立場は、知的直観）。

1―16　私はカント哲学（悟性概念）を私の場所的論理の中に包容し得ると思う。

（9）エンテレケーア

（エンテレケイア）「完全現実態」。単なる可能態に対して、完成された現実態というくらいの意味で用いる。（本31頁）

（10）『純粋理性批判』の巻頭も、かかる独断を脱していない。

原理の適用と限界　16頁　しかし私がここで言うところの批判は書物や体系の批判ではなくて、理性が一切の経験にかかわりなく達得しようとするあらゆる認識に関して、理性能力一般を批判することである。従ってまたこの批判は、形而上学一般の可能もしくは不可能性の決定、この学の源泉、範囲および限界の規定ということにもなるが、しかしこれらのことはいずれも原理に基づいてなされるのである。

原理確定の素材　18頁　理性そのものと理性の純粋思惟とだけを問題にする。従って理性に関する周到な知識を、広く自分の周囲に探し求めることを必要としない。私はかかる知識を実に自分自身のうちに見出すからである。それにまた普通の論理学も、簡単な理性作用を遺漏なくかつ体系的に枚挙するような範例を既に私に示しているのである。ただ私の場合には、経験の提供する素材と援助とが私からすべて取り去られたら、理性を用いていったいどれだけのことを成就する望みがあるのかという問題が生じる訳である。

原理の確定　19頁　いやしくもア・プリオリ（先験的、生得的）に確立されるほどの認識ならば、絶対に必然的と認められることを欲する、とみずから宣言するものだからである。ましてア・プリオリな一切の純粋認識を規定しようとする場合には尚さらである。ア・プリオリな純粋認識を規定することは、あらゆる必然的（哲学的）確実性の基準となり、従ってまたかかる確実性の実例にもなるのである。

カント著『純粋理性批判上』篠田英雄訳　岩波文庫

カントの場合に於いても、我、「単なる理性」、「日常の私」と、「原理の確定に寄与する素材と援助」になり、ア・プリオリ、博士の言われる所与を、カントの言われる「物自体」、「純粋知識」を、理性が成した素材とか援助などで知的直観に於いてそれなりに推し量ることはできると思いますが、博士が「しかし、実はかかる立場においては、知る（時間面・空間面）（一つの世界・一つの世界）（私と汝）（行為的直観）（純粋認識）（純粋知識）ということは考えられない、すべて意識作用（絶対無）（ノエシス・ノエマ）（心の作用・心の内容）（純粋思惟・純粋知識）というものは考えられないのである」と言われているように、ア・プリオリを、原理を、理性そのものと理性の純粋思惟と純粋認識と純粋の知識を知ることはできないと、西田哲学を勉強した僕も思います。西田博士はカントの言われる悟性概念を理性が成した「素材と援助」からではなく、「主客の対立、相互関係も、そこから考えられる立場『デカルト哲学について』」から「理性」と「理性」そのもののノエマ、ノエシス、「理性（教会パウロ）そのものと理性の純粋思惟（直接経験）と純粋認識（私と汝↓時間面・空間面）」を、心霊で理解できたところから論じていらっしゃいます。だから博士が「3－6　もし私の行為的直観というものを知的直観（単なる理性）（今のあなた）（日常の私）の如く解するならば、それはカント哲学の立場（悟性概念）からの曲解にすぎない」と言われたのだな、と思いました。是非とも追試して、ご理解されることを願っています。

また、カントの立場は、「日常の私」と「理性がなした素材と援助」、「ドクサ、思い込み」の立場ですが、西田博士の立場は物体界、「私と汝」の立場です。だから博士が「1－1　哲学者が自己の体系の上から宗教を捏造すべきではない。哲学者はこの心霊上（宗教的体験）（心）の事実（1－14　意識界・物質界）（心の作用と心の内容）（ノエシス、ノエマ）を説明せなければならない。それには、まず自己に、ある程度にまで宗教心というものを理解していなければならない（同意します）」と言われたのだな、と思いました。博士が、「1－2　カントは、ただ道徳的意識の上から宗教を見ていたと思う。霊魂不滅とか、神の存在とかいっても、ただ道徳的意識の要請たるにすぎない」と言われています。カント（知的直観）は博士が言われた「1－9　形式（物体界）（私と汝）なき内容（時間面・無・空間面）は盲目的であるが、内容（無）なき形式も空虚である」であると思います。

(11) まことの神・まことの人

小野寺　三位一体ということと、絶対矛盾的自己同一というものは、先生のお立場ではどういうようにお考えになりますか。

滝沢　インマヌエルの神ですね、それを論理的な言葉で言いますと、有限の人と絶対に人ではない絶対無相の神とが全く違いながら（不可同）直ちにひとつ（不可分）だと。そこには何か隙は全然ないわけです。神と人との間にね。その限りで神はひとりの人とひとつである。それが御子で（まことの神・まことの人→客観的理性「デカルト哲学について」）（絶対主体即客体的主体、神即人（即は絶対不可分・不可同・不可逆の即））『純粋神人学序説』創言社　17頁）（「被造物即創造者（即は不可分・不可同・不可逆の即）」　僕のメモから）するとと御子はあらゆる人のところにおられるわけですね（「テモテ　I－3－16　諸国民の間に伝えられ」ている→インマヌエル、被造物）（コリント　2－3－3　石の板にではなく人の心の板に書かれたもの）。ということで、父と御子とは等しいといえる。そういう論理構造は西田先生にあるんですけれど、しかし悪とか罪とか悪魔とかいう問題について、その虚無性をはっきり教えてくれたのは、私の場合、西田哲学（内在的超越）ではなくてバルト神学（超越的内在）だけなんです。

南山大学HP　南山宗教文化研究所　東西宗教研究　講演(三)「カール・バルト神学について」講演者　滝沢克己（44頁）

(12) 唯物論

「マルクスの『類的疎外』規定の検討」沢田幸治　神奈川大学学術機関リポジトリ　37頁

① 人間は一つの類（物質）（心霊、主、観想に於ける時間面・無・空間面）（意識界・無・物質界）存在である。彼が実践的かつ（心霊、主に於いて）観想的に類を――彼自身の類（身体）をも爾余の諸事物（私と諸事物）のそれをも――彼の対象（私と身体）（私と類）（時間面・無・空間面）（意識界・無・物質界）（超越的内在）（コリント　2－6－17　分離せよ）たらしめる点でそうであるのみならず、また――そしてこれは同じ事柄の別な言い

方にすぎないが、――彼が自己自身にたいして、現にそこに存在する生きた類（身体）にたいするようなあり方（心と身体）をする点、彼が自己自身にたいして、ある普遍的な、それゆえに（主の推選、観想に於ける）自由な、（疎外された）存在者（類）（神）（対象界）にたいするようなあり方（マルクスと物質界）（疎外、外化）をする点でもそうなのである。

② 類生活（私と身体）（心と類）（私・物質）は人間の場合でも獣の場合でも、身体的に一つには、人間が（獣と同じように）非有機的自然（物質）によって生きるところにあるのであって、人間が獣として普遍的であればあるほど、それだけ彼の生きる素《もと》である非有機的自然の範囲は普遍的である。植物、動物、石、空気、光等々が、あるいは自然科学の対象、あるいは芸術の対象、――彼によってまず享受と消化のために調整されねばならないところ（信仰）（精神的生活）の彼の精神的な非有機的自然（類）、精神的糧《かて》（神）として――観想的に（主、心霊に於ける私と空間面）（意識界・無・物質界　西田）人間的意識（類との疎外として）（コリント　2－6－17　分離せよ）の一つの部分を成すように、それらはまた実践的にも（私と対象として）人間的生活（私と爾余の諸事物）と人間的活動（資本家・労働者）（私と商品）の一つの部分を成す。肉体的に人間が生きるのは、ただこれらの自然産物（爾余の諸事物）――これらがいま食物、燃料、衣料、住い等々、どんなかたちであらわれるかは別として、――によってのみである。実践的には人間の普遍性は全自然を――それが㈠直接の生きる手段（対象）（疎外）（方法）、すなわち食料であるという点でも、またそれが㈡彼の生活活動の材料、対象および道具であるという点でも――彼の非有機的（物質的）身体たらしめるところ（時間面・無・空間面）（類との疎外）（コリント　2－6－17　分離せよ）の普遍性においてこそあらわれる。自然は人間（心と体）の非有機的な体《からだ》（類）（物質）である。

つまり、それ自体が人間の身体なのではないかぎりでの自然はそうなのである（物質即精神なる神の、人間の喪失）。人間は自然（物質）（類）によって生きるということは、自然（類）は彼の体であって、死なないために人間はこの体といつもいっしょにやっていかなければならぬということである。人間の肉体的および精神的生活（私と物質）（私と類、神）（ヘーゲルは自己疎外的精神）が自然（物質）と繋《つな》がっているということは、自然（身体）が自然自身（物質）（物体界、主に於いて観想する対象界、物質界、類）と繋がっていることを意味するものにほかならない。けだし人間は自然（物質）（類）の一部だからである（マルクスでは「物質から意識」が出てこない、西田博士は「物質から意識」が出てくる。ビッグバンから始まった生物の進化の過程を観れば、物質があってそこから意識が生まれた、意識が何処かにあったとは到底考えられない。ホーキング博士が、ビッグバンの時、神様のいる場所がなかった、と言われたと、どこかで聞いた気がする）。

③

疎外された労働（資本家・労働者）は人間から㈠自然（生産物）を疎外し、㈡彼自身を、換言すれば彼自身の能動的なはたらき、彼の（本来自由であるはずの）生活活動を疎外すること（資本家・労働者）（私と商品）によって、人間から類（生産物）（物質）を疎外する。それは人間にとって類生活（私と類、神）（精神的生活）を個人的生活の手段（対象）（疎外）（方法）（私と商品）たらしめる。第一にそれは類生活（私と類、神）と個人的生活（私と商品）を疎外し、そして第二にそれは後者（個人的生活）（私と商品）をそれだけとして切り離されたかたちで前者（私と類、神）の——同じようにそれの抽象的（主に於ける観想的）な、そして疎外されたかたち（私と対象界）での前者（私と類、神）（超越的内在　西田）の——目的（疎外ゆえそれを求める心）（私欲）（利己）（私と商品）（信仰）たらしめる（超越的内在は私と対象界、内在的超越は私と汝）。

④

けだし人間には労働、生活活動、生産的生活（私と爾余の諸事物）（資本家・労働者）そのものは一つの必要、つまり肉体的存在の維持の必要を満たすための一つの手段（対象）（疎外）（方法）としてのみあらわれるからである。しかし生産的生活（資本家・労働者）は類生活（疎外）（私と類）である。それは生活を産み出す生活である。生活活動の仕方のうちに一つの種（人間）の全性格、それの類性格（資本家・労働者）（私と商品）（私と神、類）があるのであって、そして自由な意識的な活動は人間の類性格（信仰）（私と神　パウロ）（私と人格神　キリスト教）である。生活そのものはただ生活手段（私と商品、爾余の諸事物）としてのみあらわれるのである。（40－Ｓ、５１５－５１６、４３５－４３６頁）

K. Marx "Ökonomisch-philosophische Manuskripte aus dem Jahre 1844" Karl Marx Friedrich Engels Werke, Ergänzungsband erster Teil, Institut fürMarxismus-Leninismus beimZK der SED, Dietz Verlag, Berlin, 1968. 所収。（邦訳「１８４４年の経済学・哲学手稿」『マルクスエンゲルス全集』第40巻、大月書店所収）

(13)「所言一切法者即非一切法是名一切法」

『金剛般若経』のなかにある有名な一句。「言う所の一切の法は、すなわち、一切の法に非ず。この故に、一切の法と名づくるなり」（中村元・紀野一義訳）。（本74頁）

(14)「億劫相別、而須臾不離、尽日相対、而刹那不対」

「億劫《おくごう》相別《あいわか》れて而《しか》も須臾《しゅゆ》も離れず、尽日《じんじつ》相対して而も刹那《せつな》も対せず」（大燈国師上後醍醐天皇法語）『大

徳寺誌』)。(本74頁)

(15) 自己満足的なる神

滝沢 ね、だからそれは、バルトはイエスについてだけ第一義の接触(本覚、インマヌエル、教会)と第二義の接触(始覚、宗教的体験)の区別を認めなかったということです。

1982年 講演(三)「カール・バルトの神学について」南山大学HP 滝沢克己「カール・バルトの神学について」講演(三)に関する討論

(16) 八不的

不生・不滅、不常・不断、不一・不異、不来・不去の八種の否定のこと。『中論』にあるもので、一般に「八不中道」という。生・滅、常・断、一・異、来・去の四対八種の概念を否定することによって、世界が実体のない空であることを明らかにしようとする。(本76頁)

(17) 流出的世界

久松真一著『東洋的無』講談社学術文庫

151頁　プロティノスの用いている原語は文字通りには「一なる者」である。しかし、意味からいうところの「一なる者」は、たんに一なる者と文字通りに考えられるようなものではなくして、「天地未分前」とか、「元気混而為一」とかいうような意味を含んだものであるから「太一」という語を当ててみたのである。

141頁　禅思想をプロティノスの思想の裡に触入するときに、プロティノスの思想中、禅意識にもっともよく融合し得るのは、彼の思想の核心をなす「太一」の思想である。「太一」の思想は、彼の他のいかなる思想よりも、彼をして西洋思想史上に独自の地位を保たしめた思想中の思想であるのみならず、彼自身にとっても、プラトンのイデアの思想よりもさらに高い意義のある思想ではあるが、それを生きたままで把捉《はそく》することは通常きわめて困難なことである。なぜならば、この「太一」は吾々が通常持っている意識の対象ではなくして、「エクスタシス」と称するある特殊なる意識の対象であるから、その意識の起こったことのない多くの人々にとってはまったく意識の外のものであるからである。

166頁　プロティノスは「太一」が分裂していく過程を、光源から光線が放出する過程に喩《たと》え、あるいは、水源から水が流れ出ずる過程に喩えて、「太一」の「流出」といっているが、これは「太一」にとっては極めて本質的な重要な意義を持つものである。流出説は理論的、哲学的には極めて不徹底な説であるかも知れぬが、「太一」の体験から見ると極めて明瞭《めいりょう》な、しかも妥当《だとう》な説である。

南山大学ＨＰ　東西宗教交流学会『東西宗教研究』秋月龍珉「禅と西田哲学――西田寸心はどこで哲学したか」

41頁　柴山全慶《しばやまぜんけい》に、「久松の一枚悟りでは京大の秀才たちは救えても、祇園の姉さんたちは救えない」との語がある。また今一人の道友森本省念はあえて「久松のヒュブリス（自己の有限性を越えて神の領域に踏み込むこと）（ヒューブリス、hubris 電子辞書）」とさえ明言した。これはけっして禅者同志の例の悪口ではない。互に相認め合えばこその各自の禅の家風についての相互参究であり、それだけに貴い相互商量である。私は、「無我」の仏法を「大我禅（私は死なない）」に堕としてはならないと、強く自戒する。

そこに私は、「逆対応」の大事を見、滝沢の「不可分・不可同・不可逆」説を深く肯《うけが》うものである。私が滝沢の「不可逆」説を機能的に認めたと、友人たちがいうゆえんである。

久松博士が「私は死なない」と言われましたが、そのことについて、星野元豊博士が南山大学ＨＰ『東西宗教研究』講演㈠「久松禅学と浄土真宗」で論じていらっしゃいます。

⒅　反抗的世界

ロマ書　1－25　彼ら（知者達）（バチカン）は神の真理（ロマ書　1－20　神の見えない性質）（ロマ書　4－17　無から有を呼び出される神）（無即有　西田）を変えて虚偽とし、創造者（無から有を呼び出される神）の代りに被造物（ナザレの覚者、主イエス・キリスト）を拝み、これに仕えたのである。創造者（ロマ書　4－17　無から有を呼び出される神）こそ永遠にほむべきものである、アァメン。

5－13　幸いにもキリストがこの世を去る時、その仕事をローマ法王（5－12　俗権）に引き渡した。今になってその権利を奪う訳にはゆくまい。
滝沢博士、パウロ、マルクスは「仏あって衆生あり」、西田博士は「仏あって衆生あり、衆生あって仏がある」、です。知的直観と行為的直観です。

滝沢克己著『神はどこで見出されるか』三一書房　248頁

八木の主張を要約した私の叙述にして大過なしとすれば、あのとき（八木博士のカッセルでの体験）、カッセルの車中（『神はどこで見出されるか』66頁）のかれはたしかに、「感覚主義（経験主義）」と「合理主義（理性主義）」、「観念論」と「唯物論」、「汎神論」、「有神論」と「無神論」等、世の哲学のもろもろの主義はもとより、かれ自身の信ずる「キリスト教」のそれまで含めて、一切の教条主義・神秘主義が――知らず識らずただそれだけで立てられていたあの「吾我《ごが》（日常の私）」とともに――一撃のもとに吹きとばされる「事（実）」そのものに逢着したのだ。私もまた、このことを否定しようとは思わない。

ただしかし、まさにそれならばこそ、私は言わないわけにはいかないのだ、――「そのさいわいな瞬間、特に、八木自身に生起したのは、最も固陋兇暴（2－14　最低の質料）（2－14　極悪の人）な者をまで含めて、私たち人間各自がもともと、そしていまもまた新しくそれである事（存在の事実・事実存在（滝沢と有、意識界・無・物質界）（まことの神・まことの人））そのものではない（固陋（コロウ）見聞が狭くてかたくなであること　電子辞書）。

のみならずまた、そこに生起したかぎりの（八木博士の定義された）『純粋直観』は、けっして『事（実存在）の理解』と根本的にその性格あるいは次元を異にする意味での『事の直覚』ではありえない。そうではなくて、それ自身すでに、『事の根本的な理解』――かれ自身の誠実な『愛への志向』、『哲学への性向』、『キリスト教的信仰』にもかかわらず、それまでのかれの全然気づかなかった『事（実存在）の理』それじたいに直接にかかわる発見――なのだ。

しかもこの発見が事（主）（環境）の根本的性格に直接かかわるものとして、それじたい自己理解のトータルな逆転《ぎゃくてん》（1―9　そこから絶対に翻らなければならない）（回心）であるかぎり、それは同時にまた必然的に、全人生の基本感覚の新生（回心）たらざるをえない。ここでは、『感覚』がすなわち『理解』であるのが、事柄の本質上まったく当然なことなのだ」と。

NKZ6-370-5　環境（物体界）的限定の意義（作用界・無・対象界）を失った環境（神の家）と考へられるものは単なる映す鏡と考へられ（る）。

（公案を解かれたなら、何故「事（実）」となっているのか、そのうちにご理解されると思います）。

同281頁　神学者たちの頭の中ではいざ知らず実際の事としては、「カッセルの体験」以前の（八木博士の信仰されている）正統主義的信条・信仰（今日のキリスト教）に逆戻りすることは、ひとり八木自身にとってのみならず、私たち「キリスト教者」、いないやしくとも事実存在（我、滝沢と有）する人間にとって、絶対に不可能である。

それを敢えてするもの（K・バルト）⒂はその実、われとわが身を虚偽の殿堂に閉じ込めつつ、底なしの闇の淵へと落ちて行くばかりである。この意味において、（「キリスト教者」にもどる）退路はきっぱりと断たれている。

『神はどこで見出されるか』滝沢克己・八木誠一編著／秋月龍珉・中村悦也共著　三一書房　1977年

滝沢克己著『佛教とキリスト教』法蔵館

158頁　現代の人に受け入れえない「知性の犠牲」（"sacrificium intellectus"）を強いることではない。いなむしろ、それはいわば禅的自覚そのもの（主の推薦）のしんに事実上含まれている真実の法（環境→時間面・無・空間面）を、ほんのもう一歩あきらかに見る、あるいは、言いあらわす、ということにすぎないのである。

152頁　それゆえに、人間をまずそれだけで孤立的に、「自主的・人格的」なもの（我考える故に我あり）として設定して、さてそこから「自然」に対し、「神」に対する人間の結びつきを考える、――そういう通俗の考え方（「近代主義的ヒューマニズム」）（西欧的近代的自我　養老孟司博士）をその根本から排除する点では（「1－2「単なる理性（今のあなた）の中には宗教は入って来ないのである」）、「真正のキリスト教」は、鈴木（大拙）・久松（真二）両博士のそれに対する批判にもかかわらず、むしろ両博士の禅とまったく同じ立場に立つものである。

⒆ キルケゴール『おそれとおののき』

聖書の創世記にある「イサクの献供」を題材とした著作。ヤーウェ（エホバ）はアブラハムに、自ら授けたイサクを犠牲（いけにえ）にもとめる。この理不尽とも思われる主の要求に面したときのアブラハムの内的心情を、この著作の中で、キルケゴールは「おそれ」と「おののき」として表現した。（本83頁）

⒇ 鞫く神

テモテへの第二の手紙　第四章一節

神のみまえと、生きている者と死んだ者とをさば（鞫）くべきキリスト・イエスのみまえで、キリストの出現とその御国とを思い、おごそかに命じる。御言を宣べ伝えなさい。

僕の解釈です。

神の御前と、宗教的にまだ死んではいない、生きている者、未体験者と、宗教的に死んだ、わたしは死んだ（パウロ）、死んだもの、体験者とを見極める、判断する神の御前で、第二の主イエス・キリスト、主の僕、覚者、「5－13　内在的超越のキリスト」の出現とその御国を思い、厳かに命じる。御言を宣べ伝えなさい。日本聖書協会　１９８６

㉑ ヌミノーゼ

（Numinose）オットー（Rudolf Otto 1869–1937）が「聖なるもの」（das Heilige）の特性を表現するのに

用いた言葉。聖なるものは、合理的で道徳的な賓辞をもってしては言い尽くしえないものである。そこで、その言い尽くしえないものを表現する言葉として、ラテン語のnumen（ヌーメン。神的な意志もしくは超自然的な力の意）から、Numinoze（ヌミノーゼ）というドイツ語を造った。オットーはヌミノーゼの特性として、「戦慄すべき」「圧倒的な優越」「力のある」「秘儀的」「魅惑的」「怪異な」等の要素をあげている〔『聖なるもの』（Das Heilige）、１９１７年、第2～第7章、参照〕。（本88頁）

(22) 易往無人の浄信

「（浄土に）往き易いが、信ずる人の希なる浄信（浄土を信じる、という意味でしょうか。妙好人(34)）」。親鸞『教行信証』信巻、岩波文庫　１２８頁。（本94頁）

（妙好人の方は浄土真宗のお寺で法話を聞かれて、その法話を自分のものにされていると、僕は思っています。僕は入信していませんが、困ったときの助けにしています）

(23) 横超

鈴木大拙博士が言われていたと思いますが、竪、たて、ジュではなく仏の本願、真実に横っざまに飛び込むこと、と言われていたと思います。

ロマ書　4－17　彼（アブラハム）はこの神、すなわち、死人を生かし、無（ロマ書　1－20　神の見えない性質）から有（事）を呼び出される神を信じたのである。

(24) ユークリッド

スピノザの論文が、ユークリッド幾何学の証明の仕方と似ていることから、体験世界に於いては、スピノザの代名詞。

(25) 応無所住而生其心

「応《まさ》に住《じゅう》する所なくして、而《し》かも其《そ》の心を生ずべし」『金剛般若経』にある一句。（本１０９頁）

(26) 生死即涅槃

生死、つまり迷いの世界がそのまま不生不滅の悟りの世界であるということ。煩悩即菩提ともいう。そして、仏教でいう「生死即涅槃」がキリスト教でいう「永遠の生命」にあたると考えられている。（本１１９頁）

(27) 慧玄会裏無生死

「慧玄《えげん》が会裏《えり》に生死なし」京都妙心寺の開山である関山国師慧玄(1277〜1360)が生死について問われたときに答えた有名な言葉。なお、西田が久松に宛てた書簡(昭和11年10月18日)に「どうも哲学のみ考へているると分別(自我)の立場に捉はれていけませぬ。私の永遠にふれるというに対して君の言は慧玄の這(会?)裏に生死なしといわれた様におもわれた」という言葉がある(原文のままです)。(本120頁)

久松博士は「流出」とか「私は死なない」、「私には煩悩はない」とか言われたそうで、そのことについて西田博士が、「主客の対立、相互関係も、そこから考えられる立場『デカルト哲学について』から言及されたものと思われます。南山大学HP南山宗教文化研究所『東西宗教研究』星野元豊　久松禅学と浄土真宗↓「私は死なない」。

(28) 諸心皆為非心、是名為心

「諸々の心を皆、心に非ずと為す、是を名づけて心と為す」。『金剛般若経』に見える(岩波文庫104頁)。(本123頁)

（29）仏法無用功処、祇是平等無事、屙屎送尿、著衣喫飯、困来即臥

仏法は用功《ゆうこう》の処無し、祇《た》だ是れ平等無事《びょうじょうぶじ》、屙屎送尿《あしそうにょう》、著衣喫飯《じゃくえきつぱん》、困《つか》れ来たれば即ち臥す。『臨済録』示衆4。（本124頁）

（30）赤肉団上有一無位真人、常従汝等諸人面門出入

「赤肉団上《しゃくにくだんじょう》に一無位の真人《しんにん》有って、常に汝等諸人の面門《めんもん》より出入す」。『臨済録』「上堂」にある有名な句。「赤肉団」とは肉体、身体のことをいう。（本145頁）

（31）忽然念起

にわかに差別や分別心の心が生ずることで、仏教ではこれを無明と呼んでいる。『大乗起信論』には「忽然念起、名為無明」（忽然として念の起こるを、名づけて無明という）とある。（本147頁）

（32）無明生死の世界

無明とは物事の道理を知らないことであり、生死とは生死を繰り返すことである。要するに、無明生

死の世界とは煩悩の世界であり、迷いの世界である。仏教では、人は物事の道理を知らないところから、物や自己に対する執着が生じ、それが煩悩の原因となる。また、煩悩にとらわれた人は涅槃の境地に達することができず、生死の世界を輪廻する、と考えられている。（本147頁）

(33) 名号

名号とは、仏や菩薩の名前のことである。一般に、仏や菩薩は不思議な力を有すると考えられ、特に浄土教では、阿弥陀仏の名号を唱えると浄土へ往生できる、と信じられている。例えば、南無阿弥陀仏を六字の名号という。（本147頁）

(34) 妙好人

「阿弥陀さまよ、どうぞ自分の煩悩を皆、とってくださるな。これがないと、あなたのありがたさが、わかりませぬ」と、真宗の妙好人はいうのである。煩悩即菩薩の片影をここに認めうるではないか。

鈴木大拙著・上田閑照編『新編　東洋的な見方』岩波文庫（69頁）

(35)「仏法無用功処、祇是平常無事、屙屎送尿、困来即臥、愚人笑我、智乃智焉」

「仏法は用功《ゆうこう》の処なし、祇《た》だ是平常無事、屙屎送尿《あしそうにょう》、困《つか》れ来たれば即ち臥《ふ》す、愚人《ぐにん》は我を笑う、智は乃《すなわ》ち焉《これ》を知る」。『臨済録』示衆4。（本169頁）

(36)「諸心皆為非心、是為心」

「諸心を皆な非心と為す、是れ心と為す」。『金剛般若経』にある原文は「如来説諸心皆為非心、是名為心」となっている。（本169頁）

(37) プロティノス

プロティノス（Plotinos）205頃〜270頃。新プラトン学派の哲学者。一切のものは、存在と思考を超越した「一者」から、ヌース（理性）、プシュケー（霊魂）、ピュシス（自然）、ヒュレー（質料）へと段階的に流出し、また一切のものは一者へと還帰していくと説いた。著書『エンネアデス』。（本169頁）

(38) 如擲剣揮空

「剣を擲《なげう》って空に揮《ふる》うが如し」。『景徳伝燈録』巻第7、参照。(本180頁)

(39) 随所作主、立所皆真

「随所に主となって、立つところ皆な真」。どんな境遇におかれても、主体性を失うことなく自由な働きをし、どこにいても真理を具現していること。(本180頁)

(40) プー・ストウ

「私が立つ場所」。「私に立つべきところを与えよ、そうすれば私は大地を動かして見せよう」という有名な言葉に由来する。アルキメデスが地球を梃子で動かすための不動の支点を求めたところから、一般に、一切のものの基点を指していう。(本182頁)

(41) ブロック宇宙論

YouTubeの「時間と空間の謎」、By Brian Green. Time Warp. The fabric of the cosmosやモーガン・フリー

マンの「時空を越えて　時間を遡ることはできるか」を見ると、アインシュタインの時空は三次元世界に時間軸を加えた四次元世界だそうで、それを宇宙という言葉であらわせば、過去、現在、未来が同時に存在するブロック宇宙であり、その切り口が現在である。時間の矢の方向はちょうど、一巻の映画を一コマ一コマ見るように、写真を連続で見ているのだ、と言われていましたが、西田哲学を学んだ今、なるほど、と思いました。しかし、未来まで存在しているとなると、僕にはチョットさみしい気もするが、過去、現在はあるが、未来がまだ存在していない成長ブロック宇宙論もあるそうで、僕としてはこの方が受け容れやすい。人から希望をなくしたらどうなるのでしょうか。人は、動植物は進化の最前線にいると思うので過去はあるが、未来がすでに存在しているとは考えられないが、人は $E = mc^2$（時間的に可逆）だから過去、現在、未来が同時に存在しているかも知れませんね。成長ブロック宇宙論はブロック宇宙論に統一されてしまうかも知れません。

しかし、希望は物質界、対象界の個物がなせる技ですが、それが人にあるということは宇宙にも当然ある。僕たちは宇宙の性質をそのまま受け継いでいると思いますし、宇宙にない性質は発揮できないと思います。西田哲学を学んで理解しましたが、只今が備わっている人間、三次元世界の住人、僕が考えるに、過去、現在、未来が同時存在している、時間を表す「t」がないブロック宇宙論には人間がいないと、僕は思いますので、ブロック宇宙論を理解するものがいないのではないかと、ただ理論だけで存在している宇宙があるのではないか、その理論を理解する人間がそこにはいないのではないか、また、未来がすでに存在していたら、なんの努力もしないでもそのようになるなんて、僕には受け容れがたい、そんなことを勝手に思っています。

支離滅裂なことを言ったような気がしますが、未来が存在していない成長ブロック宇宙論が、僕にはなんの論理もありませんが、いいな、と思っています。そこには希望が有り、それにその理論を論じる者、理解する者がいる、その理論を理解する者がそこにいなければ無いと同じではないか、そんなことを勝手に思っています。

こんな自分勝手なことを考えていたら、西田哲学の「静と動」がふと頭に浮かんだ。と言うことは、人には夢がある。夢を見ることが出来る。夢を持つことができる。だから、こうやって多くの皆さんに体験世界に気づいて下さいと、拙著を書くことができる。未来は一巻の残りのフィルムの中にあるのではなく、努力次第で自分で作ることができる、拓くことができる。後で毎日白紙に書くことができる。そう、人は日記を付けることができる。日記に夢を書くことができる。成長ブロック宇宙論、動、ブロック宇宙論、静だと思います。

エネルギーと粒子とが混在（ブロック宇宙論）（$E = mc^2$）していて、三次元世界においては何が何だか分からない量子状態、四次元世界で、切り口に方向性（成長ブロック宇宙論）を持たせる、観測すると現れるということでしょうか。量子のもつれも片方が右なら、もう一方は左になるということでしょうか。そうすると、宗教的体験の場、主の場は四次元世界と三次元世界の境界ということで、ブロック宇宙、四次元世界、開放的環境、静を、成長ブロック宇宙、三次元世界、閉鎖的環境、動が把握した、と言うことでしょうか。そうであれば、観測すると現れるという量子のもつれは一体どのように理解すればよいのやら、僕は博士の論じられている数学が力を発揮するのではないかと思います。博士が「2－12　絶対の場所的有（絶対無）を表そうとするにほかならない、故にそれは絶対者（NKZ6-368-9　物質即精神なる神）といってもよい（数学を論じた時、それを矛盾的自己同一体ともいった）」と言われていますが、素人の考えることは、「0」はインドで発見、考えられたそうで、それはゼロではなく零、場所、特異点であるのではないかと思います。ホイーラー・ドウィット方程式が役に立つと思います。矛盾的自己同一体の「自己」は何になるのでしょうね。僕にはいまのところ分かりません。ひょっとしたら偶数、0、質料、奇数、1、形相でしょうか。何が何だか意味が分からないけれど、博士の論じられている数学を読めば、勉強すれば多分、「自己」がなんなのか、理解出来ると思っています。

5―1　永遠の真理（理性）（物質）（静）（自律）と事実の真理（理性的）（動）（自律的）（人間）との間の種々なる難問（物質と精神）（心と身体）は、時というものの抽象的理解に基づくのである。時は絶対現在（物体界）（主の推薦）の自己（意識界・無・物質界）（私と汝）（心・身体）（精神・物質）限定（非連続的連続）として理解せられねばならない。

時間・非連続的連続・「5―8　いまだ時間的干渉に入らない絶対現在の世界」。

5―8　世界（環境）（無）（場所）が自己（私と汝）形成的となるに従って、世界（物体界、環境）そのものが具体的に（死すなわち生になるに従って）（生かせたる　神話友達）、世界（私と汝）そのものが自己自身（時間面的自己限定・無・空間面的自己限定）の中心（私の意識・無媒介的媒介、非連続的連続・汝の意識）（NKZ6-348-5　共同意識）を有って来る。平面的から立体的となる。そこに、はじめて世界（私と汝）（自分ともう一人の自分）（自分と他人）（一つの世界・一つの世界）というものが自覚せられる、世界（一つの世界）（自我）（自分）が世界自身（世界的世界）（私・無媒介的媒介、非連続的連続・汝）（一つの世界・一つの世界）（自分と他人）を自覚（行為的直観）するのである。

1－5　すなわち自己（私、我）肯定的に無限に自己自身（汝と統一している私、自我）を形成する。かくのごとき方向が時の方向である。

1－5　物質的世界といえども、時がその独自性を有たないのではない。時がその独自性を有たないところに、力というものはない（エントロピーの拡大、縮小）。

1－4　物質の世界においては真に働くものというものはない。すべてが相対的である、力は量的である。……物質的世界においては、時は可逆的と考えられる。

㊷ 曹源一滴水、受用不尽

『碧巌録』第七則にある言葉で、「曹源一滴水」とは、禅宗第六祖である曹溪慧能の法源より流出した正法という意味であり、「受用不尽」とは無尽であって、その働きが用い尽くされないことをいう。（本187頁）

㊸ 道也者不可須臾離也可離非道也

「道は須臾《しゅゆ》も離る可《べ》からざるなり、離る可《べき》は道に非ざるなり」（宇野哲人訳注『中庸』第一章）。「須臾」とは、一時も、いささかもの意。（本189頁）

(44) 造次必於是顛沛必於是

「造次《ぞうじ》にも必ず是に於いてし、顛沛《てんぱい》にも必ず是に於いてす」金谷治訳注『論語』巻第二、理仁第四)。「造次」とは、とっさの場合、「顛沛」とは、危機の迫った場合の意。(本189頁)

(45) 「向かわんと擬すればすなわち乖くといい、擬せざる時、いかにして道を知るといえば、道不属知不知」

『無門関』第一九則にある言葉で、南泉のいった「平常心是道」に対して、趙州が「やはり道に向かうべきでしょうか」と尋ねたのに対して、南泉が「道は、向かおうとすれば却って背かれる」と答えた。そこで趙州が「しかし何もしないで、どうして道とわかるでしょうか」とふたたび尋ねたのに対して、南泉が「道とは知とか不知とかを越えたものである」と答えたという意である。(本189頁)

(46)

僕の知る限り、それぞれの文明発祥の地や、都市国家が築かれた地に、特に中国には畏敬の念を抱くほどの、眼がくらむような体験世界の、心霊、霊性、主の遺産があるのに、どうして今日のような、はた迷惑な中華思想を掲げた国になったのでしょうか、不思議です。やっぱり朝鮮と同じで、動乱に明け暮れ、国の住人が急激に減少するような他民族や他国の支配を受け、搾取された国の行為的自己は、知的自己にかなわないのでしょうか。

博士が「5―8　世界的世界（意識→知的自己）は単なる民族（一族の神話）なるものを越えて（5―11「忘れて」）、世界宗教（キリスト教）的なるものにおいて、その自己同一（自覚）（5―4　自在的立場）（単なる時間面・無・空間面）（非形成的な私と汝）（思い込み）（5―5　常識）（5―4　単なる自伝）（民度）（単なる2―16　自己の在処）を有ったのである。イスラエルの民族宗教から発展して世界宗教となった（5―12　中世的世界の自覚の中心となる）キリスト教（カトリックやプロテスタント）が、ヨーロッパの中世においてかかる役目（自覚）（自在的立場）（信仰）（民度）（2―16　自己の在処）（人格）を演じた」と言われていますが、中国の方々の自覚、「5―4　自在的立場」は、「2―16　自己（自我）の在処（ありか）」は何になるのでしょうか。YouTubeで少し勉強しましたが、中国では、制圧した民族、国が徹底的に制圧された民族、国の文化的財産を破壊し、制圧した人々を奴隷にしたそうで（欧州においても同じです）、これでは何も伝わらなくて、制圧した民族、国の論理が、制圧された民族の意識が、中国の方々の自覚、「単なる5―4　自在的立場」に、「2―16　自己（自我）の在処（ありか）」に、心の様子、人格、民度になるのでしょうね(49)。

1―9　カントは形式と直観的内容との結合において客観的知識（目的の王国）（純粋な知識）を見た。

4―14　いわゆる意味というのは、自己（私）表現的に自己自身（神が相互限定している自我）を形成する世界の、自己（我）否定的立場の極限（主の場）（時間面・無・空間面）（意識界・無・物質界）において、どこまでも非形成的（5―9　非個性的→個と個に非ず）（非宗教的）（単なる世界的世界）（単なる時間面・無・空間面）（知的自己）（知的直観）（非行為的直観）（カントの立場は、理性が成した「素材と援助」）（単なる自在的立場）に考えられた

（純粋思惟　カント）世界（心）内容（純粋認識　カント）（純粋な知識　カント）（5―4　単なる自伝）（5―5　常識はドクサ→思い込み　電子辞書）にすぎない。

姓を、一族を、支配者を変え、天命を、神の信託を改める易姓革命は（今日の中国は、共産主義が宗教となってしまいました）、宗教はアヘンだと言って宗教を、人間を否定してしまった暴力革命、階級闘争の、人権を認めない奴隷制度の中華思想はまさしくこれでしょう。そうであればキリスト教（人格神）（主イエス・キリスト）が自覚に、「4―14　非形成的、非宗教的」に「単なる5―4　自在的立場、2―16　自己（我）の在処（ありか）」、人格、民度になったヨーロッパの方が、中国より発展していると思います。なにしろ、歴代の米国大統領は中国に人権を主張しています。石平教授がYouTubeで、中国には一族という意識はあるが、その一族を束ねた公の意識がない、一族の利益が優先する、と言われていましたが、中国の方々が体験世界、心霊、霊性、主の推薦において目が眩むばかりの心霊、霊性、「神の召し」、主の遺産に気づかれ（その一つが、西田博士が述べられた、5―8　仏教はいうまでもなく、支那の礼教（孔子）（儒教ではありません）というものでも、世界（場所的有）的宗教的性質（慈悲）（悲願）（石平教授の説明は愛）を有ち得るものであろう）、「5―7　歴史的社会（国家・国民）」の意識、慈悲、悲願を獲得されたなら、中華思想は自ずと消滅すると思います（孔子が主の僕かどうか知りませんが、論語を読めば、わかると思います）。

僕はこれでよくわかりましたが、人間には神話が、宗教が、「物質即精神なる神」が、人間自身が、創造の事実、自律、理性、所与が、慈悲、悲願、利他、自覚、「5―4　自在的立場」が、「2―16　自己（我）の在処」が（多分、ドストエフスキーが求められたものだと思います、3―2）、つまり神話が、宗教が、創造の事実が必要なのですね。M・ルターが傾倒されたパウロやアブラハムや親鸞さんのような信仰がないと、つまり、宗教を否定した立場においては場合によっては利己的に、マルクスみたいにあらぬ方向に、宗教を、「物質即精神なる神」を、人間を「5－11　忘れ」た暴力革命、人権を認めない奴隷制度、階級闘争、強欲へと、宗教を、文化を否定した、宗教、文化の継承がない、創造の自覚、「5－4　自在的立場」が、「2－16　自己（自我）の在処（ありか）」が、人格や自律のない、博士が言われたようにとんでもない方向に行ってしまいます。

5－11　世界（一つの世界・一つの世界）（場所的有・場所的有）（人間）が自己自身（私・無媒介的媒介・非連続的連続・汝）（共同意識）（質料・無・形相）を喪失し、人間（NKZ6-368-9　物質即精神なる神）が神（NKZ6-368-9　物質即精神なる「人間」）（宗教）を忘れた時、人間はどこまでも個人（単なる世界的世界、我、ego、凡夫）（今のあなた）（非宗教）的に、私欲（2－1　外を内に映す）（マルクス）（パスカル）（煩悩に作用された世界的世界、凡夫、ego、利己）的となる。その結果、世界（青い地球）は遊戯的か闘争的かとなる。すべてが乱世的となる（中国や韓国の方は宗教、文化の継承がないので、人格が形成されていないから「和をもって貴しとなす」、「絆」と言われても、直ちに理解ができないと思います。「5－3　世界史的立場に立つ日本精神」の国の人ならすぐに理解できると思います）。

でも、これらのことは、イエスが、

ルカ　17－20　神の国はいつ来るのかと、パリサイ人が尋ねたので、イエスは答えて言われた、

「神の国は、見られるかたち（私と神様）で来るものではない。また『見よ、ここにある』『あそこにある』（心の外）などとも言えない。神の国は、実にあなたがたのただ中（西田の自己）（パウロのキリスト）（被造物）にあるのだ」。

と言われたように、「NKZ6-368-9　物質即精神なる」創造物、「あなた」の中にあるのに気づいていないだけです。僕は中国、朝鮮の方々や、近隣諸国の方々、欧州や各宗教の宗教的指導者、人類が体験世界において再発見されることを願うばかりです。昔の昔のそのまた昔では、創造の事実、人間の自覚の立場、その信仰による人間の心の様子、人格、民度をつくる信仰（アブラハム）（パウロ）（親鸞）、「5－4　自在的立場」、自覚である神話が、宗教が成立していたのに、どうして「5－11　忘れ」てしまったのでしょうか。人間の、自覚の立場である神話や宗教が生き残っている国は、「5－11　忘れ」ていないのは、「5－3　世界（場所的有）史的立場（5－7　歴史的社会）に立つ日本精神（国家・国民）（和をもって貴しとなす）」の国は、日本古来の神話、神道、（4－19　我国文化（5－3　世界史的立場に立つ日本精神）が多大の影響を受けたと思われる禅）禅宗、浄土真宗、真言宗などの影響を受けた、それらの中で教育を受けた心の様子、民度、聖徳太子の言われた和を以て貴しとなす、絆、慈悲、愛、悲願の国は、私たちの国、日の本、日本だけです。日本のような国はほかにありません。それぞれの時代に、神話が成立していた一族、都、国がありましたが、みな滅ぼされてしまいました。ぜひ、追試して確かめてください。日本に生まれて本当によかった。倉山満先生のチャンネルくららの石平教授は、神谷宗幣先生のCGSと並んで面白いですね。中国四川省生まれの石平教授が日本に帰化されたそうですが、僕は西田哲学を学んで、如何にも尤もなことだ、と思いました。よろしかったらYouTubeでCGS神谷宗幣先生の日本の歴史（倉山満先生）や神話（小名木善行先生）、韓国・朝鮮史（宇山卓栄先生）に関したものや、チャンネルくららの石平教授やアインシュタインが日本について述べられたものを見てください。YouTubeには面白いものがいっぱいあります。日本、ユダヤ同祖論なんて興味津々です。YouTubeでの説明が正しければ、幾つかをすでに読み解きました。それは宗教的に正統なイスラエルの方々が日本に来られた証拠になります。でも、追試しないとそのことが分かりません。西田博士は、人間を、「5－7　歴史（八八、百八）的社会」を、「5－3世界（場所的有）史的立場（5－7　歴史的社会）（国家・国民）に立つ日本精神」の構造とその作用と内容、つまり人間の心の内容とそれらの作用を、悲願、慈悲を、利他、共生を、自覚の構造を、人格、人間の「自在的立場」を、マルクスが言われた物質である人間の生死を解明されました。このことは、追試しなければ分からないと思います。追試して多くの方々がご理解されたなら「ロマ書　11－15　世の和解」が始まると思います。もちろん、パウロの論理からでも始まります。青い地球には異教徒はいません。イエス（ルカ　17－20）が言われた通りです。

(47) 俗権と結合した

ロマ書　1－25　彼ら（知者達）（バチカン）は神の真理（ロマ書　1－20　神の見えない性質）（ロマ書　4－17　無から有を呼び出される神）（無即有　西田）を変えて虚偽とし、創造者（無から有を呼び出される神）の代りに被造物（ナザレの覚者、主イエス・キリスト）を拝み、これに仕えたのである。

（48）此会四衆、一時悉見、彼見此土、亦復如是

「この会《え》の四衆は、一時に（この仏を）ことごとく見たてまつる、かの（浄土の聖衆《しょうじゅ》）も、この土《ど》（の会座《えざ》）を見ること、またかくのごとし」（中村元ほか訳注『大無量寿経』三九〈「四一」は誤り〉）。なお、四衆というのは四種類の信徒（比丘・比丘尼・優婆塞・優婆夷）のことをいう。（本２０２頁）

鈴木大拙は『浄土系思想論』（一九四二年）に収められた論文「極楽と娑婆」において、次のようにいっている。

「此会四衆、一時悉見、彼見此土、亦復如是」とは、空間的に彼土（彼岸）と此土（此岸）と隔てのないことである。娑婆から浄土が見え、而して浄土から娑婆が見えるといふことは、両つの明鏡が同時にお互いを映ずることである。この相互映発には甚大な意味がなくてはならぬ。浄土と娑婆との連関性或いは一如性を示唆するものと云わなくてはならぬ。事実そのものの率直な描写ではなかろうか。知性と感覚の世界（西欧的近代的自我　養老孟司）からのみ考へただけでは、この間の消息は窺はれぬ。どうしてもこの次元（我）を（霊性で）超越（私・汝）（分別と無分別）しなければならない」（『鈴木大拙全集』岩波書店、第六巻、七四〜七五頁）。（本２０２頁）

(49)

僕は、拙著を書いていた時に、朝鮮民族の歴史をYouTubeで少し勉強しましたが、地政学的に中国や満州に接している朝鮮が、何故現在のような朝鮮民族の意識に、心の様子、人格、民度になったのか、自分なりにわかりました。小国で国家という概念や意識の薄い朝鮮が、中国、満州に侵略され、その侵略政策に翻弄された悲惨な歴史でした。そのようなことから「事大主義」、風見鶏のような民度が生まれたのかもしれません。また、太古の韓国には、神話があるにはあったが、日本のように人々に広く浸透していなかったかも知れません。

4－14　いわゆる意味というのは、自己（私）表現的に自己自身（神が相互限定している自我）を形成する世界の、自己（我）否定的立場の極限（主の場）（時間面・無・空間面）（意識界・無・物質界）（自在的立場）においていて、どこまでも非形成的（5－9　非個性的）（エレミヤ　2－17　主を捨てた）（5－11「忘れ」た）（非宗教的）（単なる世界的世界）（単なる時間面・無・空間面）（知的自己）（カントの立場は、理性が成した「素材と援助」）（単なる自在的立場）に考えられた世界（心）内容（5－4　単なる自伝）（ドクサ、思い込み）にすぎない。

5－9　絶対現在（NKZ6-370-5　環境的限定の意義）の自己（時間面・無・空間面）限定としての歴史（八八、百八）的世界（被造物）が、民族的なるもの（神話）（宗教）を越えて（5－11「忘れ」て）（非個性的）（非共同意識的）（非宗教的）、世界的世界（意識）が形成せられるという時（今のあなた）（以前の僕）、世界（人間）（被造物）がすべての種々なる伝統（土着の神話）（エレミヤ、エゼキエル、パウロ）を失って、非個性的（個と個に非ず）（非形成的）（非独立的）（非神話的）（非宗教的）（非行為的自己）（知的自己）に、抽象的一般的（我的）（我考える故に我あり）に、反宗教的（我的）（知的自己）（非行為的自己）（非個性的）（非宗教的）（非神話的）に科学的となると考えられるでもあろう。これが近代ヨーロッパの進展の方向であった。

博士が「5－8　世界的世界（意識→知的自己）は単なる民族（一族の神話）なるものを越えて（5－11「忘れて）、世界宗教（キリスト教）的なるものにおいて、その自己同一（単なる自覚）（単なる5－4　自在的立場）（単なる時間面・無・空間面）（単なる私と汝）を有ったのである。イスラエルの民族宗教から発展して世界宗教となった（5－12　中世的世界の自覚の中心となる）キリスト教（人格神）が、ヨーロッパの中世においてかかる役目（自覚）（単なる2－16　自己の在処）（人格）を演じた」と言われているように、文化的財産の破壊があった、人権を認めない奴隷という制度があった欧州では神話に、宗教に代わってキリスト教が、人格神への信仰が、主イエス・キリストへの、「ロマ書　1－25　被造物」への信仰が、法王の聖書解釈が自覚の立場、「自在的立場」、「2－16　自己（自我）の在処（ありか）」になり、それがヨーロッパの人々の意識、心の様子、自覚、人格、意志、民度になりましたが、中国や朝鮮での自覚の立場、「自己の在処」は何になるのでしょうか。中国では易姓革命であり、宗教を否定した、「物質即精神なる神」、被造物、人間を否定したマルクス主義、共産主義、階級闘争、暴力革命であり、その国の文化的財産を徹底的に破壊した、又は破壊された民族、部族の立場が、文化、宗教、神話の伝承がない立場が、「単なる自伝」、「5－5　ドクサ（思い込み　電子辞書）」が「自在的立場」に、自覚の立場なり、また、韓国はマルクス主義、共産主義ではありませんが、中国と同じで、外圧や内紛で神話や宗教、文化の破壊があった伝承がない立場の国であり、カント哲学の立場（知的直観）で思考されているから「5－5　カント哲学の立場に立つ人は、直覚的（知的直観）に与えられたものを（自伝、素材と援助）（思い込み）、抽象論理的（我）に媒介することによって、我々の知識が形成されると考える」、争いで、または日常で、自分たちが被った経験を、善意を、被害を、煩悩に影響された凡夫の立場の理性がなした「素材や援助」や「単なる自伝」を、「5－5　ドクサ（思い込み　電子辞書）」を、「5－4　自在的立場」を、自覚の立場を、宗教はアヘンだと言って宗教を、人間を否定した立場（4－14　非形成的）（5－9　非個性的）、心の様子をつくる信仰を捨てた立場、宗教を、主を、「2－16　自己（自我）の在処（ありか）」を、体験世界を、慈悲を、悲願を、愛を知らない凡夫の立場、「NKZ6-368-9　物質即精神なる神」、創造物、人間を「5－11　忘れ」て非行為的直観、知的直観で読み、人間そのものを「5－11　忘れ」て、捨てて「単なる自伝」「思い込み」を「5－5　抽象論理的（我）に媒介する」ことによって、自覚（時間面・無・空間面）（私と汝）（行為的直観）（慈悲）（愛）がない、「2－16　自己（我）の在処（ありか）」、人格、自律がない「4－14　非形成的」な凡夫の立場、知的自己、私欲、利己で読まれるから、その時の気分次第でどの方向にも自覚が、心の様子、意志、民度がいってしまう事になり、ここには利己がありますが、全く「2－16　自己（自我）の在処（ありか）」、行為的直観、慈悲、悲願、孔子の愛がありません。宗教的自覚が表す信仰における心の様子、自律、人格、創造の自覚、意志、民度、その一つである聖徳太子が言われた、和をもって貴しとなす、が微塵もありません。最近は、絆、です。博士が「4－11　カントの目的の王国には、その基礎に、純なる愛がなければならない」と言われていますので、もしも、孔子が「主の僕」、覚者でなくても「素材や援助」を、「5－4　単なる自伝」、「5－5　常識はドクサ」、思い込みを博士や石平教授の言われる愛で読まれて、論語を、「自在的立場」を、人格を構築されたと思います。博士が「1―1　人は何人も自己は良心を有《も》たないとはいわない。もし然《しか》いう人があらば、それは実に自己自身（NKZ6-368-9　物質即精神なる神）を侮辱《ぶじょく》するものである」と言われたあたりの消息です。中国や韓国の方々が孔子の論語（儒教ではありません）を勉強されて、博士や石平教授の言われた愛で、「1―1　人は何人も自己は良心を有たないとはいわない。もし然いう人があらば、それは実に自己自身（NKZ6-368-9　物質即精神なる神）を侮辱するものである」と言われたあたりの消息で「素材や援助」を、「単なる自伝」を、ドクサ（思い込み　電子辞書）を読まれていたら、「自在的立場」、自覚が、民度がずいぶんと緩和されていたと思います。中国では、宗教を否定した立場の、易姓革命の中国共産党が認めていない人権が認められているかもしれませんし、国歌に於いて「奴隷になりたくない人々よ」と言われているように、奴隷にならずにいられるかもしれません。もちろん宗教的体験で目が眩むばかりの心霊の遺産に気づかれたのなら、民度が百八十度変わり、「5―7　歴史的社会（国家・国民）」の民度、和をもって貴しとなす、絆、慈悲になります。

西田哲学を勉強して分かりましたが、やはり、人間には神話の、宗教の、文化の伝承が、「5―4　自在的立場」、創造の自覚が、「自己の在所」が、人格が必要なのですね。これがないと、博士が、

5―11　世界（一つの世界・一つの世界）（場所的有・場所的有）（人間）が自己自身（私・無媒介的媒介、非連続的連続・汝）（共同意識）（質料・無・形相）を喪失し、人間（NKZ6-368-9　物質即精神なる「人間」）（宗教）を忘れた時、人間はどこまでも個人（単なる世界的世界、我、ego、凡夫）（今のあなた）的に、私欲（2―1　外を内に映す）（マルクス）（パスカル）（煩悩に作用された世界的世界、凡夫、ego、利己）的となる。その

結果、世界（青い地球）は遊戯的か闘争的かとなる。すべてが乱世的となる（中国や韓国の方は宗教、文化の継承がないので、人格が形成されていないから「和をもって貴しとなす」、「絆」と言われても、直ちに理解ができないと思います。「5－3　世界史的立場に立つ日本精神」の国の人ならすぐに理解できると思います）。

と言われたようになってしまうのですね。「5－8　イスラエルの民族宗教から発展して世界宗教となった〔5－11　抽象論理的（デカルト的）立場の〕キリスト教が、ヨーロッパの中世においてかかる役目（単なる自在的立場、自覚）（2－16　自己の在処）を演じた」と言われていますので、奴隷という制度のあった欧州においては、曲がりなりにもキリスト教（主イエス・キリスト）の信仰という文化の伝承があったので、主イエス・キリスト、人格神への信仰が、法王の聖書解釈が自在的立場に、自覚に、心の様子、意志、人格、民度になりました。しかし、ここにはパウロが「ロマ書　1－17　神の義（事実）は、その福音（主、心霊、宗教的体験）の中に啓示（時間面・無・空間面）され、信仰に始まり信仰（アブラハム）（パウロ）（親鸞）に至らせる」と言われたように、人の心の様子、民度を創る信仰、自覚、「自己の在処」はありません。知的直観、煩悩、凡夫の立場、私欲の、言ってみれば私と対象、私と「単なる自伝」、「思い込み」の立場です、それをどんどん推し進めれば奴隷を認める立場、マルクス、ＡＩ監視社会、顔認証システム、宗教を、人格を、人権を、人間を認めない共産主義です(51)。しかし、博士が「4－11　キリスト教でも、神は愛から世界を創造したと考えられる」とか、「1－1　人は何人も自己は良心を有たないとはいわない。もし然いう人があらば、それは実に自己自身（NKZ6-368-9　物質即精神なる神）を侮辱するものである」と言われているように、それと、汝の隣人を愛せよ、とキリスト教は愛について語ります。ここが文化の伝承がない中国や韓国と違っているところです。ですから、人権を認めない奴隷制度があった欧州の、「5―13　神の栄光のために毎日人を焚殺する」人々の、バチカンの心の様子、民度が次第に上がってきて、今日では人権が主張できるまでに是正されてきたのです。文化の継承が、伝承がない、宗教はアヘンだと言って宗教を否定した、人間を、慈悲を、愛を捨てた中国や、神を、「自己の在処」を、慈悲を、宗教を、愛を知らない韓国のような民度が今日では発生していなくて幸いでした。多分、中国や韓国の方に「和をもって貴しとなす」や「絆」と言っても、文化や宗教の継承がない、人格が形成されていない彼等には直ちに理解できないと思います。

記憶がはっきりしませんが、ジョーゼフ・キャンベルの『神話の力』の中で、エジプトが周りの部族を従えて国を大きくしていったときは、その従えた部族の神話を自分たちの神話に取り入れてエジプトという国をつくりあげてきた、と言われていた記憶がありますが、日本神話にもそのようなことが起こっていたようです。私が祀られるなら国を譲ります、というような神話があります。ですから、その頃は神話を知っている方がたくさんいらっしゃったと思われます。

僕は、YouTubeのCGSで教えてもらいましたが、欧州でも、征服した部族が征服された部族を奴隷にしたそうです。多くの場合と言ってよいのか分かりませんが、征服された都市や町は破壊され、部族の男性は皆殺しにされ、女性や子供は戦利品、奴隷として兵士が意のままにしたそうで、とんでもない文化の破壊が起こったようです。モンゴルが東欧の方まで攻め入りましたが、YouTubeの伝聞ですが、東欧方面には千六百万人もの方がモンゴロイドの血を受け継いでいらっしゃるそうです。大航海時代の頃からも、そのようなことが始まったようで、今でも世界のあちらこちらで文化の破壊が大なり小なり起こっています。中国の国歌には、歌詞の中に、奴隷になりたくない人々よ、という詞があります。中国で何が起こったのか、これでわかりますね。また、人権を認めていないAI監視社会、顔認証システム、奴隷を認める今の中国共産党と矛盾しています。僕は中国の国歌を読んでいると、起て！　人民よ、我々の人権を認めない我々の国家体制を変革しよう、起て、起て、起て、と読めます。易姓革命や、宗教はアヘンだ、と言ったマルクスではこんなことになるのですね。また、他の国の国歌をWikipediaで調べてみましたら、砲弾、砲火、武器を取れ、血まみれの旗など、戦いの歌詞ばかりで（戦いの詞がない国もあります）、僕は国歌に戦のことばがあるのにとても違和感を覚えます。もしよろしかったら「君が代」の意味を調べてみてください。歴然と違います。歴史ある「君が代」は本当に素晴らしいです。また、アインシュタインと月について話されたタゴールが作詞作曲されたインドの国歌を読みましたが、タゴールもいいですが、僕は「君が代」の方が好きです。

私達の先輩、先人たちが、心を尽くされ、知恵を尽くされ、力を尽くされて他国の圧力を、包囲網を、侵略を跳ね返し、世界で、「5－3　世界（場所的有）史的立場（5－7　歴史的社会）に立つ日本精神（国家・国民）」の国（5－4　自在的立場、創造の自覚）（日本古来の神話、神道、（4－19　我国文化（5－3　世界史的立場に立つ日本精神）が多大の影響を受けたと思われる）禅、浄土真宗、真言宗などの影響を受けた民度）（和をもって貴しとなす、絆）、（慈悲、悲願、協調）（体験世界）、日の本、日本だけが生き残ったのですね。新聞やテレビで、日本が他国に侵略戦争をしたとか、軍国主義とか言われていた記憶がありますが、果たしてそうかな、と思ってYouTubeのCGSなどでも少し勉強しましたが、どうもそれは間違っているようです。……。

隷属を強いる植民地主義、ヨーロッパ諸国に植民地にされ、隷属させられたアジアの国々の独立を促し、助け、植民地主義、人種差別に対する戦いであり、開国して間もない弱小国の主権を、生存権を、独立を主張し、それを守った戦いであると僕は思います。よろしかったら「大東亜共同宣言（それぞれ（各個人）の世界（場所的有）史的使命（八八、百八）（歴史）（創造）（ノエマ、ノエシス）（意識の内容、意識の作用）を以て一つの世界的世界（意識）に結合する（神話の下に置かれる）（国家・国民）のである。これは人間の歴史（八八、百八）（創造）的発展の終極の理念であり、而もこれが今日の世界大戦によって要求せられる世界新秩序の原理でなければならない。世界新秩序の原理）」を読んでください。僕の知る限りの世界史でこんなことを言った国はどこにもありません。どの国も侵略と収奪それに虐殺です。乱暴狼藉をして奴隷狩りが横行します。彼らが他者に、対象に、対象界に、類、物質、爾余の諸事物に対してあるのは私欲だけです。ウシハク統治、君主制、王制、独裁制です。また、それとは対極の「5－3　世界史的立場に立つ日本精神」、人間の平等を説く八紘為宇、シラス統治、天皇制は素晴らしい究極の統治であり、「人間の歴史的発展の終極の理念であり」、思想、哲学である、と思います(52)。YouTubeで市丸利之介中将の「ルーズベルトに与うる書」や旧陸軍少尉小野田寛郎氏が語られていますが傾聴に値すると思います（ねずさん、シラスで検索してください）。

僕は、今のところは、自衛隊は日本国の軍隊として日本国憲法に明記するべきだと思います。また、国力を高めなければならないと思います。富国強兵です。

武田邦彦博士がYouTubeで言われていたので、再度調べてみましたが、どこで言われていたのか不明です（見つけました。「日本が滅びる道を選んだ理由に涙が止まらない」です。私たちは素晴らしい先人を有ったと思います）。要約は、戦争は嫌だ、平和がいい、と誰でも言うがこんなことは当たり前だ。

だがしかし、他国が我が国に圧力をかけてきて、軍隊が侵攻し、多大に内政干渉をするようになったなら、主権、独立を失ったなら、服従するようになったなら、冊封国（さくほうこく）、従属国、植民地になったなら、その国が乱暴狼藉をして、国民の二〇パーセントくらいが殺されるし、女性もひどい目にあい混血の方が沢山生まれ、侵略と収奪それに虐殺が行われます。村くらいの単位だと男性は皆殺しにあう場合があります。しかし、圧力をかけてきた国と戦って、勝てば国は主権が守られて安泰であるが、国民の数パーセントが、主に兵士が戦争で亡くなる。戦争は嫌だ、平和がいいと言って圧力をかけてきた国と戦わなければ、戦うだけの力がなければ、その国の軍隊が侵攻して来て、服従、隷属したことになり平和はどこにもありません。乱暴狼藉が横行して少しでも目立つような男性は殺され、女性はひどい目にあい、男性が気に入らなければ殺されます。戦うか隷属するか、どちらを選ぶか、だけです。

やはり、私が祀られるなら国を譲ります、の方がいいです。西田博士が「5－7　いかなる宗教も歴史（八八、百八）的社会（宗教）的に民族信仰（神話）より始まる。教祖（シャーマン、預言者）（パウロ、親鸞）（イエス、釈迦）というのは、かかる民族信仰を徹底的に表現せるものにほかならない」と言われているように、ここには、パウロが「ロマ書　1－17　神の義（事実）は、その福音（主、心霊、宗教的体験）の中に啓示（時間面・無・空間面）され、信仰に始まり信仰に至らせる」と言われたように、人間の心の様子、民度をつくる信仰（アブラハム）（パウロ）（親鸞）や、その信仰を司る「5－4　自在的立場」、創造の自覚、人格、人の自律、「自己（我）の在処（ありか）」、理性である神話とその伝承がありますが、宗教を、「物質即精神なる神」を、人間を「5－11　忘れ」た暴力革命、人権を認めない階級闘争や奴隷という概念はありません。

「生かせたる　神話友達」の世界です。博士が、

４―11　絶対的当為（ロマ書　７―20　神の律法、定言命令）の裏面には、絶対の愛（慈悲）がなければならない。しからざれば、当為は法律的たるにすぎない。

４―12　絶対愛（利他的）（共生）（慈悲）（生かせたる　神話友達）（仏あって衆生あり、衆生あって仏がある）の世界は互いに鞫《さば》く（罪を問う）世界ではない。互いに相敬愛し、自他一となって創造する世界である。この立場においては、すべての価値は創造的立場から考えられるのである。創造はいつも愛（慈悲）（悲願）（生かせたる　神話友達）からでなければならない。

と言われたように慈悲、悲願、愛があります。超越的内在のパウロもそれはご存知です。僕は、信仰していないと思っていましたが、時々「５―４　自在的立場」を使って心を癒やしているから、「５―４　自在的立場」、自覚の場所、創造の自覚、自律の意味で心を癒やしているから自覚、信仰していることになるのですね。気づかなかった。博士やパウロが言われていた通り、自覚、見性は入信と同一なのですね。僕が神話的に適わない神話友達も、話の中でそれが出てきますので、彼は「３―14　我々を更《か》えて新しく神から生まれさせ（回心、翻る）、古いアダム（凡夫）を殺し、心も精神も念《おも》いもすべての力とともに、我々をまったく他の人（主の僕）とな」るということでしょうか。博士が、

３―２　我々の自己（自我）というものは、考えれば考えるほど、自己矛盾（心・物質）的存在であ

るのである。ドストエーフスキィの小説というものは、きわめて深刻に、かかる問題を取り扱うたものということができる。何者が真に自己をして自己（自我）たらしめるのであるか。何者が我々の自己（自我）に、真に自律的（人格）（規格）（所与）（エペソ　1－22　教会）（本覚）（自己の在処）なのであるか。我々（私と汝）は我々の自己（自我）の根柢に、かかる問題（自己の在処）を考えざるを得ない。学問も道徳もそこからである（同意します）（もし、これらのことを考えないと、知らないと、文化の伝承がない中国や韓国のような民度になってしまいます）（カント哲学の立場では利己、私欲ではなく、利他で素材や援助、自伝を読めばよいと思います。もしも、孔子が主の僕でなくても、博士や石平教授の言われた愛で「単なる自伝」を読まれ論語を構築されたと思います）。真の価値は、真の自己存在（心・無・身体）（精神・無・物質）（質料・無・形相）（私と汝）（内在的超越）（愛）（悲願）（2－16　自己の在処）（主客の対立、相互関係も、そこから考えられる立場「デカルト哲学について」）から基礎づけられねばならない。

と言われていますが、まったくこの通りだと思います。よろしかったら「2－16」も読んでください。

(50)

僕は、人類は猿の一種だと思っています。ですから猿の性質をそのまま受け継いでいると思います。同じもの同士で群れたがる、固まりたがる。新しい文化が、「ロマ書　11－15　世の和解」が始まっても、しばらくの間はこのことを考慮しないとうまくいかないと思います。ですから、どんな時でも移民の受け入れは注意深くしなければならないと思います。

(51)

最近、韓国で李栄薫編著『反日種族主義』という本が出版され、ベストセラーになっているということを知りました。韓国ではまだまだ自由があるということが分かります。著者の方々は西田博士が「1−1　人は何人も自己は良心を有《も》たないとはいわない。もし然《しか》いう人があらば、それは実に自己自身(NKZ6-368-9　物質即精神なる神)を侮辱《ぶじょく》するものである」と言われたあたりの消息や愛で資料を読まれたのだと思います。韓国もいろいろあるようで、著者の六人の方々の身の安全が心配です。しかし、共産党独裁の中国より安全です。例えば、共産党独裁の中国で党を批判した本を買って、顔認証で代金の支払いをします。でも、そんなことをしたら直ちに警察が来て逮捕です。そして共産主義の思想教育施設に送られ、共産主義の思想教育が行われます。あなたが何か宗教を信じていたなら、その信仰を捨て、共産主義という宗教を信じるように強要されます。もっとも、共産党独裁の国、ＡＩ監視社会では、党を批判した本の出版は不可能だと思います。中国共産党は、国歌で、奴隷になりたくない人々よ、と呼び掛けているのにどこまで国民を監視して服従、隷属させるのでしょうか。ダライ・ラマのチベットで、東トルキスタンのウイグル族の人たちに、香港の人たちに何が行われているのか、僕の想像を超える人権を無視した精神的、肉体的な恐ろしいことが行われていると思われます。石平教授が中国には一族という意識はあるが、その一族を束ねた公の意識がない、一族の利益が優先する、と言われていましたが、何かぴったりと中国共産党に当てはまると思います。本当に、人間には宗教、文化の伝承が必要なのですね。宗教はアヘンだと言ったK・マルクスでは、共産主義では宗教、文化の伝承はあり得ません。西田博士の言われたように「5—11　世界（青い地球）は遊戯的か闘争的かとなる。すべてが乱世的となり、平和はあり得ません。また、「5—13　ただ私は将来の宗教としては、超越的内在（神人合一）（スピノザ、ヘーゲル、マルクス、フォイエルバッハ、久松真一、滝沢克己、パウロ）（デカルト、カント、パスカル、ドストエーフスキイ、ニイチェ）（我と有）（私と対象界）（作用界・対象界）（知的直観）（欲）（ウシハク）（君主制、王制・独裁制）より内在的超越（時間面・無・空間面）（私と汝）（私・非連続的連続・無媒介的媒介・汝）（行為的直観）（禅、浄土真宗）（愛）（シラス）（天皇制）の方向にあると考えるものである」と言われていますが、心から同意します。愛と欲との均衡があると思います(34)(52)。

(52) ウシハク　シラス

西田博士が、知的直観と行為的直観に分けられました「私欲」と「愛」で、ウシハクはK・マルクスが突き進まれた私と類、私と対象界、意識界と物質界であり、私と対象、私と他人、王様と民衆、独裁者と民衆、支配階層と被支配階層に分かれ、「私欲」の世界であり、多くの場合、搾取や収奪、服従、隷属が生じます。シラスは、日本が神代の時代から採用している国体のありかたで、万世一系の天皇陛下を象徴として頂き、民衆は天皇陛下の宝、おほみたからに位置づけられ、天皇陛下と国民は同等であり、行政は、おほみたからの幸せは天皇の幸せ、天皇の幸せはおほみたから、国民の幸せになるよう政を行い、陛下もそのことを願われ、国民もそのようになるように努力して、両者の幸せは行政の幸せ、の三者の「愛」の世界です。汝は私であり、私は汝なのです。西田哲学の「私と汝」なのです。陛下も民衆も神の創造物であり、万人平等であり、山川草木国土悉皆成仏、自然からあまり離れないで、見据えて苦楽を共にするということでしょうか。陛下・政・国民、三位一体です。

禅の言葉

僕は参禅していませんが、河野太通著『床の間の禅語』禅文化研究所をそれなりに勉強しました。また、他にも沢山あります。

紅炉上一点の雪
山花開似錦、澗水湛如藍
隻手の音声　その時の状況に依ります。わからなくてもかまいません。
生まれた時の本当の自分　生まれた時にどのように思ったのか。
父母未生以前本来面目
柳は緑　花は紅
婆子焼庵
空
無
劫
看脚下
自灯明　法灯明

吾唯知足
天上天下唯我独尊
百尺竿頭に一歩を進む
趙州洗鉢
枯木再び花を生ず
天際日上月下　欄前山深水寒

コロナ騒ぎについて

記憶があいまいですが、五月の初め頃でしょうか、新型コロナウイルスで亡くなった方《かた》が七百人くらいの時（六月五日は九百三人、Yahoo! JAPAN）、季節性インフルエンザウイルスで亡くなった方が七千人くらいだったそうで、季節性インフルエンザは自粛《じしゅく》がなく（流行った時は学級閉鎖）毎年一万人くらいの方が亡くなるそうですが、今年はコロナで皆さん注意され、そのおかげで三千人減って七千人になったそうです。確か武田邦彦博士（YouTubeが面白いです。いっぱい見てください）が言われていたと思います。テレビは連日コロナだけの報道で、今日の感染者は何人で、亡くなった方が何人ですと言い続け、恐怖を煽《あお》って自粛を促していました。亡くなられた方《かた》の数字を見れば季節性インフルエンザの方《ほう》が怖いのに、それについて報道がありませんでした。このことについて、僕は数人の方に、コロナなんかそんなに怖くはないよ、季節性インフルエンザの方が、はるかに亡くなった方《かた》が多いからこちらの方《ほう》が怖いよ、と話しましたら、皆さん一様に、コロナには薬がないから怖い、と言って、季節性インフルエンザのことは「テレビウイルス　武田邦彦」に罹《かか》って眼中にはありませんでした。そうですね、既知のウイルスには予防ワクチンや薬がありますが、未知の新型ウイルスには予防ワクチンや薬がありません。季節性インフルエンザも最初は未知の新型ウイルスでした。だから、予防ワクチンや薬がありませんでしたので、僕たちは集団免疫を獲得しました。

ここで考えてほしいのです。予防ワクチンや薬がないコロナウイルスで七百人の方が亡くなりましたが、予防ワクチンや薬があっても季節性インフルエンザで七千人もの方が亡くなっています。予防ワクチンや薬がある季節性インフルエンザの方《ほう》が、死者が多くて、明らかに怖いのに、テレビはコロナの報道ばかりでテレビウイルスをまき散らし、このまま何もしないと四十万人が亡くなると言って視聴者を脅《おど》しまくっています。嘘を大声で、何度も時間を費やして語れば、人はそれを信じるようになる、と、たしかヒトラーが言っていたと思いますが、本当なのですね。僕もテレビウイルスに半分くらい罹ってしまいました。僕はこの季節性インフルエンザのことや、ワクチンや薬、それに集団免疫ができ、自粛をせず一万人が亡くなっていた頃をしっかりと検証しないで、その疑問点は、季節性インフルエンザで一万人の方が亡くなっていた時、医療崩壊が起こっていたのでしょうか。コロナで医療崩壊が起こったのでしょうか。救急車が、コロナより危険な季節性のインフルエンザで重症の人を運んでくれなかったのでしょうか。熱が続いたら医者に行く前に、まず保健所に連絡するようにと言われたのでしょうか。どうして一万人が亡くなっていた季節性インフルエンザは、なぜ自粛がなかったのでしょうか。亡くなった方が少ないコロナで、なぜ自粛をしなければならないのでしょうか。日本と外国との比較も必要でしょう。僕はこのようなことを検証しないで「コロナの後」に行くのは危険だと思います。恐怖が先行して、恐怖のあまり、受け入れなくてもいいものを受け入れ、しなくても良いことをしなければならないようになると思います。そのことを怠《おこた》ると罰せられるかもしれません。

浮わついたテレビでは既に、何の検証もしないで当然のことのように「コロナの後」が話題になっています。その一つが、身体に個人情報を詰め込んだマイクロチップを埋め込んで、便利を図ろうという制度です。確かに瞬時に個人情報が相手に伝わります。例えば、コロナで騒いでいるからそれを予防接種の有無にします。

当然のことですが、今のところ新型ウイルスには予防ワクチンや薬はありません。だから新型コロナウイルスのワクチンや薬は、製造にはしばらく時間がかかります。第一波には当然間に合いません（だからあまり意味がないと思います）、第二波か、第三波ぐらいから、ワクチンが接種可能になり（自己に抗体ができるまで、免疫ができるまでに、また時間がかかります）、マイクロチップ埋め込みの有無と、その予防接種をしているか否かを読み取り機に瞬時に読ませ、識別するには便利です。ですからチップが有りと判定された方は、ウイルスを持っていないと判断され、野球の観戦や、スーパーマーケットへの買い物も簡単にできますが、チップが無いと判定された方は、ウイルスの有無が不明で、発病の可能性がありそれができません。ですから、社会生活が円滑に行えないので、自ら進んで予防接種を受け、そのことを記録したマイクロチップを身体に入れてしまいます。そして、このことをどんどん推し進めると予防接種をする側とされる側に分かれます。接種をする、管理をする人と管理をされる人に分かれます。このことがさらに進めば管理をする側とされる側、支配者と被支配者、資本家と民衆に分かれ、また、制度の適用を受けているか、否かに分かれます。

管理には、日本神話にあるウシハク管理、権力者と民衆、王と民衆、共産党と民衆と、シラス管理、天皇制があります。前者が知的直観で、私と対象、私と対象界、時間面・無・空間面、私欲で対立の構造を持ちます。後者が行為的直観で、私と汝、愛、慈悲です。

ウシハク管理は、管理する者とされる者に分かれますが、シラス管理はその区別がありません。慈悲、協調があると言って良いのでしょうか、元々その区別がありません。その立場の役割があるだけのようです。ウシハク管理で行えば、権力者と民衆、王と民衆、共産党と民衆、支配者と被支配者の対立関係になり、支配する側、支配者の意向を支配される側、被支配者に大なり小なり反映することができます。政府の自粛要請、外出自粛の時、東京都知事が「家に居ろ」と言われましたが、知事がそう言われたら、家に居るしかありません。個人情報を持ち歩いて、何か買い物でもしたら、読み取り機に読まれてたちまちばれてしまいます。そして、自粛《じしゅく》警察に油を搾《しぼ》られるかもしれません。支配される側は円滑な社会生活を営むために、お金や、予防接種の有無、病歴など色々な個人情報をマイクロチップに入れておかざるを得ませんし、権力者、支配者の意向に従わざるを得ません。個人情報を詰め込んだマイクロチップを身体に入れておかないと、社会からはみだして村八分の状態になります。これでは生活が出来ません。技術が進めば、自分が意図しないプログラムも何かの拍子でインストールされてしまい、位置情報はもとより、今のあなたの感情なども読み取られて、心を制御されてしまうことにもなりかねません。そのようになれば、支配者は自由に民衆の心を操れ、民衆の反発を買うことはありません。それは、民衆の完全な奴隷化です。このままだと近い将来、技術の進歩で、政治の変化で起きる可能性がないとは言い切れません。これに近いことが中国では既に起こっています。

ウシハク統治は、欲と対立の構造を持つ知的直観はこれを推し進めるとこの方向にしか進みません。時間面と空間面、時間面・無・空間面、私と対象、私と対象界、パスカルと「4－1　人間の貴いと考えられるゆえんのもの」は、願い求められる存在、希求されるものであり、「目的　マルクス(12)」であり、それは西田博士の言われるように、私欲につながります（シラス統治の日本ではウシハク統治は馴染まないと思います。導入すれば多分、シャーマンを中心としたネイティブアメリカンの神話社会が滅ぼされたようになります。行為的自己は知的自己に敵わないのでしょうね）。権力を持った支配者は自己の欲求を満たすために手段を選ばないようになります。宗教を捨てた、文化を捨てた、人格を捨てた中国ではそれが顕著に表れています。その一つがＤＮＡの登録、遺伝子地図の作成です。人間が何もかも丸裸にされてしまいます。技術が進めば何でもできます。東京都知事が、知的直観ですが「まことの神・まことの人」と言われている滝沢博士や「ロマ書 1−17 信仰に始まり信仰に至らせる」と言われているパウロなら「人格」がありますが、私と対象、私と対象界、文化の破壊、宗教の否定、疎外では、共産党では「人格」が期待できません（マルクスには愛がありませんが。キリスト教は愛を語ります）。「宗教は阿片である」といって宗教を捨てた、文化を捨てた、人間を捨てた、人格を捨てた、人格のないカンボジアの共産主義者のポルポトが自国民三百万人を殺してしまいました。共産主義においては、自国民も粛清《しゅくせい》と称して大量に殺します。ポルポトは少ない方です。中国やソ連（ロシア）は一般に言われている人数は桁が一桁違っています。宗教を捨てた彼らには人格が形成されていません。あるのは欲だけです。だから人が簡単に殺せるのです。

神話は、宗教は、人格を、人格者（釈迦、イエス）（パウロ、親鸞）（シャーマン、預言者）をつくります（コリント2−10−18 主に推薦される人こそ、確かな人なのである）。ですから、人格のない彼らには自己の言動に対しての反省がありません。彼らに、和を以て貴しとなす、は理解できないと思います。

5−11 世界（一つの世界・一つの世界）（場所的有・場所的有）（人間）が自己自身（私の意識・無媒介的媒介・非連続的連続・汝の意識）（共同意識）（質料・無・形相）を喪失し、人間（NKZ6-368-9 物質即精神なる神）が神（NKZ6-368-9

物質即精神なる「人間」)(宗教)を忘れた時、人間はどこまでも個人的(単なる世界的世界、我、ego、凡夫)(今のあなた)(非宗教)に、私欲的(2—1 外を内に映す)(マルクス)(パスカル)(煩悩に作用された世界的世界、凡夫、ego、私欲、利己)となる。その結果、世界(青い地球)は遊戯的か闘争的かとなる。すべてが乱世的となる。

ウシハク統治をどんどん推し進め、若しこのようなことが起これば、これはもう日本文化の、「5—3世界(場所的有)史的立場(5—7 歴史的社会)に立つ日本精神」の、シラス統治の、天皇制の、日本の国体の、「物質即精神なる神」の、人間の破壊です。このような制度の行きつくところは陛下への不敬しかありません。このことは取りも直さず「おほみたから」への不敬です。僕たちは「おほみたから」です。陛下と同等です。陛下も神の創造物、民衆も神の被造物です。私の意識・非連続的連続・無媒介的媒介・汝の意識です。私と汝なのです。だから博士が言われているように、国家という名称で呼ぶのは「国家・国民」なのです。

5—7 真の宗教(行為的自己)は、固《もと》、ある特殊の国家のためにあるのではなく、かえって歴史的生命(人間)の自己表現として宗教的なるところに、国家の国家(国家・国民)たるゆえんのものがあるのである。

日本国憲法に「不敬罪」があれば、憲法違反になります。僕は当然憲法違反だと思っています。

行政は、おほみたからの幸せは天皇の幸せ、天皇の幸せはおほみたから、国民の幸せになるよう政《まつりごと》を行い、陛下もそのことを願われ、国民もそのようになるように努力して、両者の幸せは政の幸せ、三者の三位一体、陛下・政・民衆で、「協調」、「愛」、「4－18　悲願（鈴木大拙）」、「慈悲」の世界です。汝は私であり、私は汝なのです。西田哲学の「私と汝」なのです。

陛下も民衆も神の創造物であり、万人平等であり、山川草木国土悉皆成仏、自然からあまり離れないで、見据えてよく働き、苦楽を共にするということでしょうか（生より死にうつると心うるは、これあやまりなり、生も一時の位なり、死も一時の位なり、道元禅師。死なんていうものはない、死は今この世に存在する自分が、亡くなった方を見て自分が死を作るのだ、神話友達。災難に逢う時節には災難に逢うがよく候、死ぬ時節には死ぬがよく候、これはこれ災難をのがるる妙法にて候、良寛さん）。

例えば、あなたに神という字を書いてくださいと言いますと、心に神という字が浮かびます。そこには、神という字を心に浮かべるあなた（衆生あって仏がある）（空間面）、汝と、それを見て、それをなぞって神という字を書くあなた（仏あって衆生あり）（時間面）、私がそこにいるということです。「NKZ6-399-8　意識と意識が話し合う」のです。「明鏡相照す　大拙」なのです。「時間面・無・空間面」。「1－5　目的（意識の内容）（ノエマ）を知って（私の意識・非連続的連続・無媒介的媒介・汝の意識）（自己表現的個・無・自己表現面的限定）→（時間面・無・空間面）（意識界・無・物質界）働くもので」す、だから神という字が見ながらなぞって書けるのです。そこには私と汝を成り立たせている「NKZ6-399-8　共同意識」に於ける協調があり、「生かせたる　神話友達」であり、思いやりであり、慈悲であり、悲願であり、愛です。そうです、聖徳太子が言われた「和を以て貴しとなす」がそれら全てを言い表しています。そして人間の根柢、「教会パウロ」、阿頼耶識、「5－5　所与」、理性、自律から出てくるのが、「無分別　大拙」が、「NKZ6-399-8　意識（汝、無分別）と意識（私、分別 大拙）が話し合う」のが、「1－5 目的（意識の内容）を知って（私と汝）（自己表現的個・無・自己表現面的限定）→（時間面・無・空間面）働く」のが、「時間面・無・空間面」、「意識界・無・物質界」、これが人格、「ロマ書 7－20 神の律法」、当為です。私と汝、「NKZ6-348-5 共同意識」→質料・無・無・形相→無、「主客の対立、相互関係も、そこから考えられる立場 デカルト哲学について」、内在的超越。

神話や宗教は人格を、人格者（釈迦、イエス）（パウロ、親鸞）、覚者、シャーマンをつくります（コリント 2－10－18 主に推薦される人こそ、確かな人なのである）。だから文化の、宗教の伝承が必要なのです。文化を、宗教を、天皇制を、日本の国体を破壊しては、「5－11 忘れ」たら何も伝わりません。人格が失われ、残るのは知的直観、マルクス、「4－1 欲」、「5－11 私欲」だけです。私と他者、対象、対象界、思い込み、ドクサだけです。ですから、現在の中国と韓国には人格（文化の継承）がありませんので、あのような自己中心的なことが平気で言えるのです。彼らには自己の言動に対する反省もありません。人格が無いのです。石平先生が言われていたように、中国には公の意識がない、のです。あるのは欲だけです。

聖徳太子の言われた「和を以て貴しとなす」には非連続的連続、無媒介的媒介が内蔵する、思いやり、協調、愛、慈悲があります。学校で習った、「和を以て貴しとなす」、は神話の、宗教の、シラス統治の、万人平等を主張する天皇制の真髄を、全てを言い表しているのですね。これを学校教育に採り入れると良いと思います。「和を以て貴しとなす」は、日本人の心です。

4―18　慈悲とは、意志を否定するものではない。そこから真の意志（2―9　無が無自身に対することによって、無限に自己自身を限定する）（無が無自身に対して立つ）が成立するのである。

4―11　絶対的当為（ロマ書　7―20　神の律法、定言命令）（空間面的自己限定）の裏面（時間面的自己限定）には、絶対の愛（利他的）（共生）（慈悲）（悲願）（生かせたる　神話友達）がなければならない。しからざれば、当為は法律的たるにすぎない。

（だから聖徳太子が憲法の八条で、一所懸命に働きなさいと言われたのですね。政をされる方が一所懸命働けば、民衆もそれに倣うということでしょうか）（憲法二七条勤労の義務で、生活費は自分で稼ぎなさい、だと思います）（父親が狩りをして、獲物を手に入れる。母親が採集して根菜、果実を手に入れる。息子は父親について行く、娘は母親について行く、ここには家族で食事をする充実感がある。文化の伝承がある）（ベーシックインカムは、不勉強ですが、これは共産主義によく似ていて、資本家と民衆に分かれると思います。彼ら、理論家は「明鏡相照す　大拙」、「4―18　悲願（鈴木大拙）」、私と汝を、万人平等の天皇制、シラス管理を知りません。知っているのはウシハク管理、私と対象、類、私と対象、人格神、「5―11　私欲」だけです）（日本人は、相手の方が自分と同じような人だと思っているので、自己主張が下手だけど外国の方が上手いは、このシラスとウシハクの関係によるのでしょうね）

「コロナの後」で計画されているものは便利なようですが、ウシハク管理で行えば、時間面・無・空間面、私と対象、私と対象界、権力者と民衆、王と民衆、共産党と民衆、私と人格神、思い込み、文化の喪失、他者、物質、類で構成され、対立と欲という構造を持ちます。宗教を、人間を否定した共産主義は、奴隷制度は陛下への不敬になると思います。日本文化には、「行為的直観」には、「5－3　世界（場所的有）史的立場（5－7　歴史的社会）に立つ日本精神」には奴隷という概念はありません。奴隷という概念が生まれるのは「知的直観」、私と対象、私と対象界、マルクス主義、共産主義、私と人格神、思い込み、文化の喪失で、私欲（4－1）と対立の構造を持ちます。

皇帝と民衆、主人と奴隷、共産党と民衆の対立関係のある、体験世界の文化的財産を破壊した中国や、主の遺産を破壊した、文化的財産を破壊した欧州には奴隷が発生していましたので外国の方は、本当にお気の毒ですが、対立、私欲の構造を持つウシハク管理が馴染むでしょうが（西欧は今でも5－9、5－13のままです）。

「エレミヤ書　2－11　その神を神ではない者に取り替えた国があろうか／ところが、わたしの民はその栄光を／益なきものと取り替えた」をご理解されたなら、なぜ欧州がウシハク管理なのか分かります。追試してみてください。「2－14　体験者には、それは自明のことであろう」です。

日本神話という文化を受け継いでいる、天皇制を、シラス管理を採用している日本には奴隷がいません。ここに欲と対立を生むウシハク管理の採用は、支配者と被支配者は、主人と奴隷は馴染みません。

私欲と対立を生むウシハク管理はシラス管理の、慈悲、愛、協調の天皇制に馴染まないと思います。奴隷を作るウシハク管理をシラス管理に導入すれば、それは万人平等を主張する天皇制を、日本の国体を、「物質即精神なる神」を、文化を、宗教を、和を以て貴しとなすところの人格を、精神を破壊すると思います。

西田博士が「5－8　世界的世界（意識→知的自己）は単なる民族（一族の神話）なるものを越えて（5－11「忘れ」て）、世界宗教（キリスト教）的なるものにおいて、その自己同一（自覚）（5－4　自在的立場）（単なる時間面・無・空間面）（非形成的な私と汝）（思い込み）（5－5　常識）（5－4　単なる自伝）（民度）（単なる2－16　自己の在処）を有ったのである。イスラエルの民族宗教から発展して世界宗教となった（5－12　中世的世界の自覚の中心となる）キリスト教（カトリックやプロテスタント）が、ヨーロッパの中世においてかかる役目（自覚）（自在的立場）（信仰）（民度）（2－16　自己の在処）（人格）を演じた」と言われているように、私と人格神では、これを推し進めれば私と他者、対象、時間面・無・空間面であり、これは宗教を否定した共産主義の、マルクスの考え方で、奴隷の方向です。アメリカには人種差別が今でも残っています。武田邦彦博士でしたか、博士がよく言われる白人側に寝返った中国（私と商品）（文化の喪失）（私欲）と、欧米（私と人格神）（文化の喪失）（私欲）との仲がいいのはこの考え方に依ります。欧米は文化の継承として「汝の隣人を愛せよ」があります。中国や韓国では文化の継承がありませんが、中国には沢山の文化遺産があります。韓国は、まだ見つけていません。そのうちに見つかるかもしれません。中国の方はそれに気づいていないだけです。何しろ「4－6　臨済」は中国の方《かた》です。

シラス管理で行えば、相手（汝）の気持ちを考えて行動しなさい、ということになるのでしょうか、そうすれば相手への思いやりや、慈悲、協調、三位一体ということも生まれるでしょう。私は汝であり、汝は私なのです。「明鏡相照す　大拙」なのです。このような意識が共有できれば、マイクロチップは要らないと思います。僕はコロナの前が良く似ていると思います。日本人の根底にそれが流れていると思います。思いやりや、慈悲、協調は、日本人の特徴として備わっています。学校で習った和を以て貴しとなす、です。また、これに続く、禅の影響を受けた武士の道、武士道もあります。

僕は、「コロナの後」は皆さんどのように思われるか分かりませんが、僕は、「テレビウイルス　武田邦彦」に罹った方にはご理解してはもらえないかもしれませんが、申し訳ないですが、亡くなった方が一万人（コロナの死者六月十九日現在九五二人、Yahoo! JAPAN）（交通事故で三～四千人の方が亡くなっています）いても何の騒ぎも起きなかった、自主的に予防接種をしていた「コロナの前」に戻るのが一番いいように思います。自然を見据えて、自然からあまり離れない方がよいと思います。僕たちも自然の一部です。

また、法律の改正は国会で審議され、国民が見守ることが出来ますが、プログラムの改悪は少人数でも可能で、短期間に国民の知らないうちに改悪が可能ではないのでしょうか。ある日突然、予想外の出来事で変わるかもしれません。マイクロチップの導入は、僕は賛成しません。

相手の気持ちを考えて行動するのは日本人の特徴だと思います。でもそこに付け込むのが、（お気の毒とは思いますが）人格のない、文化の継承がない隣の国の大統領です。自衛隊機へのレーダー照射はまさしくこれです。しかし、相手に文化的遺産があり、継承しているなら、人格や、思いやりや、慈悲、協調を備えていれば、日本人も備えていますので、あっという間にレーダー照射の問題は解決すると思います。

僕は「コロナ騒ぎ」をきちんと、良識を備えたまともな人たちで、日本の国体に、シラス統治に賛同される方に検証してもらいたいです（母体や支持者が宗教団体や信者なのに、「宗教を否定した」中国共産党と仲がいい党、沖縄の発展のために、沖縄に一国二制度を導入して、沖縄独立も視野に入れ、港を中国共産党に貸すとして、そのことについて住民投票を行う、と言って人心を惑わし、その方向に人心を誘導する党や、親中派、左の方《かた》、それに死者が四十万人と言われた方は参加をご遠慮ください。左の方は、宗教は阿片だ、と言って人間自身を否定していらっしゃいます。そうです、神が創造されたご自分の「存在」を否定していらっしゃいます）。そうすれば先が見えてきます。何の検証もしないで、いきなり「コロナの後」に行くのは危険《きけん》だと思います。テレビウイルスに侵《おか》されて、恐怖《きょうふ》のあまり、受け入れなくてもいいものを受け入れ、しなくても良いことを、しなければならないようになると思います。そのことを怠《おこた》ると罰《ばっ》せられるかもしれません。いっぱい意見が出てくるでしょう。しかし、基準となるのは「陛下・政・国民」の三位一体、日本の国体だと思います。また、人間は、親分《ボス》猿を中心にして同じものどうしで群れたがる、固まりたがる猿の一種だと、このことを考えに入れてほしいと思います。僕は「コロナの前」に戻るのが一番いいように思います。

5―14　鈴木大拙は大無量寿経四一の此会四衆、一時悉見、彼見此土、亦復如是(48)という語を引いて、此土《しど》（この世　電子辞書）において釈尊を中心とした会衆《えしゅ》（私）が浄土（彼岸）を見るが如く、彼土《ひど》（彼岸）の会衆（汝）によって此土（此岸）（私）が見られる。娑婆《しゃば》が浄土を映し、浄土が娑婆を映す、明鏡相照す、これが浄土と娑婆との連貫性あるいは一如性を示唆するものである、といっている（鈴木大拙『浄土系思想論』１０４頁）。私はここから浄土真宗（親鸞）的に国家（5―7　歴史的社会）というものを考え得るかと思う。国家とは、此土において浄土を映すものでなければならない。

日本神話、パウロ、イエス、空海、最澄、親鸞、釈迦、禅などの仏教のお教えを受け継いで、最終的には「陛下・政・国民」の三位一体に行き着けばいいのではないかと僕は思います。いくつか並べましたが、みな基《もと》は同じです。

小名木善行先生の言われるように、僕たちは神代の時代から連綿と続く世界に誇ることが出来る素晴らしい文化を、神話を、素晴らしい社会を、宗教を受け継いできました。その日本が最後の砦になってしまいました。とんでもない困難が待ち受けているでしょう。万人平等を主張するシラス統治、天皇制をよろしくお願いします。

おわりに

僕がこのような拙著を自費出版した目的は、西田哲学の解読、説明が目的ではありません。それに、僕の神話友達と比べるとこぢんまりした体験ですし、僕はただの一般人で、哲学、宗教になんの興味もなく、ただ悟りを開くことがどのような事か、どうしても知りたかっただけで、幾つかの公案をそれなりに解きましたが、その能力も教養もありませんので説明の正確さは保証しかねます。もちろん西田博士に提出して満点を取るつもりで読み解きました。

僕の目的は、人生の問いに、人としての疑問に挑戦し、素晴らしい体験をした僕の神話友達とは比べものにならない、こぢんまりした体験でしたが、西田博士が、これではだめだよ、と言われているデカルト、カント的対象論理、「日常の私」ではなく、公案に挑戦して、追試して掴むものを掴んでしまえば、難解だ、難解だ、難解だと言われている西田哲学を「それなりに理解できる事」を示したかっただけで、宗教的体験で分かったこと、理解できたことで、難解だ、と言われている論文へのそれなりの理解を示せば、宗教に、哲学に、関心のある方は言うに及ばず、関心のない人にも――「1-1　特に宗教に至っては、多くの人は自己は宗教というものを理解せないという。自己には宗教心というものはないともいうであろう。特に学者たちはこれをもって誇りとなすものもある」、いまさら西田哲学でもあるまい、と思っていらっしゃる方々、僕の友達も話をすると、宗教のことは遠慮しがちです――拙著が「機縁」となって体験世界に興味、関心を有って「追試」していただけると、有難いな、と思ったからです。

そして、体験世界から見れば、異教徒など何処にもいない、宗教的な垣根はどこにもない、垣根を作っているのは「日常の私」、知的自己、デカルトの、我考える故に我あり、の「我のドクサ、独断、偏見、思い込み」であり、神話や宗教は、その我を「我」たらしめている行為的自己、「私と汝」、「時間面・空間面」、「意識界・物質界」の、つまり、心の作用、心の内容、ノエシス、ノエマであり、人類は神話的、宗教的には兄妹である。異教徒などどこにもいない、宗教的な垣根はどこにもない、垣根を作るのはこの自分、「日常の私」であるという事に気づいてほしい、そして、体験世界のことが人類の文化遺産にぎっしり詰まっている事を発見してほしい(46)。「ロマ書　11－15　世の和解」の出発点を見つけてほしい、ただ、ただ、それだけです。このことについて西田博士も、

5－12　今や新たなる文化（神話）（宗教）（5－7　歴史的社会）の方向が（再び）求められなければならない、（神話を語り得る）新たなる人間（預言者、シャーマン、体験者、第二の西田幾多郎）が生まれなければならない（意義ありません、心から同意します、ここが僕の目的地）。

と言われています、僕も全くこの通りだと思います、これがこの拙著を出版した僕の目的です。今までに二冊拙著を自費出版しましたが、このことしか僕の頭にはありませんでした。

また、宗教の目指す所、その一つが、僕たちの生き方に、自然と共にどのように過ごしていくのかに指針を与えてくれる事だと思います。人生、苦もあれば楽もあります。僕たちがその苦に陥った時にも

指針を与えてくれるのが宗教であると思います。その宗教が、同じ宗教なのに宗派が違う、ただそれだけで対立し、争っています。たとえば、何十年も前にＮＨＫテレビで見ましたが、聖墳墓教会では複数の教派が教会の管理をされています。そして教派ごとに管理をするところを決め、自分達の管理する所に他派の者が入るのを許しません。おまけに、他派の者が入ってこないように見張っていて縄張り争いをしています。ある時、自分達の管理する祭壇に他派の祭司がキスをしたということで大騒ぎになったそうです。また、エチオピア正教会は勢力争いに敗れ、教会の外に祭壇を設けて礼拝しているそうです。

同じキリスト教なのになぜこんなことになるのでしょうか。聖墳墓教会は、イエスが処刑されたゴルゴダの丘に建てられ、イエスの遺体が埋葬された墓があると言われている、キリスト教徒にとっては「聖地」と言えるところですよ。そこで宗教の言っていることを「5－11　忘れて」対立し、争っています。

もしも、聖墳墓教会の祭司の方々が、バチカンも含めて、西田哲学を、パウロの書簡を読むことができるようになれば、こんな混乱は直ちに収束すると思います。なぜかと言いますと、人類は神話的、宗教的に兄妹であり、神と呼ぶところのものの創造物だからです。神話的、宗教的な垣根はどこにもありません。異教徒などどこにもいません。

また、マルクスが「人間というものは、この世界（私）の外部にうずくまっている（外化《がいか》されている）（疎外）、抽象的（主、心霊に於いて見性、観想された対象的、疎外的、外化的）な存在（類）（ザッヘ、Sache ヘーゲル）ではない（超越的内在）。人間、それは人間（自我）の世界であ」る、……「歴史（創造）の課題である人間の自己疎外（私に対する類、神）の神聖（彼岸）な形態が（主に於ける観想、見性に於いて）あばかれた以上」、……「人間（我考える故に我あり、の我）が宗教（神）をつくるのであって、宗教（神）が人間をつくる（創造する）のではない」（岩淵慶一「マルクスにおける疎外論の発展(1)」（133、134頁））と言われていますが、果たしてそうでしょうか。

僕は、西田博士が「自己」を、博士が見つめられたように、もう一度、それぞれが見つめ直さなければ対立が、苦しみが増すことは避けられない、これからも、もっと対立が増し、先鋭化し広がる、宗教の本質を、人間の心の平安を、社会の安寧を、自然との共存をさらに逸脱すると思います。なぜなら、「はじめに」で述べましたように、「日常の私」を「私」たらしめている行為的自己、「私と汝」は、その産物である、生まれてこの方「日常の私」しか知らない、「日常の私」の根柢を知らない知的自己、私、我に敵わない、対抗できないからです、そのことが我の立場では、「日常の私」の立場では証明できないのです。僕達は、西田博士の言われる三位一体、被造物であり、ここにおいて宗教の本質が始まると思います。そして、「5－12　新たなる人間（体験者）」がうまれ、「テモテ　1－6－15　出現」して、「5－12　新たなる文化（神話）」が再び始まり、異教徒などは何処にもいない、宗教的な垣根を作っているのは「日常の私」、知的自己、我考える故に我あり、の「我のドクサ、思い込み」であり、我を「我」たらしめている行為的自己、「私と汝」、内在的超越や超越的内在、「意識界・物質界」から見れば人類は宗教的にみな兄妹である、創造物であるということに気づいてくだされば幸いです。このようになれば「ロマ書　11－15　世の和解」が始まると思います。

パウロがナザレのイエスを定義したように、ローマ法王がパウロの戴冠式を執り行われることを心から願ってやみません。

ロマ書　1－3　御子に関するものである。御子は、肉によればダビデの子孫から生れ、4　聖なる霊によれば、死人からの復活（死即生）により、御力をもって神の子（主の僕）（覚者）と定められた。これがわたしたちの主イエス・キリスト（ナザレの覚者）である。

テモテ　2－4－8　今や、義の冠がわたしを待っているばかりである。かの日には、公平な審判者である主が、それを授けて下さるであろう。

また、世界には太古の昔からの神話やそれから進化した宗教がありますが、それらは博士によれば民族の血とか、その時代、環境、社会などの影響を受けて成立しています。西田哲学は環境とか社会、時代とか民族の血などの影響や区別なしに、人類に何の垣根もなく、なんの違和感もなく受け入れられる「5－12　新たなる人間」、「5－13　内在的超越のキリスト」、覚者が語られた「5－12　新たなる文化」、人類の神話、哲学であると思います。

僕のように、哲学に、宗教に何の興味もなかった、またその教養も能力もない、ただ悟りを開くということがどういうことなのか、どうしても知りたかっただけの、素人の上に「ド」がつく門外漢がこのような事を申し上げては恐縮しますが、西田哲学と同じように、体験者業界用語で書かれたエレミヤ、エゼキエル、パウロの書簡が二千年以上もの間、歴史の表舞台で見れば、ほんの一握りの人にしか理解されなかったように、今後、西田哲学がパウロの書簡と同じように、この青い地球上に、二千年も雨ざらし、ほったらかしにされては僕としては悲しすぎる。難解だと言われている西田哲学がパウロみたいに二千年もほったらかし、雨ざらしのままにされたならパウロは四千年になる。体験世界の、禅のお膝元で暮らしている、また、日本古来の、人類の文化遺産に埋もれている僕たちが、被造物が、人類が、それを知らないなんて、あまりにも悲しすぎる、あまりにも怠慢であるとしか言いようがない。

パウロの書簡や西田哲学は業界用語で――例えば、パウロの言われるキリストは「神・被造物」です、西田博士の自己は「私と汝」です――書いてありますので体験者だけにしか理解できません。ですから、博士が言われている「5―12　新たなる人間」、体験者、シャーマン、預言者が生まれなければ、パウロの時代のように多くの方々が（手紙の受取人やその仲間、「主にあって」と、主が冠せられた方々は全て体験者です、手紙を筆記されたテルテオやテモテも体験者です）、いや、それよりももっと多くの方々が「テモテ　1―6―15　出現」しなければ「新たなる文化」、神話、宗教、学問、歴史的社会、「ロマ書　11―15　世の和解」は望めそうもありません。「新たなる文化」を語る人やその理解者、その仲間が沢山「出現」して始めて発展が望めると思います。

今日の世界に於ける宗教界の情勢を見ると、今から始めるにはあまりにも遅すぎると思いますが、パウロが、エレミヤが、エゼキエルが二千年以上もの長きにわたってほったらかし、雨ざらしのままにされていましたので、色んな意味で、――その一つが、どんぶり勘定が好きな僕の私的な見解ですが、日本古来の神話や、禅、浄土真宗（親鸞）、真言宗（空海）、神道などの影響を受けた私たちの国、日本のような民度、心の様子、和をもって貴しとなす、絆、「5―7　歴史（八八、百八）的社会（国家・国民）」に、「5―3　世界（場所的有）史的立場（歴史的社会）に立つ日本精神（日本古来の神話、神道、禅、浄土真宗、真言宗などの影響を受けた民度）」になるには時間が必要です（日本に生まれてよかった。日本のような国を、世界で、この青い地球で探しても何処にもありません。日本と同じような国は、神話が、仏教が今でも生き残っている部族や仏教国くらいで、体験世界の、主の遺産を持っているにもかかわらず、それに気づいていない、「忘れて」しまった民族とそれらを束ねた国や、主の遺産を持っているにもかかわらず、宗教を否定した国ばかりです)。いまの世界情勢を、宗教界を見れば、「4－18　西洋文化の根柢には悲願というものがなかった（鈴木大拙）」と言われているように、体験世界を知らない、悲願を、慈悲、利他、主を「5－11　忘れて」しまった私と神様の国や、体験世界を、宗教を、悲願、慈悲、利他、主をアヘンだと言って否定したマルクス、私と商品の国など、「5－11　非宗教的に、人間的立場に徹」した国、「5－7　歴史的社会（国家・国民）」を捨てた国、つまり体験世界を、「エレミヤ　2－17　主を捨てた」国と、そうではない私たちの国、日本古来の神話や、禅、浄土真宗（親鸞）、真言宗（空海）、神道などの影響を受けた国、「5－7　歴史（八八、百八）的社会（国家・国民）」の国、「世界（場所的有）史的立場（歴史的社会）に立つ日本精神」の国、日の本、日本があります。世界が、青い地球が体験世界の、行為的自己の国、「歴史的社会（国家・国民）」に向かわない限り、私たちは国を挙げて国力を維持、または向上していくべきだと思います。僕は、今のところ、自衛隊は日本国の軍隊として日本国憲法に明記すべきだと思っています(49)。富国強兵です。国力が低下したなら私たちの国は宗教を、慈悲を、利他を、体験世界を知らない、「5－11　忘れて」しまった国、「主を捨てた」国、宗教はアヘンだ」と言って、宗教を、悲願を、愛を、利他を「5－11　忘れ」たと言うよりも否定してしまった国、「主を捨てた」国など、宗教を、慈悲を、悲願を、共生、利他を知らない国や、宗教を、悲願を、慈悲を、愛を、利他を否定した利己的な国の干渉を多大に受けるに間違いありません。それをどんどん推し進められたら隷属するしかありません。もうそれは奴隷への道でしかありません。体験世界、行為的自己の国、「5－7　歴史的社会（国家・国民）」の国なら、「5－3　世界史的立場（歴史的社会）に立つ日本精神」に立つ国なら、神話が、仏教がまだ生き残っている部族や国なら私たちの国、日本と話しあうことができると思います。世界が体験世界、行為的自己、「5－7　歴史的社会」に、「世界史的立場（歴史的社会）に立つ日本精神」に向かえば青い地球には対立、戦争というものが起きにくくなるのではないかと思っています。──人々が自主的に気づくよう、パウロに、親鸞に、釈迦に、イエスに、西田哲学に戻れば僕はいいのではないかと思いますが、もしも先延ばしにすれば、もしも人々から禅や神話が忘れ去られたら、もう回復の見込みはない、「ロマ書　11－15　世の和解」が不可能な状況になってしまい、パウロに「ロマ書　1－19　弁解の余地がない」と言われても致し方ない事態に陥ってしまうと思います。世界を席巻した体験世界を、慈悲を、利他を「忘れた」、「エレミヤ　2－17　主を捨てた」、知らない知的自己の宗教の、体験世界を、宗教を、慈悲を、悲願、利他を否定した、「主を捨てた」利己的、我中心主義の、「5－11　非宗教的に、人間的立場に徹」した国や、愛を知らない人々のほんの片隅で、細々とあちらに一人、しばらく時が過ぎてこちらに一人と、体験世界の、行為的自己の宗教が、慈悲の、悲願、利他、共生の、愛の宗教が生き残るくらいだと思います。世界の宗教界、世界情勢を見れば「5－11　非宗教的に、人間的立場に徹」した国、「エレミヤ　2－17　主を捨てた」国ばかりで、神話が、宗教がまだ生き残っている国は、「5－7　歴史的社会（国家・国民）」の国は、私たちの国、日の本、日本だけです。追試してみて下さい、このことが明確にわかります。今日の世界の宗教界を、世界情勢を見れば、もうそのことが、とっくの昔の昔から始まっています。「はじめに」に書きましたように「日常の私」を「私」たらしめている「私と汝」、行為的自己は、その産物である、生まれてこのかた「日常の私」、知的自己しか知らない、

「主」を、心霊を、自己の根柢を、「私と汝」を知らない「日常の私」に敵わない、対抗できないのです。そのことが我の立場、「日常の私」の立場では、理性では証明、説明ができないのです。

僕は、機会あるごとにインターネットで体験者を十年くらい探しましたが、見つけたのはたった一人です。それも近年、二〇一五年に偶然見つけました。また二〇〇二年に自分のＨＰを立ち上げて、体験世界のことを書いてみましたが、それに共感してメールをして下さったのは、二〇一六年五月現在でたったの一人、体験者は皆無でした（ＨＰは二〇一六年六月に終了しました）。禅のお膝元ですら、体験世界に足を踏み入れてみようなんて思う人はほとんどいらっしゃらないようで、僕の近くにいる人達でもいらっしゃいません。僕の友達は、体験世界のことを話すと馬耳東風、馬の耳に念仏です。

また、たとえ「出現」しても、あちらに一人、しばらく時が過ぎてこちらに一人ぐらいではどうにもなりません。禅のお膝元では惨憺たる状況です。僕の不勉強のせいかもしれませんが、むしろ、禅には全く関係ない西洋のほうが、哲学、神学以外にも名前が通った方々ですが、日本に比べると多くいらっしゃいます。

「5－12　新たなる文化」、神話、宗教、学問、「歴史的社会」の発展や「ロマ書　11－15　世の和解」は、「5－12　新たなる人間」、体験者、覚者、「主の僕」、「5－13　内在的超越のキリスト」、「第二の主イエス・キリスト」が多く「出現」されなければ望めそうもありません。ネイティブアメリカンのように、神話を語る人、シャーマンと、彼の物語を聞くことができる耳を持った人たちやその仲間が活躍された頃のように、「ロマ書　11－15　もし彼ら（イスラエル）の捨てられたこと（不信仰）が世の和解となったとすれば、彼らの受けいれられることは、死人（ロマ書　7－10　わたしは死んだ）（主の推薦）（西田の心霊、大拙の霊性）

の中から生き返ること（主の僕）（回心）（死即生　西田）（生かせたる　神話友達）ではないか」と言われたパウロとその仲間が活躍された頃のように、あちらに、こちらに、いっぱい「テモテ　1―6―15　出現」しないと、なんにも始まらないと思います。そして、多くの体験者が「出現」し、各宗教の宗教的指導者や人類が、パウロの書簡や人類の文化遺産、それに西田哲学を読むことができるようになれば、人類は、「ロマ書　11―15　世の和解」に、私と汝、行為的自己、「5―7　歴史的社会」の国に、「5―3　世界史的立場に立つ日本精神」の国に向かうと思います。

5―12　晩近《ばんきん》（最近　電子辞書）に至って、ヨーロッパ文化の前途を憂える人は、往々中世への復帰を説く（Dawsonの如く）。しかし、大まかに歴史は繰り返すといわれるが、その実は歴史は繰り返すものではない、歴史は一歩一歩に新《あら》たなる創造である。近世文化は、歴史的必然によって、中世文化から進展し来ったのである。中世文化の立場に還ることの不可能なるのみならず、またそれは近世文化を救うゆえんのものでもない。

5―12　我々（私と汝）（人間）はどこまでも内へ超越して行かねばならない。内在的超越（私と汝）（2―8　仏あって衆生あり、衆生あって仏がある、インマヌエル、絶対無、場所）こそ新しい文化（神話、宗教、学問、5―7　歴史的社会）（ロマ書　11―15　世の和解）の途《みち》であるのである。

5―12　今や新たなる文化（神話、宗教、学問）（5―7　歴史的社会）（ロマ書　11―15　世の和解）の方向が（再び）求められなければならない、新たなる人間（体験者）（主の僕）（5―13　内在的超越のキリスト）（第二のイエス・キリスト）が生まれなければならない。

４—19　禅宗にて公案というものは、これを会得せしむる手段にほかならない。

異議ありません、心から同意します。ここが僕の目的地。

僕の体験、経験で知り得たことから、いっぱい引き出して下さった西田幾多郎博士に感謝します。また僕と神話について語り合ってくれた神話友達にも、拙い書を最後まで我慢して読んで下さった「あなた」にも感謝します。僕は、理解が進んできて、日本の歴史を勉強していたら、いろんな意味で涙ができた。

西田哲学は、北斗やサソリ、夏の大三角形を有する銀河の太陽系第三惑星、青い地球の哲学である、と思います。

浅井　進三郎（あさい　しんざぶろう）

1944年生まれ。
カバーの文字は孫に書いてもらいました。

【E-mail】asai_j_s@ybb.ne.jp
歴史で書いてください。

【著書】
『宮沢賢治とユング ── 般若心経と聖書の元型』（日本図書刊行会）1998年
『西田幾多郎「デカルト哲学について」講解 ── 場所的論理と宗教的世界観　私と汝』（東京図書出版）2016年

西田哲学「場所的論理と宗教的世界観」を読む
シラス主義とウシハク主義

2020年10月19日　初版第１刷発行

著　　者　浅井進三郎
発 行 者　中 田 典 昭
発 行 所　東京図書出版
発行発売　株式会社 リフレ出版
〒113-0021　東京都文京区本駒込 3-10-4
電話（03)3823-9171　FAX 0120-41-8080
印　　刷　株式会社 ブレイン

ISBN978-4-86641-324-2 C0010
Printed in Japan 2020